Realidades 4

Vocabulary, Grammar and Communication Workbook

PEARSON

Boston, Massachusetts Chandler, Arizona Glenview, Illinois Upper Saddle River, New Jersey

PEARSON

ISBN 10: 0-133-20210-0
ISBN 13: 978-0-133-20210-6
12 18

Contents

1 Esas modas que van y vienen 1

2 La tecnología y el progreso 25

3 Los derechos humanos 47

4 El individuo y la personalidad 73

5 Las relaciones personales 99

6 El mundo del espectáculo 123

7 La diversidad humana 149

8 Las artes culinarias y la nutrición 173

9 Nuestra compleja sociedad 197

10 El empleo y la economía 221

11 El tiempo libre 245

12 Temas que no pasan de moda 269

Nombre: ______________________ Fecha: ______________________

Esas modas que van y vienen

Primera parte

¡Así lo decimos! Vocabulario (TEXTBOOK P. 5)

1-1 En familia. Completa las siguientes oraciones usando una variación de cada palabra en itálica. Si necesitas ayuda, consulta la sección llamada **Ampliación** en el libro de texto.

MODELO: En los años 90, la Macarena era uno de los *bailes* más populares. Se <u>bailaba</u> en todas las fiestas.

1. La ______________________ de una moda nueva es muy rápida por la Internet. *Se difunde* en cuestión de horas por todo el mundo.
2. Algunas modas no son muy ______________________. No *duran* más que unos meses.
3. Muchas veces los diseñadores se ______________________ porque creen que *la imitación* es una manera de conseguir más ventas.
4. Los jóvenes tienen mucha *influencia* sobre las modas. Ellos ______________________ en muchos de los nuevos estilos que aparecen cada año.
5. El actor *ha cambiado* su peinado, pero el nuevo ______________________ no le gustó al público.

Nombre: ______________________ Fecha: ______________

1-2 Quiero ser diseñador de moda. Completa lo que dice Pablo sobre sus sueños para el futuro con estas palabras de ***¡Así lo decimos!***

destacan	diseñadores	fuera de onda	la influencia	se dieron cuenta de
diseñar	en onda	imitar	realizar	

Yo quiero (1) ______________ mi sueño de ser diseñador de moda. Cuando era niño me gustaba dibujar y (2) ______________ ropa nueva. Mis maestros (3) ______________ que tenía mucho talento y me ayudaron a desarrollarlo. A mí no me gusta (4) ______________ o copiar a los (5) ______________ famosos como Calvin Klein. Aun así, en mis diseños se puede ver (6) ______________ de algunas personas famosas del mundo de la moda. Por ejemplo, me gustan los diseños de Carolina Herrera, la famosa venezolana. Los míos, como los de ella, se (7) ______________ por su sencillez (*simplicity*) y el uso del color. En realidad, me gustaría ser tan famoso como Óscar de la Renta. Él logró cambiar la percepción de la moda en Estados Unidos y creó un estilo que era menos formal, pero que todavía estaba (8) ______________. Sobre todo, yo quiero diseñar ropa con un estilo duradero que nunca esté (9) ______________.

1-3 ¿Cuál es la palabra? Escucha las siguientes frases y determina cuál es la palabra de la lista que debes usar para completarla. Escriba la palabra en el espacio correspondiente.

duran	imitar	de moda	diseño	maquillaje	peinado

1. ______________
2. ______________
3. ______________
4. ______________
5. ______________

Nombre: ______________________ Fecha: ______________________

1-4 La moda. Pablo reflexiona sobre las cosas importantes en el mundo de la moda. Completa las oraciones con la palabra apropiada. No te olvides de hacer las modificaciones necesarias.

marca	moda pasajera	modelo	publicidad	pegar fuerte

1. La ______________________ en revistas y televisión es muy importante para difundir un nuevo modo de vestir.
2. Se debe contratar (*hire*) una ______________________ famosa, como Kate Moss, para influir sobre el público.
3. También es importante cuando los diseños ______________________ y se hacen populares.
4. De esa manera, una ______________________ puede llegar a ser tan popular como Gucci.
5. No es bueno aceptar inmediatamente una ______________________ como los pantalones de campaña o los zapatos de plataforma.

1-5 De compras. Ayer Pablo fue de compras. En la narración que vas a escuchar nos cuenta lo que hizo. Después de escuchar, selecciona las palabras o los verbos de la lista que menciona en su narración. ¡OJO! Los verbos pueden estar conjugados.

década	destacar	en boga	fuera de onda	influir
de moda	diseñar	estilo	imitar	publicidad

1-6 ¡Cuidado! Completa cada frase con la forma correcta de una de las siguientes expresiones.

darse cuenta de	realizar	solo/a	sólo

1. Cuando los Beatles hicieron su primera gira (*tour*) por Estados Unidos, no ______________________ que los jóvenes iban a imitar su corte de pelo.
2. Aunque la carita alegre ha durado mucho tiempo, su creador ______________________ la consideró una creación pasajera.
3. Con el invento del videojuego Pac-Man, Nolan Bushnell ______________________ su sueño de crear el primer videojuego de gran éxito comercial.
4. Con el teléfono celular, los viajeros nunca se sienten ______________________.

¡Así lo hacemos! Estructuras

1. The preterit tense (TEXTBOOK P. 7)

1-7 Julio Verne. A Pablo le encantan las obras de Julio Verne, el padre de la ciencia ficción. Ayuda a Pablo a completar la cronología de la vida de Julio Verne. Completa las oraciones con el pretérito de uno de los verbos entre paréntesis.

Este gran escritor (1) ______________________ (nacer/vivir) el 8 de febrero de 1828 en Nantes, Francia. En 1847, su padre lo (2) ______________________ (enviar/pedir) a París para que estudiara leyes. Pero a Verne sólo le gustaba la literatura, y en 1850 (3) ______________________ (comprar/publicar) su primera obra de teatro. Verne (4) ______________________ (escribir/llevar) su primera novela, *Un viaje en globo,* en 1851. Esta novela le (5) ______________________ (entregar/traer) a Verne un éxito, que (6) ______________________ (ser/tener) incrementando durante toda su vida. Julio Verne (7) ______________________ (dormir/morir) el 24 de marzo de 1895 en Amiens, Francia. Muchas personas piensan que Julio Verne, además de ser un gran escritor, (8) ______________________ (estar/ser) un visionario del futuro. El 31 de julio de 1935 se (9) ______________________ (fundar/visitar) La Sociedad Julio Verne en París. En 1999 se (10) ______________________ (añadir/crear) el nombre de Julio Verne al prestigioso Salón de la Ciencia Ficción y la Fantasía. Verne (11) ______________________ (empezar/lograr) escribir 65 novelas de ciencia ficción que se han traducido a muchos idiomas y vivirán para siempre en nuestra imaginación.

Nombre: ______________________________ Fecha: ______________________

1-8 Cómo se llega a ser diseñador. Ricardo es un joven diseñador de moda. Escucha su relato tantas veces como sea necesario y completa cada frase con el verbo apropiado. Debes cambiar el verbo de primera a tercera persona.

MODELO: Yo comí y bebí mucho.

Él *comió* y *bebió* mucho.

1. Ricardo ______________________ y ______________________ en Nicaragua.
2. Él ______________________ en la Universidad Centroamericana.
3. En 2001 se ______________________ en diseño de moda.
4. En la universidad Ricardo ______________________ muchas cosas interesantes.
5. Él participó en concursos en la universidad; por eso ______________________ ideas valiosas.
6. Por mucho tiempo ______________________ que un día llegaría a crear algo importante.
7. Ricardo nunca se ______________________ que ganaría tanto dinero con su talento.

1-9 Un cumpleaños a la moda. Alicia, la hermana de Pablo, habla de la fiesta de disfraces (*costume party*) que hizo en su casa para celebrar su cumpleaños. Completa su relato con el pretérito de los verbos de la lista.

disfrazarse	ser	tener

El día 18 de febrero de 2007 mis amigos y yo (1) ________________ una fiesta de disfraces en mi casa para celebrar mi cumpleaños. (2) ________________ una fiesta muy divertida, porque todos los invitados (3) ________________ de personajes reales o de ficción del pasado.

asustarse	maquillarse	ponerse	vestirse

Yo (4) ________________ la cara como Marilyn Monroe y (5) ________________ una peluca rubia. Mi amigo Jeremías (6) ________________ de E.T., el extraterrestre, y todos (7) ________________ mucho al verlo.

Nombre: ______________________________ Fecha: ______________________

ganar	gustar	sorprenderse	traer	venir

De hecho, él (8) __________________ el premio al mejor disfraz de la fiesta. Mi novio Enrique (9) __________________ a la fiesta vestido como Joe DiMaggio. Él (10) __________________ una pelota de béisbol auténtica, firmada por el propio DiMaggio. Yo (11) __________________ mucho al verlo, porque él había mantenido en secreto su disfraz durante semanas. ¡Nos (12) __________________ mucho la idea de ser una pareja famosa sólo por una noche!

1-10 Una conversación sobre el pasado. A continuación escucharás una entrevista con el legendario Óscar de la Renta. Escucha la grabación tantas veces como sea necesario, y después indica si es **Cierto** o **Falso** lo que dijo durante la entrevista.

1. Nació en la República Dominicana. Cierto Falso
2. Tuvo una niñez muy difícil. Cierto Falso
3. Estudió derecho en España. Cierto Falso
4. En España se interesó por la moda y el diseño. Cierto Falso
5. Fue discípulo de Cristóbal Balenciaga. Cierto Falso
6. Trabajó en Canadá. Cierto Falso
7. Óscar de la Renta fundó una compañía con Carolina Herrera. Cierto Falso

Nombre: ______________________ Fecha: ______________________

1-11 Ordena la historia. A Alicia le encanta la historia del Siglo XX. Para ayudarla a reescribir la siguiente información, coloca las oraciones en orden cronológico y escribe los verbos en el pretérito. Sigue el modelo con cuidado.

- El Reverendo Martin Luther King, Jr., **pronunciar** su famoso discurso *Tengo un sueño*. [1963]
- **Estallar** la Primera Guerra Mundial. [1914]
- **Caer** el muro de Berlín. [1989]
- **Comenzar** la Segunda Guerra Mundial. [1939]
- El hombre **llegar** a la luna por primera vez. [1969]
- Albert Einstein **postular** la teoría de la relatividad. [1919]
- Diana, la princesa de Gales, **morir** en Francia. [1997]
- **Iniciarse** la Perestroika en la antigua Unión Soviética. [1987]
- Los bolcheviques **ganar** la Revolución Rusa. [1917]
- Nelson Mandela **ser** elegido presidente de Sudáfrica. [1994]

MODELO: *Estalló la Primera Guerra Mundial en 1914.*

1. ______________________
2. ______________________
3. ______________________
4. ______________________
5. ______________________
6. ______________________
7. ______________________
8. ______________________
9. ______________________

Nombre: ______________________________ Fecha: ____________________

1-12 Estoy furiosa. Mariana llama a su amiga Lina para contarle sus problemas sentimentales. Escucha la grabación cuantas veces sea necesario, y completa las oraciones con uno de los dos verbos entre paréntesis. Debes escribir el verbo en el pretérito.

1. Enrique ________________ (salir de/ir a) la fiesta en casa de Patricio.
2. En la fiesta, Enrique ________________ (conocer/ver) a Rolando.
3. Rolando y una chica ________________ (pelearse en/llegar juntos a) la fiesta.
4. Rolando ________________ (bailar/divertirse) mucho con esa chica.
5. Enrique le ________________ (decir/esconder) muchas cosas a Lina, y ahora ella tiene muchos celos.

2. The imperfect tense (Textbook pp. 14–16)

1-13 Carolina Herrera. Alicia quiere saber más sobre Carolina Herrera, que tanto inspiró a su hermano Pablo. Lee el texto. Después completa las frases con la información correcta para formar oraciones lógicas.

Carolina Herrera, la diseñadora venezolana, tenía ya desde niña gran interés en desarrollar su creatividad, la cual la llevaría a la cima del mundo de la moda. Cuando era niña, le encantaba usar su imaginación mientras jugaba entre las flores del jardín de su casa. Sus padres le daban constante apoyo, y también inspiraban en ella un sentido de disciplina que le serviría durante toda su vida.

Mientras vivía en Caracas, Venezuela, Carolina estudiaba en una escuela británica y fue ahí donde aprendió a hablar inglés. Cuando ella tenía doce años, la familia se mudó por un tiempo a Nueva York, y Carolina pudo así conocer esa maravillosa ciudad.

Fue en 1980 cuando Carolina lanzó su primera colección. Esa colección tuvo tanto éxito que su familia se mudó a Nueva York para estar con ella y apoyarla en su carrera. En 1988 Carolina añadió un perfume a su línea de productos. Años más tarde añadió más perfumes a su colección; el último, en colaboración con su hija Carolina Adriana.

1. ____ Carolina Herrera sentía gran interés
2. ____ A Carolina le gustaba jugar
3. ____ Sus padres le ofrecían
4. ____ Cuando era niña practicaba
5. ____ Ella vivía
6. ____ Ella continuó
7. ____ Carolina Herrera añadió

a. en Nueva York.
b. en desarrollar la creatividad.
c. perfumes a su línea de productos.
d. su carrera en Nueva York.
e. el inglés.
f. apoyo.
g. entre las flores.

Nombre: ______________________________ Fecha: ______________________

1-14 Carolina de niña. Un reportero está escribiendo un artículo sobre lo que hacía Carolina Herrera cuando era niña. Usando la siguiente información, narra una historia oralmente sobre sus gustos y preferencias.

usar su imaginación	comer dulces con sus hermanos
vestirse con ropa elegante	inventar juegos para jugar con sus amigos
estudiar inglés en Venezuela	preferir estar en el jardín

1-15 Los Beatles en la televisión. La abuela de Alicia le cuenta qué pasó cuando los Beatles aparecieron en el programa de Ed Sullivan por primera vez. Completa su narración con el imperfecto de los verbos entre paréntesis.

(1) ____________________ (Ser) de noche cuando se emitieron las primeras imágenes de esos muchachos ingleses sobre los cuales habíamos leído. Los jóvenes que vieron por la televisión el programa de Ed Sullivan (2) ____________________ (estar) en sus casas o en las casas de sus amigos. Hay que recordar que no todo el mundo (3) ____________________ (tener) televisión en casa. En mi casa (4) ____________________ (haber) un televisor en blanco y negro pequeño, pero (5) ____________________ (funcionar) muy bien. Recuerdo que mis vecinos a veces (6) ____________________ (venir) a mi casa por la tarde para ver las noticias, porque ellos no (7) ____________________ (poder) comprarse un televisor.

Mis amigas (8) ____________________ (estar) muy emocionadas al ver y oír a Paul, John, George y Ringo por primera vez. Les (9) ____________________ (parecer) un sueño o una visión. Yo también (10) ____________________ (pensar) lo mismo.

1-16 Un accidente automovilístico. Hace muchos años en la ciudad de Caracas, Venezuela, hubo un horrible accidente automovilístico. A continuación escucharás el relato de una testigo de este accidente. Escucha la grabación cuantas veces sea necesario y escribe un resumen del relato usando el imperfecto. Necesitas cambiar los verbos de primera a tercera persona.

____

____

____

____

____

____

Nombre: ______________________ Fecha: ______________

1-17 Preguntas a un diseñador. Imagínate que estás escuchando un programa de radio en el que el público llama y le hace preguntas a la persona invitada. En este caso es un joven diseñador de moda. Escucha las preguntas y durante las pausas escribe las respuestas que crees que el diseñador daría. No te olvides que debes conjugar el verbo y usar oraciones completas al contestar.

MODELO: ¿Dónde vivía cuando tenía diez años?

Vivía en Madrid con mis padres y mis abuelos.

1. ______________________________
2. ______________________________
3. ______________________________
4. ______________________________
5. ______________________________

1-18 Expediente X. Alicia y su abuela están viendo un episodio de su serie favorita: *Expediente X*. En el episodio de hoy, Scully está entrevistando a una persona que asegura que tuvo una experiencia en el más allá. Completa el diálogo con el imperfecto de los verbos entre paréntesis.

SCULLY: Los médicos dicen que mientras lo (1) ______________ (operar), usted pasó unos minutos sin mostrar señales de vida. Yo (2) ______________ (querer) hacerle unas preguntas sobre lo que recuerda de esta experiencia.

PACIENTE: Bueno, mientras yo (3) ______________ (dormir) bajo los efectos de la anestesia, (4) ______________ (soñar) que (5) ______________ (caminar) por un largo pasillo.

SCULLY: ¿Cómo (6) ______________ (ser) ese pasillo que usted vio?

PACIENTE: Me (7) ______________ (parecer) muy estrecho y oscuro.

SCULLY: ¿(8) ______________ (Haber) algo al final del pasillo?

PACIENTE: Sí, me acuerdo de que me (9) ______________ (atraer) una luz muy fuerte al fondo del pasillo. Allí se (10) ______________ (ver) una sombra que me (11) ______________ (llamar) cuando de repente la luz se apagó y me desperté.

SCULLY: ¿Recuerda usted qué hora (12) ______________ (ser) cuando se despertó?

PACIENTE: No, lo siento, no me acuerdo... pero puede preguntarles a los médicos.

SCULLY: De acuerdo. Muchas gracias por su tiempo y su colaboración.

Nombre: ______________________________ Fecha: ______________________

Conéctate

1-19 Menudo. Menudo es un grupo que ha cambiado de acuerdo con el tiempo y sus modas. Los miembros del grupo han representado estos cambios en la manera de vestirse y de cantar de acuerdo a la época. Ve a la Internet y busca un video de los años iniciales de Menudo y uno más reciente de uno de sus ex miembros más famosos, Ricky Martin. Luego escribe un ensayo para comparar la manera de vestir, cantar y cualquier otro aspecto que quieras destacar, entre los dos videos. Usa el pretérito y el imperfecto en tu respuesta.

____

____

____

____

____

____

____

Segunda parte

¡Así lo decimos! Vocabulario (TEXTBOOK P. 21)

1-20 En familia. Completa las siguientes oraciones con una variación de la palabra en itálica. Si necesitas ayuda, consulta la sección llamada **Ampliación** en el libro de texto.

MODELO: Según las revistas de automóviles, hay ciertos modelos que no son muy <u>duraderos</u>, y otros que *duran* muchos años.

1. —¿Cuál es tu ____________________: un auto descapotable o un vehículo utilitario deportivo?
   —*Prefiero* el vehículo utilitario deportivo.

2. Cuando cumplió veinte años, mi hermano ____________________ cinco mil dólares en el auto de sus sueños. Para él, fue un *gasto* muy grande.

3. —¿En qué año dejaron de ____________________ el Porsche 356?
   —Creo que fue en 1965. Antes lo hacían a mano en una *fábrica* en Austria.

4. El ____________________ del automóvil fue uno de los más importantes del Siglo XX. Fue *inventado* por un ingeniero alemán.

Nombre: ______________________________ Fecha: ______________________

1-21 Un gran paso para la humanidad. Patricia y tú están leyendo un artículo sobre la llegada del hombre a la luna. Completa las oraciones con palabras de ***¡Así lo decimos!***

apodo	auto compacto	espacioso	manejaron	todoterreno
auto	convertible	kilómetros por hora	novedad	velocidad

El 31 de julio de 1971, un vehículo muy extraño apareció sobre la superficie de la luna. A bordo de la nave espacial del proyecto Apolo 15 había un (1) ____________________ muy especial. Se trataba del primer (2) ____________________ extraterrestre (*extraterrestrial*). El vehículo se llamaba "*lunar rover*" pero su (3) ____________________ era "*moon buggy*". Este vehículo fue diseñado por Boeing en su fábrica de Kent, en el estado de Washington. Era un concepto nuevo y estaba considerado una (4) ____________________. Fue diseñado pequeño para su largo viaje a la luna; era un verdadero (5) ____________________. No usaba gasolina, era eléctrico y tenía una (6) ____________________ máxima de trece.
(7) ____________________. El "*lunar rover*" no tenía techo (*roof*), es decir que era un (8) ____________________. Necesitaba ser muy (9) ____________________ porque los astronautas David Scott y James Irwin llevaban sus trajes espaciales. Los astronautas pasaron un total de tres días en la luna y (10) ____________________ mucho. De hecho, en un sólo día lograron llegar a cinco kilómetros de distancia de la nave espacial.

Nombre: ______________________________ Fecha: ______________________

1-22 El auto ideal. Imagínate que ganaste un concurso (*contest*) y una fábrica de autos va a diseñar un auto especial para ti. Utilizando al menos ocho de las palabras y expresiones de ***¡Así lo decimos!,*** escribe una pequeña composición sobre el auto que van a fabricar.

El auto de mis sueños es...

____

____

____

____

____

____

____

____

1-23 Asociaciones. Selecciona la palabra o frase que no se pueda asociar lógicamente con las otras dos.

1. conducir	gastar	manejar
2. el apodo	el exterior	el interior
3. espacioso	gastado	lujoso
4. el dueño	la tracción a cuatro ruedas	las bandas decorativas
5. el todoterreno	el vehículo deportivo utilitario	los kilómetros por hora

1-24 ¿Lógico o ilógico? Después de escuchar las frases, decide si son **lógicas** o **ilógicas.**

1. lógico	ilógico	4. lógico	ilógico
2. lógico	ilógico	5. lógico	ilógico
3. lógico	ilógico		

Nombre: ______________________________ Fecha: ______________________

1-25 ¡Cuidado! Escribe oraciones para indicar cuándo fue la última vez que te ocurrieron estas cosas o si te pasaron (*happened*) alguna vez.

dejar	dejar de + infinitivo	dejar + infinitivo

MODELOS: llaves: *Anoche dejé mis llaves en casa.*

o

fumar: *Dejé de fumar el año pasado.*

o

tus padres/comprar tu primer auto: *Mis padres me dejaron comprar mi primer auto cuando empecé a estudiar en la universidad.*

Algunas posibilidades:

Acciones	Objetos
un policía/exceder el límite de velocidad	tarjeta de seguro
usar tu móvil en tu auto	tarjeta de crédito
tus padres/darte dinero para la gasolina	licencia de conducir
pedir direcciones	llaves
tus amigos/escuchar música *country* mientras conducías	auto
un amigo/conducir tu auto	teléfono móvil
¿ … ?	¿ … ?

____

____

____

____

____

____

____

____

____

____

Nombre: ______________________ Fecha: ______________________

¡Así lo hacemos! Estructuras

3. Preterit vs. imperfect (Textbook pp. 24–25, 28)

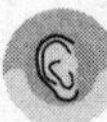

1-26 Identificar. Escucha cada frase y decide qué verbos están en el pretérito y cuáles en el imperfecto. Luego escríbelos en la columna correspondiente.

MODELO: Cuando llegó la ambulancia, yo pensaba qué hacer.

	Pretérito	Imperfecto
	llegó	*pensaba*
1.	______________________	______________________
2.	______________________	______________________
3.	______________________	______________________
4.	______________________	______________________
5.	______________________	______________________

1-27 Henry Ford. Tienes que hacer un resumen de la juventud de Henry Ford para tu clase de historia. Elige entre el pretérito y el imperfecto de los verbos en paréntesis.

Henry Ford (1) (nació/nacía) en Dearborn, Michigan, el 30 de julio de 1863. Su familia (2) (tuvo/tenía) una granja donde él (3) (vivió/vivía) con sus padres y sus hermanos. Desde muy temprana edad le (4) (gustó/gustaba) la mecánica. De hecho Henry normalmente (5) (reparó/reparaba) los relojes de sus vecinos. Todo (6) (cambió/cambiaba) el día que se (7) (murió/moría) su madre en 1876. A pesar de que su padre (8) (esperó/esperaba) que Henry se quedara en la granja, el joven (9) (se mudó/se mudaba) a Detroit para buscar trabajo. En esa ciudad, él (10) (fue/era) empleado de varias compañías. También en Detroit, Henry Ford (11) (conoció/conocía) a Clara Ala Bryant, su futura esposa. Ellos (12) (se casaron/se casaban) en 1888. Henry y Clara (13) (tuvieron/tenían) un sólo hijo, Edsel Bryant Ford. A Henry Ford le (14) (fue/iba) muy bien en su carrera profesional, y el 16 de junio de 1903 él (15) (fundó/fundaba) la Ford Motor Company. Pasaron los años y la compañía (16) (tuvo/tenía) éxito. En octubre de 1908 Henry Ford (17) (introdujo/introducía) al mercado el primer auto Modelo T. Fue justamente con la introducción de este auto innovador que la sociedad (18) (empezó/empezaba) a cambiar. Este fenómeno (19) (transformó/transformaba) para siempre al mundo. Henry Ford (20) (vivió/vivía) hasta los 83 años.

1-28 La sociedad del Siglo XX y el transporte. Tu compañero/a de clase y tú tienen que hacer una investigación para la clase de sociología sobre el impacto de los autos en la sociedad. Completa este texto con el pretérito o el imperfecto del verbo entre paréntesis.

Durante el Siglo XX, (1) ___________________ (aparecer) en todo el mundo numerosas innovaciones automovilísticas. El trepidante desarrollo del auto que (2) ___________________ (tener) lugar desde finales del Siglo XIX hasta finales del XX (3) ___________________ (cambiar) la vida, la sociedad, la forma de viajar y también (4) ___________________ (transformar) la forma de trabajar. El cambio social (5) ___________________ (ser) dramático. De esta y otras maneras, en el Siglo XX se (6) ___________________ (agilizar) el ritmo de los cambios sociales para transformar un mundo que (7) ___________________ (necesitar) adaptarse a un medio cada vez más y más moderno.

El auto en el Siglo XX (8) ___________________ (hacer) posible una mayor movilidad de la población. Por primera vez, una familia media (9) ___________________ (tener) la posibilidad de visitar lugares que antes (10) ___________________ (ser) imposible conocer. Este (11) ___________________ (ser) sólo uno de los aspectos que (12) ___________________ (influir) enormemente en la sociedad de principios del Siglo XX, pero que también sigue influyendo hoy en día.

Nombre: ______________________________ Fecha: ______________________

1-29 Hechos del Siglo XX. Escucha las siguientes oraciones tantas veces como sea necesario e identifica si los verbos están en el pretérito o en el imperfecto. Después, explica la razón de tu elección. Algunas oraciones tienen más de un verbo.

MODELO: Eran las tres de la tarde del 21 de abril de 1997 cuando España envió por primera vez el minisatélite Minisat-01 al espacio.

Eran: imperfecto, porque se refiere a la hora. Envió: pretérito, porque se refiere a un momento específico.

1. ____

2. ____

3. ____

4. ____

5. ____

1-30 En mis propias palabras. Vuelve a escuchar la grabación que corresponde al ejercicio anterior. Primero identifica cuál es el infinitivo de los verbos que están en el pretérito o el imperfecto. Luego escribe una reacción lógica o un comentario a cada oración, usando el pretérito y/o el imperfecto.

MODELO: Eran las tres de la tarde del 21 de abril de 1997 cuando España envió por primera vez el minisatélite Minisat-01 al espacio.

Fue un día importante para el mundo de las comunicaciones en España.

1. ____

2. ____

3. ____

4. ____

5. ____

1-31 El Siglo XX y la revolución en la música. Lee el siguiente artículo sobre uno de los acontecimientos sociales más significativos del Siglo XX y escribe la forma correcta del pretérito o imperfecto de los verbos entre paréntesis.

En el Siglo XX (1) ______________________ (ocurrir) varias revoluciones como la de los bolcheviques en 1917 o la cubana en 1959. Pero no todas las revoluciones del Siglo XX (2) ______________________ (ser) políticas o violentas. La música popular (3) ______________________ (cambiar) mucho en el Siglo XX. Al final del Siglo XIX y al comienzo del XX la música normalmente se (4) ______________________ (escuchar) en conciertos y clubes. Esa tendencia (5) ______________________ (empezar) a cambiar con la invención del fonógrafo de Thomas Edison. Por primera vez, una familia (6) ______________________ (poder) escuchar música en su casa sin tener que contratar músicos. Los primeros fonógrafos (7) ______________________ (tener) forma de cilindro, pero en 1929 los fonógrafos (8) ______________________ (ser) reemplazados definitivamente por los discos. El nuevo medio de comunicación (9) ______________________ (hacer) posible que el público conociera a una mayor variedad de artistas. La invención de la radio (10) ______________________ (favorecer) la creación de "estrellas"; ídolos como Frank Sinatra (11) ______________________ (lograr) mucha popularidad. La música popular se (12) ______________________ (convertir) en un fenómeno global. A pesar de la popularidad de los artistas, normalmente ellos no (13) ______________________ (tener) que presentarse en persona. Con la invención de la televisión, los artistas (14) ______________________ (tener) que ser más visuales en sus representaciones. Las revoluciones en la electrónica y la computación también (15) ______________________ (afectar) la música popular. Esto ha hecho posible la experimentación y la mezcla de diferentes estilos de música. Hoy en día, la música popular sigue cambiando.

Nombre: ______________________________ Fecha: ______________________

¡Así lo expresamos!

Imágenes

1-32 La moda y el estilo. La moda y el estilo no solamente cambian de una época a otra sino que también varían de región a región o de país a país. Visita la página web del Museo del Traje en Madrid, y explora una sección o unas secciones que te interesen. Después, escribe un párrafo para comparar las diferencias y similitudes entre las modas en España y las modas en los Estados Unidos. ¿Qué diferencia ves entre el estilo de los trajes típicos y la ropa de cada país? Por ejemplo, ¿pueden observarse diferencias en los vestidos de mujer? ¿Y de hombre? ¿Crees que los trajes del museo son obras de arte?

____

____

____

____

____

____

____

Ritmos

1-33 Un *rap*. ¿Escribiste alguna vez un poema o una canción? ¿Intentaste alguna vez escribir una canción de *rap*? María Isabel López creó algo nuevo cuando escribió su *rap* flamenco. Tú también puedes crear algo nuevo y no parecerte "a nadie" como dijo María Isabel. Visita la Internet y busca consejos para escribir un *rap*. Luego, ve a la página web de YouTube y busca videos de *rap* en español para inspirarte. Al final, escribe tu propio *rap*. Intenta usar el pretérito y el imperfecto según el contexto.

____

____

____

____

____

____

____

Nombre: ______________________ Fecha: ______________________

Páginas

1-34 Antes de leer. Para entender mejor la información que vas a leer sobre la historia de los autos y la música, contesta las siguientes preguntas.

1. ¿Tienes auto?

____

____

2. ¿Qué tipo de música prefieres?

____

____

3. ¿Te gusta escuchar música mientras manejas?

____

____

4. ¿Crees que escuchar música mientras manejas es peligroso (*dangerous*)? ¿Por qué?

____

____

Nombre: ______________________ Fecha: ______________________

1-35 A leer. Ahora lee el artículo y estudia las palabras y expresiones que siguen. Después completa las oraciones con las expresiones del vocabulario clave.

Hacia la autopista de la música

Los autos y la música tienen una larga asociación. Se sabe que los primeros autos, parecidos a los que tenemos hoy en día, se fabricaron en el Siglo XIX. El primer modelo, que funcionó a base de gasolina y que tuvo éxito, fue fabricado por Charles Edgar Duryea en 1893. En aquel entonces, los autos eran sencillos y no muy lujosos. Aun así despertaron la imaginación popular de los que leían sobre ellos y mucho más de los que tuvieron la suerte de verlos. Esta fascinación con los coches influyó en la música popular. La primera canción con una letra que se refería a los coches se titulaba *The Auto Man*. Esta canción estableció una conexión entre el coche y un cierto nivel social de sofisticación. A pesar de esto, el automóvil de esa época tenía una tendencia a tener problemas mecánicos y esto se reflejaba en canciones humorísticas como *Get Out and Get Under* de 1913. Estos problemas mecánicos dejaban a veces solos al dueño del carro y su pasajera. Estas oportunidades románticas se convirtieron en temas de canciones como *Up and Down the Eight Mile Road* de 1926. Pero las canciones no solamente servían de entretenimiento, sino también de publicidad. Las canciones se convirtieron en una manera de informar al público sobre las nuevas marcas de carros que se estaban fabricando. La canción *In My Merry Oldsmobile* es un buen ejemplo de esto. Las canciones anunciaban hasta cambios de modelo. Por ejemplo, la canción *Henry's Made a Lady Out of Lizzie* marcó la transición entre el Modelo T y el Modelo A de Ford en 1928. En el título de la canción, el apodo *Lizzie* se usa para referirse al Modelo T.

En los años 30, la relación entre el auto y la música cambió para siempre. Fue durante esa década que los primeros radios se instalaron en los autos. Esa novedad pudo realizarse gracias a la Galvin Manufacturing Corporation. Los dueños de la compañía eran los hermanos Paul y Joseph Galvin. Ellos hicieron posible la instalación de un radio en un auto al lograr fabricar un aparato que podía funcionar a base de la corriente eléctrica producida por un coche. El primer tocadiscos en un coche lo ofreció Chrysler en 1956. El primer casete en un carro apareció en el mercado en 1964. Hoy en día, el simple radio de antaño ha sido reemplazado por aparatos sofisticados, con los cuales no solamente se puede escuchar música, sino también ver películas, jugar videojuegos o navegar en la Red.

Después de más de cien años de historia en común, el público sigue fascinado por los autos y su música. Tal y como en sus primeros días, esta fascinación se sigue reflejando en la música popular. De hecho, algunas canciones han logrado tanta fama como los modelos de los carros más icónicos. Uno puede pensar en canciones como *409* de los Beach Boys, *Back Seat of My Car* de Paul McCartney o inclusive *Born to be Wild* de Steppenwolf. A veces, hasta las marcas mismas todavía aparecen en los títulos de las canciones. Ese es el caso de *Cadillac Ranch* de Bruce Springsteen, *Cadillac* de Bo Diddley o *Cowboy Cadillac* de Garth Brooks.

El futuro diseño de los autos no se puede predecir, pero lo que sí se puede decir con seguridad es que la fascinación del público por los autos y la música continuará existiendo.

Nombre: ______________________________ Fecha: ______________________

antaño	*days gone by*	relación	*relationship*
entretenimiento	*entertainment*	sencillo	*simple, plain*
icónico	*iconic*	suerte	*luck*
letra	*lyrics*	tema	*subject*

1. ¿Está pasada de moda la música de ____________________?
2. El Corvette es un modelo de auto ____________________.
3. La música es una forma de ____________________ que es muy popular.
4. Yo prefiero la ____________________ de las canciones románticas.
5. A mí no me gustan los autos lujosos. Yo prefiero tener un auto ____________________.
6. Mi amigo Juan ganó la lotería. ¡Qué buena ____________________ tiene!
7. El ____________________ del artículo que leímos es la música y los autos.
8. Entre la música y los autos existe una ____________________ interesante.

1-36 Después de leer. Basándote en lo que has leído en el artículo anterior sobre los autos y la música, determina si las siguientes afirmaciones son **Ciertas** o **Falsas.**

1. Los primeros autos en Estados Unidos eran lujosos. Cierto Falso
2. La primera canción con una letra referente al auto se llamaba *The Auto Man.* Cierto Falso
3. Las canciones se usaban como publicidad para las marcas de autos. Cierto Falso
4. El apodo del Modelo A era *Lizzie.* Cierto Falso
5. Los primeros radios se instalaron en los autos en los años 40. Cierto Falso
6. El primer casete en un auto se ofreció en el mercado en 1964. Cierto Falso
7. *Born to Be Wild* es una canción de Paul McCartney. Cierto Falso

Nombre: ______________________ Fecha: ______________________

Taller

1-37 Antes de escribir. Imagínate que eres un nuevo equipo de entretenimiento para usar en un auto. Piensa en tus características y tus funciones. ¿Cómo has evolucionado? Haz una lista cronológica de los sucesos (*events*) más importantes en tu invención y en tu evolución.

______________________ ______________________

______________________ ______________________

______________________ ______________________

1-38 A escribir. Ahora escribe, en primera persona, la historia de tu invención, tus características físicas y tus usos. Cuenta los cambios por los que has pasado desde un simple radio para auto hasta convertirte en lo que eres hoy. Para terminar tu historia escribe un párrafo en el que describas tu importancia en los autos de hoy.

____

____

____

____

____

____

____

Nombre: ________________________________ Fecha: ____________________

La tecnología y el progreso

Primera parte

¡Así lo decimos! Vocabulario (TEXTBOOK P. 41)

2-1 En familia. Completa las siguientes oraciones usando una variación de cada palabra en itálica. Si necesitas ayuda, consulta la sección llamada *Ampliación* en el libro de texto.

MODELO: Se dice que la nuestra es una sociedad que *desecha* casi todo lo que usa. Los desechos de plástico representan una de las fuentes más problemáticas para la conservación del medio ambiente.

1. Los *contaminantes* causan mucho daño en la salud de la gente joven. Pueden ____________________ el aire, el agua y la tierra.
2. Muchas ciudades tienen un programa de ____________________ obligatorio. Usan camiones especiales que recogen las latas, el papel y el cristal para llevarlos a *reciclar.*
3. Muchas sustancias químicas contribuyen a la *destrucción* de la capa de ozono. Se dice que para el año 2020 la zona encima del Polo Sur estará totalmente ____________________.
4. Es necesario proteger los animales en peligro de ____________________ antes de que se *extingan* por completo.

Nombre: ______________________________ Fecha: ______________________

5. Los veranos ______________________ en el hemisferio norte pueden apuntar al *calentamiento* global.

6. La *conservación* del medio ambiente es la meta de varias organizaciones ecológicas. Esperan ______________________ los recursos de la Tierra para futuras generaciones.

2-2 Campañas ecológicas. Un grupo de activistas ha propuesto varias campañas para proteger el medio ambiente. Completa las ideas con palabras y expresiones de la siguiente lista.

basura	combustibles	humo
bosques	desechos	plomo

1. Pedir a las industrias que reduzcan la producción de ______________________ tóxicos.
2. Proponer el uso de energía limpia en lugar de ______________________ tales como el petróleo o el carbón.
3. Emprender programas de reciclaje con el fin de limitar la cantidad de ______________________.
4. Establecer un sistema para la eliminación de la pintura que contiene ______________________.
5. Participar en manifestaciones contra la deforestación de los ______________________ tropicales.
6. Reducir la contaminación del aire por ______________________ a través de incentivos para el uso del transporte público.

2-3 ¿Cuál no pertenece? Selecciona la palabra que no pertenece al grupo.

1. basura	desecho	fuentes	humo
2. conservación	extinción	contaminación	destrucción
3. petróleo	carbón	combustible	selva
4. reciclar	destruir	conservar	renovar
5. selva	bosque	capa de ozono	contenedor

Nombre: ______________________ Fecha: ______________________

2-4 Nuestro mundo. Escucharás un programa de radio sobre el medio ambiente. Después de escucharlo, completa lógicamente cada oración con palabras de *¡Así lo decimos!* que hayas escuchado.

1. Si seguimos estos consejos podremos ______________________ la destrucción del medio ambiente.
2. Debemos hacer todo lo posible para que las especies de animales no lleguen al peligro de ______________________.
3. Cuando veamos a un animal herido, lo debemos ______________________.
4. El plástico no se debe ______________________.
5. Mejoraremos nuestro ______________________ si seguimos estos consejos.

2-5 Predicciones. Uno de los invitados a un programa de radio sobre el medio ambiente hace predicciones acerca de la mejora de las condiciones ambientales. En la siguiente grabación escucharás una serie de frases que hablan del futuro de la tecnología y del medio ambiente. Escúchala cuantas veces sea necesario y luego completa las oraciones con las palabras de *¡Así lo decimos!* que escuchaste.

1. ______________________ no afectará más a los agricultores.
2. Todas las personas del mundo podrán tener agua ______________________.
3. ______________________ desaparecerá.
4. Habrá una máquina que eliminará ______________________ del aire.
5. ______________________ será muy barato porque nadie lo usará.

Nombre: ______________________________ Fecha: ______________________

2-6 Una búsqueda ambiental. En el siguiente diagrama, busca palabras relacionadas con el medio ambiente en sentido horizontal, vertical y diagonal.

ambiental	calentar	desechar	potable	renovar
basura	contenedor	dificultar	reciclar	rescatar
bosque	cristal	plomo	recogida	selva

D	C	R	E	S	C	A	T	A	R	S	J	K	Ñ	I
P	X	Z	G	P	O	M	H	D	E	Q	I	S	T	X
D	G	N	Y	Y	N	C	R	I	S	T	A	L	W	W
I	U	C	L	H	T	B	E	G	X	Z	F	S	H	E
F	N	E	L	J	E	L	L	W	D	R	A	Z	U	D
I	D	Z	Z	V	N	Ñ	U	T	Ñ	D	O	Q	E	L
C	T	Y	K	O	E	D	I	S	I	V	S	U	I	L
U	Q	H	X	F	D	F	R	G	W	O	D	P	R	W
L	Y	R	G	F	O	M	O	E	B	Q	E	V	O	N
T	W	C	N	W	R	C	V	V	C	J	S	Z	L	P
A	A	M	B	I	E	N	T	A	L	I	E	M	Y	C
R	I	A	E	R	S	U	D	X	R	Q	C	L	X	K
A	Q	B	D	Q	T	Y	H	H	E	D	H	L	D	W
E	Z	I	H	V	S	L	Y	F	N	H	A	A	A	Q
W	I	Q	N	T	R	K	X	Ñ	O	I	R	V	W	R
N	U	S	P	L	O	M	O	D	V	G	H	B	A	Y
E	A	E	C	A	L	E	N	T	A	R	Ñ	A	R	Z
H	W	L	S	T	B	A	S	U	R	A	N	T	U	R
L	M	V	U	S	R	P	O	T	A	B	L	E	N	G
Y	X	A	I	J	F	F	Q	G	Y	I	N	I	J	L

Nombre: ______________________ Fecha: ______________________

2-7 ¡Cuidado! Completa las oraciones con la forma correcta de **un poco de, pocos/as, poco/a, pequeño/a** según el contexto.

Con (1) ______________________ buena voluntad, la mayoría de los problemas del medio ambiente se pueden resolver. Hay cosas (2) ______________________ que todos podemos hacer. Por ejemplo, tener un carro (3) ______________________ y usarlo (4) ______________________. ¡Pero (5) ______________________ personas tienen ganas de hacer este sacrificio!

¡Así lo hacemos! Estructuras

1. Uses of *ser, estar,* and *haber* (TEXTBOOK PP. 45–47)

2-8 La contaminación atmosférica. Luis hace una lista de problemas medioambientales actuales. Completa la lista con la forma correcta del presente de **ser, estar** o **haber.**

1. La temperatura de la Tierra (es, está, hay) aumentando como consecuencia del efecto invernadero.
2. (Es, Está, Hay) una concentración excesiva de óxidos de carbono en la capa inferior de la atmósfera.
3. La lluvia ácida (es, está, hay) un resultado de la contaminación del aire.
4. Hoy (es, está, hay) muchas especies en peligro de extinción a causa de la contaminación del aire, de la tierra y del agua.
5. Los vehículos automotores (son, están, hay) unos de los mayores productores de *smog*.
6. En las grandes ciudades (es, está, hay) zonas industriales contaminadas por desechos tóxicos.
7. El humo de los cigarrillos (es, está, hay) dañino para el organismo de los fumadores y de las personas a su alrededor.
8. El aire de los centros urbanos (es, está, hay) lleno de contaminantes como el monóxido de carbono.

2-9 Lluvia de contaminantes. Escucharás una noticia acerca de la contaminación del lago Cocibolca en un programa de radio. Después de escucharla, indica si las siguientes oraciones son Ciertas o Falsas.

1. El lago Cocibolca es más grande que el lago Titicaca. Cierto Falso
2. En este momento hay peligro de que el lago Cocibolca se contamine tanto como el Xolotlán. Cierto Falso
3. El Xolotlán es una fuente importante de agua potable para Granada. Cierto Falso
4. En la costa de Granada no hay contaminación. Cierto Falso
5. El Cocibolca está contaminado por desechos industriales y urbanos. Cierto Falso
6. La única manera de prevenir más contaminación de este lago es educar a la población. Cierto Falso

2-10 Una organización ecológica. Tu compañero/a de cuarto pertenece a una organización ecológica. Te pide ayuda para escribir una descripción de su organización. Complétala con la forma correcta del presente del verbo entre paréntesis.

Amigos del ambiente (1. ser) ________________ un grupo dedicado a la protección del medio ambiente. Nuestra oficina (2. estar) ________________ localizada en el centro estudiantil de la universidad. Todos los socios del grupo (3. ser) ________________ estudiantes universitarios, y nosotros (4. estar) ________________ interesados en prevenir los efectos dañinos de nuestra universidad en el medio ambiente. Actualmente nosotros (5. estar) ________________ trabajando para mejorar los programas de reciclaje de la universidad. Aunque (6. haber) ________________ basureros de reciclaje en todas las facultades, calculamos que sólo el 50 por ciento de los estudiantes los usa. (7. Haber) ________________ que convencer a los estudiantes de que (8. ser) ________________ importante reciclar todos los productos de papel y aluminio. (9. Haber) ________________ una reunión esta semana para los que (10. estar) ________________ interesados en este tema.

Nombre: ______________________ Fecha: ______________

2-11 Un reportaje. Ángel Morales, un reportero que se ocupa de las crisis ecológicas, está hablando en un programa de la tele. Completa su reportaje con la forma correcta del presente de **ser, estar** o **haber.**

Buenos días. (1) ______________ Ángel Morales, reportero del Canal 7. Ahora (2) ______________ en la ciudad de Miami, donde (3) ______________ una crisis ecológica al derramar un barco petrolero varias toneladas de petróleo en el océano. La situación (4) ______________ alarmante. Los ecólogos (5) ______________ analizando los efectos de este accidente en el ecosistema y (6) ______________ muy preocupados. Muchos animales marinos (7) ______________ afectados. Un grupo de ecólogos ya (8) ______________ empezado la limpieza del derrame, pero la playa todavía (9) ______________ cubierta de petróleo. Las autoridades de la ciudad dicen que (10) ______________ que pedir ayuda voluntaria a los ciudadanos para resolver el problema.

2-12 ¿Por qué lo dijo? Lee de nuevo el párrafo anterior y explica por qué Ángel Morales usó los verbos que usó.

MODELO: Ángel Morales está hablando con un reportero del Canal 7.

Está: se usa con el presente progresivo.

1. ______________ 6. ______________
2. ______________ 7. ______________
3. ______________ 8. ______________
4. ______________ 9. ______________
5. ______________ 10. ______________

2-13 Un proyecto con éxito. Tu compañero/a de cuarto se ha puesto en contacto con otro grupo de estudiantes que tiene un proyecto ecológico muy interesante. Han publicado un artículo en el periódico de la universidad. Lee y completa el artículo con la forma correcta de **ser, estar** o **haber.**

Nosotros (1) ______________ un grupo de estudiantes voluntarios y (2) ______________ trabajando en la rehabilitación ambiental de la isla de San Miguel. En esta pequeña islita (3) ______________ más de cien especies de animales, sin contar los insectos. (4) ______________ una parte rocosa y una playa pequeña. La playa (5) ______________ en el norte de la isla y es el hábitat de varias aves, reptiles y mamíferos. La parte rocosa (6) ______________ al suroeste de la isla. Esta parte (7) ______________ un hábitat complejo y frágil donde viven crustáceos, moluscos y otros animales. Nuestro proyecto, Rehabilitación y Protección de San Miguel (RPSM), (8) ______________ un esfuerzo por preservar la flora y fauna de la isla. San Miguel no sólo (9) ______________ patrimonio de nuestro país, sino de todo el mundo. (10) ______________ seguros de que, trabajando juntos, podremos conservar la naturaleza de esta islita y lograr que los barcos petroleros utilicen otra ruta para llegar al puerto. (11) ______________ evidente que la ruta actual (12) ______________ la manera más rápida. Sin embargo, pensamos que vale la pena desviarse un poco para ayudar a salvar la flora y fauna de San Miguel. Si ustedes (13) ______________ interesados en unirse a nosotros, visítennos. Nuestras oficinas centrales (14) ______________ en la avenida Bolívar, frente al monumento. RPSM (15) ______________ una organización sin fines de lucro.

2-14 Los titulares de hoy. Escuchas un programa de titulares de noticias en la radio. Pero cada vez que dicen un titular, suena una campana y no puedes escuchar el verbo. Escribe el verbo que falta: **ser, estar** o **haber,** y después explica por qué se usa este verbo.

MODELO: La fábrica *[a bell sounds]* desechando su basura en el lago de la ciudad.

Está: "estar desechando" forma el presente progresivo

1. ____
2. ____
3. ____
4. ____
5. ____

Nombre: ______________________ Fecha: ______________________

2. The future tense (TEXTBOOK PP. 49–51)

2-15 Los agujeros de la capa de ozono. Beatriz Romero es una ecóloga que estudia el estado de la capa de ozono. Completa cada una de sus predicciones sobre las consecuencias de la disminución de la capa de ozono con el verbo correspondiente.

1. Los índices de cáncer de piel ____.
2. Los seres humanos ____ problemas con el sistema inmunológico.
3. ____ más casos de enfermedades infecciosas a causa de la reducción de la efectividad inmunológica.
4. Ciertas especies de vegetación ____.
5. Otras plantas ____ sustancias tóxicas.
6. La disminución del ozono ____ resultar en una pérdida de fitoplancton en el océano.
7. Algunos animales ____ enfermedades.
8. La concentración del ozono en la superficie terrestre ____ problemas respiratorios en los seres humanos.

a. Habrá
b. contraerán
c. subirán
d. podrá
e. causará
f. producirán
g. morirán
h. tendrán

2-16 El proyecto del verano. Mireya es estudiante universitaria. Para poder terminar sus estudios, tendrá que participar en un proyecto ecológico este verano. Escucha la conversación que tiene con su profesor para hablar de sus planes de investigación, y luego completa la información que falta. Escucha la grabación cuantas veces sea necesario y no te olvides de escribir el verbo en la tercera persona del futuro.

1. Mireya ______________________ a Granada.
2. ______________________ una campaña para educar a la gente.
3. Les ______________________ a las personas sobre los efectos dañinos que tiene la contaminación.
4. ______________________ trabajando en este proyecto por seis semanas.
5. ______________________ al profesor Rojas para hacer una cita con él cuando regrese de su viaje.

2-17 Preguntas sobre tu proyecto. Imagínate que eres Mireya, la estudiante universitaria que escuchaste en la actividad anterior. Tú irás a Granada para trabajar en el proyecto del lago Cocibolca, pero antes de irte, el profesor Rojas te llama a su oficina para hacerte algunas preguntas. Escucha las preguntas y luego contéstalas de una manera lógica.

1. ____
2. ____

Nombre: ______________________ Fecha: ______________________

3. ____

4. ____

2-18 La incineración de desechos. La ecóloga Beatriz Romero quiere prohibir la incineración de desechos industriales. Completa la entrevista que le hacen sobre este tema con el futuro de los verbos correspondientes.

escribir	hacer	perjudicar	reducir	sufrir
haber	informar	publicar	ser	tener

ENTREVISTADOR: Muchos creen que la incineración de desechos industriales (1) ______________ mucha de la basura producida por las industrias. ¿Por qué se opone usted a este método?

DRA. ROMERO: La evidencia científica prueba que la incineración de desechos peligrosos (2) ______________ efectos dañinos en el medio ambiente porque este proceso libera metales pesados al aire.

ENTREVISTADOR: ¿Cuáles (3) ______________ algunas de las consecuencias de este tipo de contaminación?

DRA. ROMERO: La incineración de ciertas sustancias (4) ______________ la salud humana. Las personas expuestas a estas emisiones (5) ______________ problemas del sistema inmunológico. Además, (6) ______________ un aumento en los casos de cáncer.

ENTREVISTADOR: ¿Qué (7) ______________ usted para combatir este problema?

DRA. ROMERO: Yo (8) ______________ al público sobre los peligros de la incineración por medio de anuncios publicitarios. Los científicos (9) ______________ los resultados de los experimentos realizados. Además, mis colegas y yo (10) ______________ cartas a los representantes públicos para que tomen conciencia del problema.

Nombre: ______________________________ Fecha: ______________________

2-19 Una campaña. Eres miembro de un grupo de voluntarios, amigos de Beatriz Romero, que quiere limpiar las zonas naturales de los alrededores de la ciudad. Explica lo que hará cada miembro del grupo. Escriba la forma correcta de los verbos entre paréntesis en el futuro para completar las oraciones.

1. Yo ______________________ (pedir) apoyo económico del gobierno.
2. Tú ______________________ (conseguir) la ayuda de los voluntarios.
3. Cristina y Tomás ______________________ (poner) basureros en los parques.
4. Alma y yo ______________________ (recoger) envases de aluminio.
5. Celia ______________________ (reciclar) botellas.
6. Ustedes no ______________________ (tirar) basura.

2-20 ¿Por qué será? A tu amiga Mireya le molesta el comportamiento de Gloria, su compañera de cuarto. Tú tratas de ayudarla a entender por qué su compañera se comporta de esa manera. Haz conjeturas sobre lo que Mireya te cuenta. Responde verbalmente a lo que escuchas.

MODELO: Ella nunca lava su ropa.

Querrá ahorrar agua.

2-21 No estoy de acuerdo. Cuando Mireya se fue a Nicaragua, Gloria y tú se hicieron muy amigos/as, pero los/las dos son muy diferentes. Gloria siempre es optimista respecto al medio ambiente y piensa que para el año 2015 todos los problemas se habrán solucionado. Tú eres muy pesimista y contradices a Gloria. Escucha lo que dice Gloria y luego escribe tu respuesta, conjugando el verbo en el futuro.

MODELO: El problema de la capa de ozono va a terminar para el año 2015.

El problema de la capa de ozono no *terminará* para el año 2015.

1. Las fábricas ______________________ los ríos.
2. Las fábricas no ______________________ sus desperdicios.
3. Las fábricas tampoco ______________________ más el medio ambiente.
4. Las playas no ______________________ más limpias.
5. Las playas siempre van a estar sucias y los peces ______________________.
6. El problema no se ______________________ en unos pocos años.

Nombre: ______________________ Fecha: ______________

Conéctate

2-22 Una verdad inconveniente. ¿Has visto el documental del ex vicepresidente de Estados Unidos, Al Gore, sobre el calentamiento global? Si no lo has visto, puedes ir a YouTube para tener una idea de qué se trata. Además de verlo, deberías investigar en línea lo que se ha escrito en pro y en contra de él. Después, escribe un párrafo para expresar tu opinión al respecto, tomando una posición a favor o en contra del calentamiento global.

____

____

____

____

____

Segunda parte

¡Así lo decimos! Vocabulario (TEXTBOOK P. 57)

2-23 En familia. Completa las siguientes oraciones usando una variación de cada palabra en itálica. Si necesitas ayuda, consulta la sección llamada *Ampliación* en el libro de texto.

MODELO: El gobierno *ha agravado* la crisis del medio ambiente al permitir más excavaciones de petróleo. Ignora la gravedad de la contaminación de los mares.

1. La oveja Dolly fue el primer animal que se *clonó*. El anuncio de su ______________ causó gran consternación.
2. El Censo de EE. UU. *predice* que para el año 2015, los hispanos serán el mayor grupo minoritario. Vamos a ver si ______________ es cierta.
3. La *manipulación* del ADN crea nuevas especies y productos. Se necesitan condiciones estériles para ______________ los genes.
4. *Hemos avanzado* mucho en el tratamiento del cáncer y otras enfermedades graves. Estos ______________ se deben a la rigurosa investigación científica.
5. Antes de comprar un comestible, es bueno leer bien ______________ para ver si los ingredientes están claramente *etiquetados*.

Nombre: ______________________________ Fecha: ____________________

2-24 Los anuncios clasificados del Siglo XXI. Imagínate que eres un/a estudiante de ciencias y estás buscando trabajo. Completa los siguientes anuncios de trabajo con las palabras de la lista.

ADN	bioquímicos/as	ingeniero/a	programación
astrofísica	cibernética	microbiólogos/as	transgénicos/as
astrofísico/a	genetistas	nuclear	

- Se necesitan expertos en (1) ____________________ de computadoras para diseñar varios programas. Favor de llamar a la compañía COMPROG.
- Buscamos tres (2) ____________________ para el laboratorio forense de la policía de la ciudad de San Ignacio. Preferimos expertos en el análisis y la comparación del (3) ____________________. Favor de llamar al capitán Pedro Juárez.
- Tenemos un puesto vacante para un/a experto/a en (4) ____________________ que se encargue de diseñar y mantener nuestra página en la Red. Favor de presentarse personalmente a DIGINET.
- Se necesita urgentemente un/a (5) ____________________ experto/a en energía (6) ____________________ para el diseño de un supertransformador que distribuirá electricidad a varias regiones del país. Favor de entregar la solicitud personalmente en la oficina del Ministerio de Energía.
- La Universidad de Los Ríos busca un/a (7) ____________________ para enseñar tres clases por semestre, dirigir el Departamento de (8) ____________________, y coordinar una investigación sobre las lunas de Júpiter. Favor de llamar a la oficina de personal.
- Los laboratorios Mendel de la ciudad de Itama buscan (9) ____________________ cualificados para efectuar el aislamiento de los genes responsables de varias enfermedades. Preferimos expertos en la manipulación de productos (10) ____________________. Favor de presentarse en la oficina central de L.M.I. en la calle Estuardo.

Nombre: ______________________ Fecha: ______________________

2-25 Las profesiones del futuro. Asocia el campo o la profesión con la tarea o tareas de que se ocupa.

1. ____ la astrofísica	a. programar computadoras
2. ____ la bioquímica	b. manipular el ADN
3. ____ la cibernética	c. identificar microbios
4. ____ la genética	d. trabajar con aparatos radioactivos
5. ____ la ingeniería nuclear	e. trabajar con la Internet
6. ____ la microbiología	f. neutralizar desechos tóxicos
7. ____ la programación	g. predecir los movimientos de los planetas

2-26 ¿Cuál será su profesión? Un amigo/a y tú están hablando de las profesiones y el futuro. Primero lee las siguientes oraciones y luego escucha la grabación cuantas veces sea necesario. Después de escuchar, determina qué palabra de *¡Así lo decimos!* debes usar para completar cada oración.

1. Desde que mi mejor amigo era niño soñaba con ser ______________________.
2. Nunca estudiaré para ser ______________________.
3. Por eso en el futuro seré ______________________.
4. Creo que en la universidad estudiaré para ser ______________________.

2-27 Nuestro futuro. Lee las oraciones que siguen y luego escucha cuantas veces sea necesario lo que tu amigo tiene que decir sobre el futuro y la informática. Identifica cuál de las palabras de *¡Así lo decimos!* debes usar para completar cada oración.

1. Nadie puede ______________________ el futuro.
2. ______________________ y ______________________ cambiarán nuestro mundo.
3. Muchas personas estudian para ser ______________________.
4. La gente que trabaja en este campo tiene que tener ______________________ excelentes.
5. Las computadoras son ______________________ sofisticados.

2-28 ¡Cuidado! Completa cada oración con la forma correcta de ***calidad*** o ***cualidad.***

MODELO: La buena educación depende de la *calidad* de los profesores.

1. La ______________ de los autos hechos en Alemania consiste en su durabilidad.
2. La simpatía es una de las ______________ de mi madre.
3. La generosidad es una de las ______________ más apreciadas.
4. Hay muchos vinos chilenos de alta ______________.
5. Los materiales de los reactores nucleares tienen que ser de buena ______________.
6. Es evidente que la honestidad no es una ______________ de todos los políticos.

¡Así lo hacemos! Estructuras

3. The subjunctive in noun clauses (TEXTBOOK PP. 59–62)

2-29 Un técnico. Un técnico del laboratorio de computadoras de la universidad habla sobre las tareas y responsabilidades que implica su trabajo. Completa las oraciones con el subjuntivo de los verbos entre paréntesis.

1. Quiero que mis colegas ______________ (poner) todos los disquetes dañados en la basura.
2. Prefiero que los estudiantes ______________ (sacar) sus documentos de la impresora inmediatamente.
3. Aconsejo que todos ______________ (saber) usar la base de datos y el procesador de textos.
4. Recomiendo que los profesores ______________ (comunicarse) por correo electrónico.
5. Me molesta que ______________ (haber) tantos virus en los sistemas informáticos.
6. Me gusta que las pantallas de los monitores ______________ (estar) limpias.
7. Insisto en que los estudiantes me ______________ (dar) su carnet de estudiante al entrar en el laboratorio.
8. Sugiero que los empleados del laboratorio ______________ (apagar) las computadoras antes de salir.

Nombre: ______________________________ Fecha: ______________________

2-30 La opinión de un científico. El Sr. Galeano, un científico famoso, da sus opiniones sobre la tecnología moderna y el medio ambiente. Combina las frases usando el subjuntivo.

MODELO: A veces la manipulación genética daña el medio ambiente. Es malo.

Es malo que a veces la manipulación genética dañe el medio ambiente.

1. Algunos avances tecnológicos no son buenos. Tengo miedo.

____

2. Las compañías etiquetan los productos transgénicos. Es preciso.

____

3. Tú manipulas el ADN con cuidado. Es necesario.

____

4. Mi laboratorio clona animales de buena calidad. Es crucial.

____

5. La gente aumenta el uso de productos reciclados. Es bueno.

____

2-31 Siempre digo que no. Gloria, tu amiga optimista, tiene algunas opiniones sobre el medio ambiente, y tú, que eres muy pesimista, la contradices. Escucha la grabación cuantas veces sea necesario y cambia los verbos del indicativo al subjuntivo.

1. No es evidente que fumar ________________ beneficioso para la capa de ozono.
2. No estoy seguro/a de que el agua del lago ________________ potable.
3. No pienso que el gobierno ________________ a hacer algo para controlar el precio del petróleo.
4. No creo que muchos parques de nuestra ciudad ________________ libres de plomo.

2-32 A clasificar. No te gusta ser tan pesimista, y crees que es hora de empezar a ver las cosas de otro modo. Escucha las siguientes oraciones tantas veces como sea necesario y después clasifica cada oración en una de las categorías siguientes.

a. voluntad b. duda / negación c. emoción d. hecho real

1. ____ 3. ____ 5. ____

2. ____ 4. ____ 6. ____

Nombre: ______________________________ Fecha: ______________________

2-33 De compras. Sonia, tu hermanita, piensa comprar una computadora nueva. Completa su párrafo con el subjuntivo, el indicativo o el infinitivo de los verbos siguientes.

buscar	costar	requerir	ser
comprar	ir	sacar	tener

Quiero (1) ______________ una computadora nueva porque este año empiezo mi carrera universitaria. Espero que no (2) ______________ más de dos mil dólares. Papá me aconseja que (3) ______________ un sistema barato para ahorrar dinero, pero yo prefiero que la computadora no (4) ______________ muy antigua porque estoy segura de que el nuevo *software* (5) ______________ mucha memoria. Es importante que la computadora (6) ______________ un buen procesador de textos. Mamá dice que ella me (7) ______________ a comprar una impresora láser para imprimir mis trabajos. ¡Espero (8) ______________ buenas notas en mis clases con la ayuda de mi nueva computadora!

2-34 Orlando y Dora. Este año Orlando y Dora, tus vecinos, han tenido muchos problemas. Dora ha decidido hablar con su marido para ver si puede mejorar su relación. Imagínate que tú eres Orlando y que estás de acuerdo con Dora. Escucha la grabación cuantas veces sea necesario y luego responde a las sugerencias de Dora usando el mismo verbo que ella usó.

MODELO: Es urgente modificar ciertos hábitos.

Sí, es urgente que nosotros *modifiquemos* ciertos hábitos.

1. Sí, es importante que nosotros ______________ a divertirnos.
2. Sí, también es preciso que ______________ menos.
3. Sí, es posible que yo ______________ el tiempo que paso en el gimnasio.
4. Sí, es bueno que nosotros ______________ en un restaurante elegante.
5. Sí, es necesario que nosotros ______________ estos cambios si queremos seguir juntos.

Nombre: ______________________ Fecha: ______________________

2-35 Preguntas personales. Imagínate que estás a punto de graduarte, pero tu futuro te asusta un poco. Por eso decides ir a hablar con un consejero de la universidad. A continuación escucharás cinco preguntas personales que te hace el consejero. Contesta la pregunta con una oración completa y de manera lógica. No debes repetir los verbos.

1. ______________________

2. ______________________

3. ______________________

4. ______________________

5. ______________________

2-36 Antonio Berni. Escucharás a continuación información sobre el pintor argentino Antonio Berni. Después de escuchar la grabación, indica si las siguientes oraciones son **Ciertas, Falsas,** o si lo que se afirma **No se dice** en la grabación.

1. El arte de Antonio Berni era surrealista. Cierto Falso No se dice.
2. El artista pintó niños pobres porque él también fue un niño pobre. Cierto Falso No se dice.
3. Juanito era su hijo, por eso escogió ese nombre. Cierto Falso No se dice.
4. Berni usó a Juanito en muchos de sus cuadros. Cierto Falso No se dice.
5. Juanito representa a todos los niños pobres de Argentina. Cierto Falso No se dice.

Nombre: ______________________ Fecha: ______________

¡Así lo expresamos!

Imágenes

WWW **2-37 Juguete del viento.** En el libro de texto has visto la escultura *Juguete de viento* de César Manrique. Ve a un programa de búsqueda en la Internet como Google y escribe: "*Juguete de viento* de César Manrique". Busca imágenes de otras esculturas de la misma serie que Manrique instaló en las Islas Canarias. Elige una de las esculturas que encontraste y descríbela en un párrafo breve. ¿Qué similitudes y diferencias ves entre la escultura que encontraste y la escultura del cuadro?

____

____

____

____

____

____

____

Ritmos

WWW **2-38 La Madre Tierra y la música.** La canción de Bebe *Ska de la tierra* forma parte de una larga tradición de canciones de protesta en español. A través de los años ha habido muchos ejemplos de este tipo de música que se refieren a problemas que existen en el mundo. Otros ejemplos de canciones de este tipo son *El Niágara en bicicleta* de Juan Luis Guerra, *¿Dónde jugarán los niños?* de Maná, o *¿Qué pasa?* de Juanes. Busca en la Internet la letra (*lyrics*) de estas canciones o quizás un video. Luego, escoge una de las canciones y usa el subjuntivo para ofrecer soluciones a los problemas que plantea. Puedes usar frases con expresiones como **es importante, es necesario,** y **es crucial,** para ofrecer tus soluciones.

____

____

____

____

____

____

Nombre: ______________________________ Fecha: ______________________

Páginas

2-39 Antes de leer. Tu hermana te pasa un artículo sobre Colombia y la Asociación de Protectores de la Fauna Colombiana y del Medio Ambiente (APROFAC). Para entender mejor la lectura, estudia las siguientes palabras y expresiones del vocabulario clave y úsalas para completar las oraciones. No te olvides de hacer los cambios correspondientes.

Vocabulario clave			
abogar por	*to advocate*	especie	*species*
biodiversidad	*biodiversity*	poner en peligro	*to put in danger*
caimán	*alligator*	reto	*challenge*
contribuir	*to contribute*	sin fines de lucro	*non-profit*
enfrentar	*to confront, to face*		

1. Los ecologistas ____________________ proteger el medio ambiente.
2. Existen muchas ____________________ de animales en el bosque amazónico.
3. Un cocodrilo se parece mucho a un ____________________.
4. Si no hacemos algo para proteger al medio ambiente, vamos a ____________________ muchos animales.
5. Todas las personas pueden ____________________ a la protección del medio ambiente.
6. Hay organizaciones como Amnistía Internacional que no ganan dinero por sus esfuerzos. Son organizaciones ____________________.
7. Proteger el medio ambiente es el principal ____________________ que el mundo enfrenta en este siglo.
8. El ser humano ____________________ la destrucción de la naturaleza.
9. El bosque amazónico se conoce por su ____________________.

Nombre: ______________________ Fecha: ______________

2-40 A leer. Lee el siguiente texto con cuidado y luego contesta las preguntas de acuerdo a la información de la lectura.

Protectores del medio ambiente colombiano

Colombia es un país dotado de una gran riqueza en su flora y fauna. Desde los Andes hasta la costa caribeña y la del Pacífico, el país tiene una biodiversidad notable. Como muchos otros países, Colombia también enfrenta ciertos retos con respecto a su medio ambiente. Entre los problemas que tiene el país están la erosión de tierra, la deforestación, y la conservación de la fauna. Desde los años setenta, Colombia ha perdido millones de acres de bosques. Esta pérdida de bosques ha contribuido a la erosión de la tierra que, a la vez, ha contribuido a poner en peligro muchas especies de animales. Entre los animales que están en peligro de extinción hay cinco especies de tortugas, dos de caimanes, y dos de cocodrilos, entre muchos otros.

Felizmente, el gobierno colombiano ha hecho varias cosas para proteger el medio ambiente. Primero, estableció leyes para proteger ciertas regiones como el bosque amazónico, la región andina, y la costa pacífica. En 1969 el gobierno creó el Instituto Nacional de Recursos Naturales Renovables y del Ambiente, la agencia principal para la defensa del medio ambiente en Colombia. También ha dictado normas sobre el nivel de contaminación y ha establecido programas de capacitación para los responsables del medio ambiente al igual que programas educativos en el sistema escolar de todo el país.

Pero los esfuerzos por conservar el medio ambiente no se limitan al gobierno. También existen grupos como la Asociación de Protectores de la Fauna Colombiana y del Medio Ambiente (APROFAC). Esta es una organización sin fines de lucro que aboga por la protección del medio ambiente colombiano. Según APROFAC, su misión es promover "el respeto, cuidado y conservación de los recursos . . . para lograr vivir en paz y en armonía con la naturaleza". En su página web, declaran que entre sus objetivos están:

a. Ofrecer servicios de consulta, tratamiento, cirugía y hospitalización de animales heridos, enfermos o maltratados, y otros servicios como laboratorio clínico, guardería y peluquería.

b. Brindar capacitación a la comunidad y a las autoridades civiles y militares respecto a la legislación y la conservación de la fauna y el ambiente.

c. Defender y promulgar los derechos y las leyes de protección a los animales consagrados en la constitución.

d. Desarrollar programas y actividades de sensibilización para niños, jóvenes y adultos en el respeto y conservación de la fauna y el ambiente.

e. Hacer campañas de control contra el tráfico de fauna silvestre.

1. ¿Por qué es Colombia un país dotado de una gran riqueza en su flora y fauna?

____

2. Menciona dos regiones geográficas de Colombia: (a) ______________

(b) ______________

Nombre: ______________________________ Fecha: ______________________

3. ¿Qué organización creó el gobierno colombiano para proteger el medio ambiente?

____

4. ¿A qué se dedica la Asociación de Protectores de la Fauna Colombiana y del Medio Ambiente?

____

Taller

2-41 Antes de escribir. Piensa en los conflictos que existen entre el progreso tecnológico y el medio ambiente. Haz una lista de medidas que los gobiernos podrían tomar para no perjudicar el ecosistema.

______________________________ ______________________________

______________________________ ______________________________

______________________________ ______________________________

______________________________ ______________________________

______________________________ ______________________________

2-42 A escribir. En tu opinión, ¿son compatibles la tecnología y el progreso? ¿Cuál debe ser nuestra prioridad, el avance tecnológico o la protección del medio ambiente? Escribe una composición para expresar tus ideas.

____

____

____

____

____

____

Los derechos humanos

Primera parte

¡Así lo decimos! Vocabulario (TEXTBOOK P. 77)

3-1 En familia. Completa las siguientes oraciones usando una variación de cada palabra en itálica. Si necesitas ayuda, consulta la sección llamada *Ampliación* en el libro de texto.

MODELO: Las tropas federales *asaltaron* a los rebeldes. El asalto duró más de tres días.

1. En El Salvador, el Padre Romero fue víctima de un *asesinato* por una facción derechista. Se dice que la persona que lo ______________ tenía la protección del gobierno.
2. En algunos países los miembros de sectas minoritarias son ______________ por sus creencias. Esta *persecución* tiene la aprobación de las autoridades.
3. En muchos países la mujer está *oprimida*. Hay que erradicar ______________ para que se respete la igualdad de todos los seres humanos.
4. Si el juez permite la *ejecución*, el prisionero será ______________ a medianoche.
5. En Argentina durante la "guerra sucia" de los años ochenta muchos presos políticos ______________; por eso se los llamó los "*desaparecidos*".
6. En las guerras las mujeres son víctimas de ______________. Estas mujeres son *violadas* por hombres de ambos lados del conflicto.

Nombre: ______________________________ Fecha: ______________________

3-2 La situación ya mejoró. Tu amigo hace algunas afirmaciones pesimistas. Después de escucharlas, cambia los verbos de ***¡Así lo decimos!*** que él usa, del imperfecto al presente del indicativo. Empieza cada oración con **El gobierno ya.**

MODELO: El gobierno siempre amenazaba a la gente.

El gobierno ya no amenaza a la gente.

1. ____

2. ____

3. ____

4. ____

5. ____

3-3 Protección a las mujeres maltratadas. María Isabel Milán quiere abrir un albergue para mujeres maltratadas. Completa con las palabras de la lista siguiente la propuesta que ella hace.

asegurar	disfrutar	nivel de vida	sin fines de lucro
desarrollar	escoger	trato	violadas

Queremos establecer un centro (1) ____________________ donde las mujeres maltratadas o (2) ____________________ puedan encontrar protección sin tener que preocuparse por el dinero. Muchas mujeres son maltratadas por sus parejas y no huyen de su casa porque temen que el agresor las persiga. Nosotros queremos crear un centro donde estas mujeres puedan recibir un (3) ____________________ profesional y vivir protegidas y seguras. Animaremos y apoyaremos a las víctimas para que denuncien a sus atacantes. Es necesario que estos estén presos, de modo que no puedan amenazar a las mujeres. Ellas y sus hijos tienen derecho a (4) ____________________ de la vida sin tener que preocuparse por sus agresores. En nuestro centro también les ofreceremos a estas mujeres educación para ayudarlas a (5) ____________________ sus destrezas (*skills*) y (6) ____________________ una vida mejor para ellas y sus hijos en el futuro. Las mujeres podrán (7) ____________________ entre una variedad de cursos como computación, administración y contabilidad. De esta manera, podrán mejorar su (8) ____________________ y su situación económica.

Nombre: ______________________________ Fecha: ______________________

3-4 ¿Qué significa esta palabra? A continuación escucharás definiciones que corresponden a palabras de la sección *¡Así lo decimos!* Lee la lista de palabras y después de escuchar las definiciones, decide qué palabra corresponde a cada definición.

1. ____ a. exigir
2. ____ b. un delito
3. ____ c. el asilo
4. ____ d. la esclavitud
5. ____ e. asesinar

3-5 Un discurso. Ana Aguirre, una activista compañera de María Isabel Milán, pronuncia un discurso en un foro por la paz y la justicia mundial. Completa su discurso con las palabras apropiadas de la lista siguiente.

asesinado	exigimos	perseguidos	protegidos
delito	juicio	presos	violaciones
detiene	oprimen	promover	violan
esclavitud			

Estamos en el Siglo XXI y aun muchos gobiernos (1) ______________________ sistemáticamente los derechos humanos de sus ciudadanos. Estos gobiernos (2) ______________________ al pueblo por medio de la intimidación y el miedo.

Todavía hoy en día hay gobiernos que permiten la mano de obra (*labor*) infantil. Aunque creamos que la (3) ______________________ pertenece al pasado, aun hay regiones en las que se practica el trabajo forzado.

Existen países cuya policía o fuerza militar (4) ______________________ a cientos de personas sólo por expresar ideas políticas distintas a las del gobierno. Muchas de estas personas son declaradas culpables (*guilty*) sin tener derecho a un (5) ______________________ justo y rápido. Muchas cárceles del mundo siguen estando pobladas de (6) ______________________ cuyo "crimen" ha sido pensar de una forma diferente a lo que prescribe su gobierno. Miles de jóvenes han desaparecido misteriosamente, para luego encontrarse sus cadáveres en fosas comunes (*mass graves*). Muchos de los responsables "oficiales" de estos crímenes aún están (7) ______________________ por sus gobiernos.

Nombre: ______________________ Fecha: ______________________

Algunos líderes de organizaciones no gubernamentales han sido

(8) ______________________, amenazados e intimidados por las autoridades oficiales. A otros

los han (9) ______________________ sin que nunca se castigue (*punish*) a los autores del

(10) ______________________.

¡No descansaremos hasta que dejen de existir las (11) ______________________ de los

derechos humanos! Nosotros (12) ______________________ que se acaben los abusos

apoyados por los gobiernos contra sus ciudadanos. Por un mundo mejor, y para

(13) ______________________ la eliminación de toda forma de abuso… únanse a

nuestra causa.

3-6 Fuera de orden. Primero, ordena las letras de las siguientes palabras de *¡Así lo decimos!* Después pon en orden las letras numeradas de cada palabra para revelar el nombre de un personaje famoso relacionado con los derechos humanos.

1. ___ ___ ___ ___ ___ ___ ___ rneeted
   (6 under 5th letter, 11 under 6th letter)
2. ___ ___ ___ ___ ___ ___ ___ ___ ___ ___ ___ raedlolrrsa
   (13 under 4th letter, 3 under 8th letter, 12 under 9th letter)
3. ___ ___ ___ ___ ___ ___ lecrác
   (8 under 2nd letter)
4. ___ ___ ___ ___ ___ isaol
   (4 under 2nd letter, 5 under 5th letter)
5. ___ ___ ___ ___ ___ ___ ___ ___ ___ ratsebein
   (9 under 4th letter, 2 under 5th letter)
6. ___ ___ ___ ___ ___ ___ ___ rpomiri
   (7 under 5th letter)
7. ___ ___ ___ ___ ___ ___ ___ ___ ___ ___ azraargnti
   (1 under 5th letter)
8. ___ ___ ___ ___ ___ ___ ___ ___ ___ urfratids
   (10 under 1st letter)

___ ___ ___ ___ ___ ___
1 2 3 4 5 6

___ ___ ___ ___ ___ ___ ___
7 8 9 10 11 12 13

3-7 ¡Cuidado! La Declaración Universal de los Derechos Humanos fue firmada en 1948 por la Asamblea General de las Naciones Unidas. Completa las oraciones siguientes con la forma correcta de los verbos **recordar, acordarse de** y **acordar** para ver cuál era la situación laboral en Estados Unidos antes de 1948.

Mi abuelo Luis (1) ____________________ que en su fábrica de muebles había discriminación contra las mujeres, pero nadie protestaba. Él (2) ____________________ que en aquella época, los hombres ocupaban las posiciones importantes y las mujeres eran las secretarias. Y la diferencia en los salarios era grande. Yo (3) ____________________ de haber leído que hasta la Segunda Guerra Mundial muy pocas mujeres tenían puestos administrativos. Por la falta de hombres durante esa guerra, la situación se puso tan mala, que todos los empleados, hombres y mujeres, (4) ____________________ ir a una huelga (*strike*) si no se terminaba con la discriminación en el trabajo. Felizmente, los dueños de la fábrica escucharon a los empleados, mejoraron el salario de las mujeres y les dieron acceso a puestos administrativos.

¡Así lo hacemos! Estructuras

1. Indirect commands (Textbook p. 80)

3-8 Amnistía Internacional. Imagínate que estás en una conferencia de Amnistía Internacional (AI) sobre los derechos humanos. Completa las oraciones con el presente del subjuntivo de los verbos entre paréntesis.

Es verdad que hay gente encarcelada a causa de sus creencias. La posición de AI es: que (1. haber) ____________________ menos presos políticos en el mundo; que (2. garantizar) ____________________ los derechos humanos de los presos políticos.

Es cierto que los presos políticos no son juzgados de manera justa. AI pide que (3. recibir) ____________________ un juicio imparcial; que (4. ser) ____________________ juzgados de manera adecuada.

Es una lástima que en muchos países exista la pena de muerte. AI espera que se (5. eliminar) ____________________ este castigo; que no se (6. ejecutar) ____________________ a más personas.

Nombre: ______________________ Fecha: ______________________

Es increíble que algunos gobiernos violen los derechos humanos. La posición de AI es: que se (7. proteger) ______________ los derechos humanos de todos; que las personas (8. disfrutar) ______________ de todos sus derechos.

Es obvio que algunas personas "desaparecen" misteriosamente por expresar sus opiniones políticas. AI exige que no (9. desaparecer) ______________ las personas misteriosamente por expresar sus opiniones políticas; que (10. detener) ______________ a los que cometen estos delitos.

3-9 Violaciones de los derechos humanos. A pesar de la firma de la Declaración Universal de los Derechos Humanos en 1948, todavía hay personas que no pueden disfrutar de todos sus derechos. Forma oraciones completas con mandatos indirectos para expresar opiniones sobre estos casos. Añade los elementos necesarios y haz los cambios correspondientes para que la oración sea correcta. Sigue el modelo.

MODELO: no / negar / gobiernos / derechos / de / ciudadanos

Que no nieguen los gobiernos los derechos de los ciudadanos.

1. tener / todo / personas / derecho / sufragio universal / en / todo / países

____

2. no / ser / oprimido / presos / político

____

3. no / trabajar / niños / pequeño

____

4. recibir / seres / humano / alimentación / adecuado

____

5. no / ejecutar / personas / inocente

____

6. eliminarse / discriminación / religioso / en / mundo

____

Nombre: ______________________ Fecha: ______________________

3-10 Identificar. Vas a escuchar diez oraciones. Si escuchas un mandato indirecto, marca **Sí**. Si no es un mandato indirecto, selecciona **No.**

1. Sí	No	3. Sí	No	5. Sí	No	7. Sí	No	9. Sí	No
2. Sí	No	4. Sí	No	6. Sí	No	8. Sí	No	10. Sí	No

3-11 El trabajo infantil. Se ha acusado a una fábrica de emplear a niños. Una reportera investiga el caso. Completa su reportaje con los mandatos indirectos apropiados. Usa el subjuntivo.

dar disfrutar estudiar haber promover trabajar

REPORTERA: Soy Carla Domínguez, reportera del Canal 7. Les estoy hablando desde una fábrica de pelotas de fútbol. Ahora vamos a hablar con el gerente de la fábrica, el Sr. Parras, para averiguar la verdad. Sr. Parras, se dice que algunas fábricas permiten que los niños trabajen porque son mano de obra barata y porque no tienen que pagarles mucho dinero. ¿Hace esto su fábrica?

SR. PARRAS: Es posible que haya casos de niños trabajando en fábricas. Pienso que es horrible. Que (1) ______________________ los adultos. Los niños no deben trabajar; deben ser niños. Que los niños (2) ______________________ de su niñez (*childhood*). Los gobiernos deben ofrecer y garantizar la educación básica de todos los niños. Que los gobiernos les (3) ______________________ una buena educación a los niños. Que los niños (4) ______________________ en la escuela. Es terrible que no sigamos las reglas (*rules*) básicas de las Naciones Unidas. Que los gobiernos (5) ______________________ la Declaración Universal de los Derechos Humanos.

REPORTERA: Gracias, Sr. Parras. Es bueno saber que hay personas responsables en el mundo. Que (6) ______________________ más personas responsables como usted. Eso es lo que esperamos.

Nombre: ______________________________ Fecha: ______________________

3-12 Cambiar. Vas a escuchar a un representante de Amnistía Internacional informar a un nuevo miembro del grupo. Cambia cada oración a un mandato indirecto.

MODELO: La esclavitud tiene que desaparecer.

Que desaparezca la esclavitud.

1. ______________________________
2. ______________________________
3. ______________________________
4. ______________________________
5. ______________________________

3-13 Cómo mejorar el mundo. María y Roberto, compañeros de clase, hablan con su profesor acerca de las ideas que tienen para cambiar el mundo. A continuación escucharás su conversación. Al final de algunas frases del profesor, hay una pausa. Imagínate que tú eres el profesor, y contesta los comentarios de tus alumnos, usando un mandato indirecto.

1. Sí, estoy de acuerdo. ____________________ un buen líder.
2. Todos deben estar de acuerdo. ____________________ de acuerdo.
3. Esto también es la responsabilidad de todos. ____________________ con la represión.
4. Es difícil pero no es imposible tener paz. ____________________ paz en el mundo.
5. No hay que alarmarse tanto, pero estoy de acuerdo. ____________________ algo pronto.

Nombre: ______________________________ Fecha: ______________________

3-14 Una carta al jefe del gobierno. Inés, la presidenta de la organización estudiantil por los derechos humanos, le escribe al presidente del gobierno para hacerle una petición. Llena los espacios en blanco con las frases apropiadas de la lista. Debes cambiar las frases a mandatos indirectos.

- Los estudiantes deben denunciar los asesinatos y las desapariciones.
- El presidente debe dialogar con los estudiantes.
- Las personas pueden expresar sus desacuerdos sin violencia.
- La policía no debe amenazar a los ciudadanos.
- Se debe liberar a los estudiantes.

Estimado Sr. Presidente:

Como presidenta de la Organización Estudiantil por los Derechos Humanos, le escribo para expresar nuestra preocupación por las continuas violaciones de los derechos humanos en nuestro país y para solicitarle lo siguiente:

1. ____.

   Insistimos en que la libertad de expresión y la protesta pacífica sean respetadas.

2. ____.

   Le pedimos que entienda que los estudiantes, como ciudadanos, tenemos la obligación de denunciar las violaciones a los derechos humanos en nuestro país.

3. ____.

   Le pedimos que la policía proteja a los ciudadanos.

4. ____.

   Le recordamos que es injusto que una persona esté en la cárcel sin ir a un juicio.

5. ____.

   Es importante que un presidente dialogue con los estudiantes.

Muy atentamente,

Inés Castañeda

Nombre: ______________________ Fecha: ______________________

3-15 Quejas y más quejas. Tú tienes un amigo que no puede disfrutar de nada porque nunca está conforme. Escribe las quejas que escuchas en forma de mandatos indirectos.

MODELO: No quiero estudiar más.

Que estudien los profesores.

1. ______________________ mi compañero de cuarto.
2. ______________________ mis amigos.
3. ______________________ mi perro.
4. ______________________ mi hermana.
5. ______________________ mis padres.

Conéctate

3-16 Un hogar digno. ¿Cómo es el lugar donde vives? ¿Vives en una casa o en un apartamento? Ve a la página web de Hábitat para la Humanidad, e investiga el tipo de casa que esta organización construye alrededor del mundo. Escribe un breve párrafo para comparar el lugar donde vives con las casas que construye Hábitat para la Humanidad. ¿Qué diferencias ves? ¿Cómo cambiaría tu vida si vivieras en una de esas casas? ¿Te gustaría vivir en una de esas casas? ¿Por qué?

____

____

____

Segunda parte

¡Así lo decimos! Vocabulario (TEXTBOOK P. 85)

3-17 En familia. Completa las siguientes oraciones usando una variación de cada palabra en itálica. Si necesitas ayuda, consulta la sección llamada *Ampliación* en el libro de texto.

MODELO: Los dos comités *se unieron* para formar una organización más fuerte. Esta <u>unión</u> no duró más que unos pocos años.

1. La ONU ayer ______________ fuertemente la trata de niños. Esta *denuncia* fue publicada en el acta (*minutes*) de la última sesión.
2. La Organización Mundial de la Salud espera ______________ la tuberculosis en los próximos quince años. Desafortunadamente *la erradicación* es muy difícil.
3. El día ______________ de los voluntarios de Hábitat es largo y difícil. Sin embargo es una *labor* que da mucha satisfacción.
4. Una de las funciones de la UNESCO es ______________ y preparar a los maestros para que puedan darles una *educación* adecuada a los niños de su país.

Nombre: ______________________ Fecha: ______________________

3-18 El lado humanitario de las estrellas. Inés ha visto en la televisión un reportaje sobre el trabajo humanitario de la esposa de su cantante favorito. Ayúdala a completar la información del reportaje.

1. Todos conocen las carreras artísticas de las estrellas famosas. Lo que no se conoce es su labor social. Pocos saben que ellos suelen ser personas...
   a. protectoras.
   b. humanitarias.
   c. unidas.

2. La Sra. Brecha, la esposa de mi cantante favorito, viajó a Itumá, que...
   a. queda a más de cien kms. de San Miguel.
   b. se queda a más de cien kms. de San Miguel.
   c. quedó a más de cien kms. de San Miguel.

3. Allí, ella...
   a. erradicó una nueva escuela para niños.
   b. mostró una nueva escuela para niños.
   c. ayudó a construir una nueva escuela para niños.

4. Ahora Itumá tiene su propia (*own*) escuela. Esto es muy importante para la villa porque...
   a. la educación es muy importante.
   b. la denuncia es muy importante.
   c. la erradicación es muy importante.

5. La Sra. Brecha estuvo en la villa una semana y enfrentó muchos peligros. Los habitantes de la villa se sorprendieron de su...
   a. alianza.
   b. denuncia.
   c. valor.

6. La Sra. Brecha y los habitantes de la villa...
   a. quedaron contentos con la nueva escuela.
   b. se quedaron en la villa una semana.
   c. quedaron desconformes con la situación.

7. Ahora los niños de Itumá podrán recibir...
   a. una constitución.
   b. una educación.
   c. una campaña.

Nombre: ______________________ Fecha: ______________________

3-19 Crucigrama. Ayuda a Inés a completar este crucigrama.

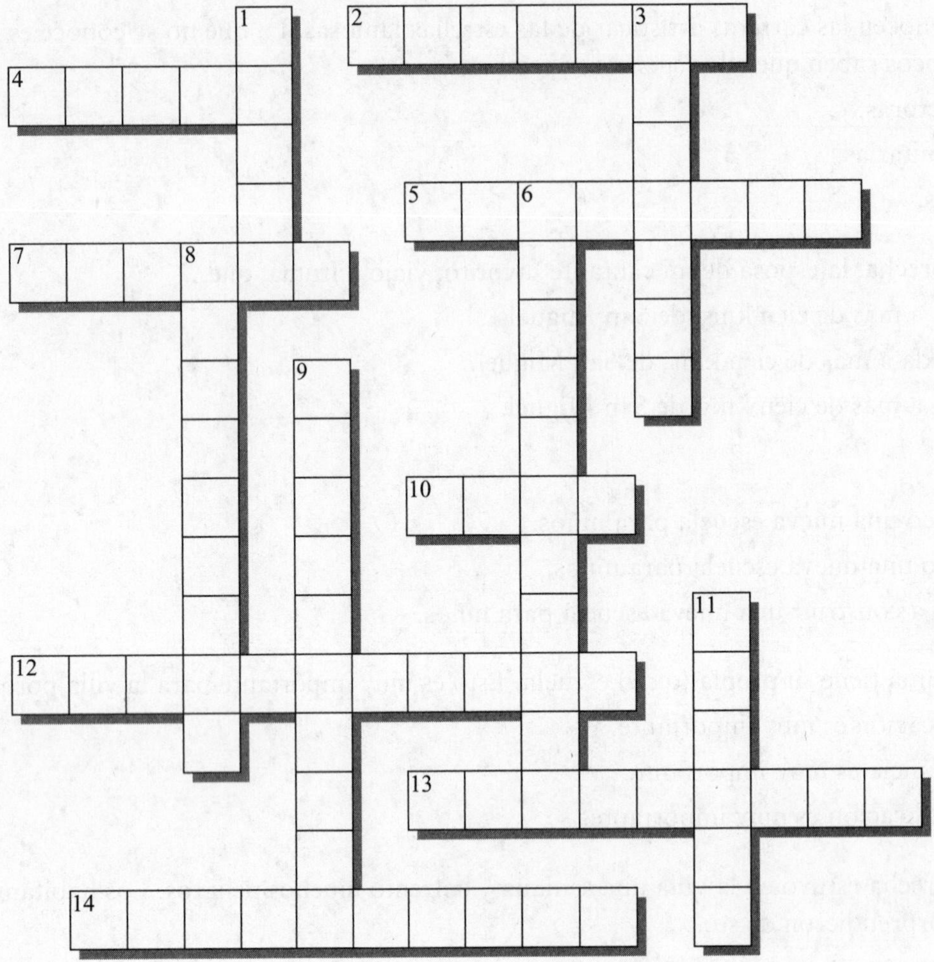

Horizontales

2. Sinónimo de trabajar
4. Lo que una persona valiente tiene (característica)
5. No moverse de un lugar
7. Dos personas que se unen están…
10. El objeto de un esfuerzo
12. Hábitat para la Humanidad hace un trabajo…
13. La ______________________ Ricky Martin se estableció en 2004
14. Alentar y dar apoyo monetario

Verticales

1. El tráfico de seres humanos
3. Una unión que establece una conexión
6. Acción y efecto de usar injustamente a otra persona
8. Sinónimo de acusar
9. Algo que está eliminado está…
11. Enseñar a los niños

Nombre: ______________________________ Fecha: ____________________

3-20 La visita al orfanato *(orphanage)*. Escucharás un informe sobre la visita de un personaje importante a un orfanato. Primero, lee las oraciones que siguen. Después de escuchar la grabación, rellena los espacios con la palabra correspondiente.

1. La persona que visitó el orfanato fue ____________________.
2. El orfanato está patrocinado por su ____________________ caritativa.
3. Para llegar al orfanato usó su ____________________.
4. Esta persona fue al orfanato para lanzar una ____________________.
5. Rogelio ____________________ en el orfanato todo el día.

3-21 ¿Sabes cuál es la palabra? Escucha las siguientes oraciones y determina qué palabra de la sección *¡Así lo decimos!* debes usar para completar cada una.

1. ____________________
2. ____________________
3. ____________________
4. ____________________
5. ____________________

3-22 ¡Cuidado! Completa el párrafo con la forma correcta de **quedar**(se) según el contexto.

El equipo de Médicos sin Fronteras acaba de regresar de El Salvador donde (1) ____________________ seis semanas en el interior del país atendiendo a pacientes que padecían de cólera. Todos (2) ____________________ bastante satisfechos de haber podido controlar la enfermedad con la ayuda del gobierno y realizar un proyecto de purificación de las fuentes de agua. Sin embargo, la gente (3) ____________________ triste al verlos marcharse. Uno de los niños les gritó, "¡(4) ____________________ (ustedes) con nosotros un día más!". Pero todos tenían que volver a Miami donde se habían (5) ____________________ sus familias. El próximo año en esa misma fecha, el equipo médico saldrá otra vez para atender a gente necesitada en otra región del mundo.

Nombre: ______________________ Fecha: ______________________

¡Así lo hacemos! Estructuras

2. Direct and indirect object pronouns and the personal *a*

(TEXTBOOK PP. 88–91, 93)

3-23 Efectos de un ciclón. A Inés la han impactado mucho los efectos que ha tenido un ciclón y decide informarse mejor acerca de la situación de los niños del país después de lo que ocurrió. Completa los espacios en blanco con la *a* personal si es necesario o con una X si no lo es.

En las zonas más afectadas por el ciclón, varias organizaciones no gubernamentales (ONGs) han unido sus fuerzas y han intentado crear (1) ______________________ centros de cuidado infantil para ayudar (2) ______________________ los menores a superar (3) ______________________ las consecuencias físicas, psicológicas y emocionales producidas por la tragedia. Estos niños están atravesando (*going through*) (4) ______________________ un período de alta vulnerabilidad, por lo que a las organizaciones de ayuda les preocupa el estado emocional de estos niños, además del físico. También, les inquieta especialmente el abuso sexual, las enfermedades contagiosas y el tráfico de menores. Por eso, quieren dirigir (5) ______________________una parte importante de su ayuda humanitaria a abrir centros y crear programas para proteger (6) ______________________ los niños afectados, especialmente la salud física y emocional de aquéllos que han perdido (7) ______________________ sus padres en el ciclón.

Lo primero que hay que hacer es ayudar (8) ______________________ las víctimas a retomar el control de sus vidas. Por eso es importante que las escuelas vuelvan a ser reconstruidas cuanto antes para que los niños retomen (9) ______________________ su rutina y cotidianidad anteriores.

El apoyo de todos permite que se pueda prestar ayuda en estas situaciones rápida y eficazmente. Ahora tenemos la oportunidad de respaldar (*support*) (10) ______________________ los actuales programas de ayuda en emergencias creados por estas organizaciones colaboradoras.

3-24 Condiciones injustas de trabajo. Completa la carta que Fernando, el novio de Inés, escribe a la presidenta de su compañía sobre algunas prácticas injustas. Usa los pronombres de objeto directo e indirecto y la *a* personal cuando sea necesario.

Estimada señora:

(1) ______________________ escribo esta carta para informar (2) ______________________ sobre algunas prácticas injustas que he descubierto en nuestra oficina. Hay un supervisor que no respeta (3) ______________________ todos los empleados por igual. Por ejemplo, hace una semana el supervisor promovió (4) ______________________ uno de nuestros ejecutivos, pero no (5) ______________________ dio la promoción al candidato con las mejores calificaciones sino que (6) ______________________ (7) ______________________ dio a un primo suyo. Además, el mes pasado algunos empleados recibieron un aumento de sueldo pero otros no (8) ______________________ obtuvieron. Parece que el supervisor sólo (9) ______________________ dio un aumento a los empleados que son amigos suyos. Creo que el favoritismo es injusto y espero que usted haga lo posible para erradicar (10) ______________________ de nuestra compañía. Es importante que usted hable con el supervisor sobre estas prácticas para que él (11) ______________________cambie inmediatamente.

Atentamente,

Fernando Casares

3-25 Las últimas noticias. El equipo de Médicos sin Fronteras fue atacado mientras prestaban servicios médicos en Afganistán. Escucha las preguntas de Alejandro, y rellena los espacios de las respuestas de su colega Victoria con el objeto directo correspondiente para evitar la redundancia.

1. ______________________ cerrarán esta semana.
2. ______________________ cerrarán porque cinco médicos fueron asesinados.
3. ______________________ han dado por más de 30 años.
4. No, todavía no ______________________ han arrestado.
5. He dicho que espero que encuentren pronto a los culpables y que______________________ lleven a la cárcel.

Nombre: ______________________ Fecha: ______________________

3-26 No lo puedo creer. Roberto acaba de oír la noticia sobre lo que ocurrió en Afganistán con Médicos sin Fronteras. Él no lo puede creer y para confirmarlo, llama a Victoria. Imagínate que eres Victoria. Contesta cada pregunta de Roberto usando el objeto directo, el objeto indirecto o la *a* personal.

1. Sí, es verdad que ______________________ asesinaron.
2. Sí, desafortunadamente ya no ______________________ dará servicios médicos.
3. Persiguen ______________________ unos comandantes locales, miembros de un grupo terrorista.
4. No sé si el gobierno quiere arrestar ______________________.
5. Sí, ______________________ conté la noticia anoche.

3-27 Un/a multimillonario/a. Alicia y Fernando conocen a un señor que es multimillonario. Imagínate que tú eres el/la multimillonario/a y que el coordinador de un orfanato te pide ayuda económica. Contesta las preguntas de forma afirmativa con oraciones completas. Utiliza los pronombres de objeto directo e indirecto juntos.

MODELO: ¿Es cierto que usted les donará comida y medicinas a los niños?

Sí, se las donaré.

1. ¿Nos dará usted los fondos necesarios para construir un nuevo orfanato?

____

2. ¿Nos conseguirá muebles usados para el orfanato?

____

3. ¿Les comprará ropa a los huérfanos?

____

4. ¿Les regalará juguetes a los chicos?

____

5. ¿Le pagará usted las medicinas al niño que está en el hospital?

____

6. ¿Me dará un cheque ahora?

____

Nombre: ______________________ Fecha: ______________________

3-28 Un/a activista incansable. Fernando, en su tiempo libre, trabaja como activista para liberar a los presos de conciencia. Imagínate que tú eres Fernando y contesta las preguntas del reportero utilizando pronombres de objeto directo e indirecto juntos. Sigue el modelo con cuidado.

MODELO: ¿Quiénes van a darle publicidad a su causa?

Varias agencias van a dármela gratuitamente.

1. ¿Cuántos abogados están donando su tiempo a la organización?

   ____

2. ¿Quiénes le proveen los fondos necesarios para hacer su trabajo?

   ____

3. ¿Qué cadenas de televisión van a ofrecerle a usted la oportunidad de hablarle al público sobre el problema?

   ____

4. ¿Quiénes les enviarán cartas a las autoridades?

   ____

5. ¿Qué organizaciones van a darle a usted el Premio Libertad por su labor?

   ____

6. ¿Qué compañías se comprometen a darles trabajo a los presos liberados?

   ____

3. *Gustar* and similar verbs (TEXTBOOK PP. 96–97)

3-29 Un discurso interesante. Imagínate que estás en un congreso sobre los derechos humanos. Completa el discurso en el que un político habla de un Tribunal Penal Internacional. Usa la forma correcta de los verbos entre paréntesis y los pronombres de objeto indirecto apropiados.

¡Ciudadanos! A mí (1. parecer) ______________________ que hay un número inaceptable de criminales de guerra que han permanecido impunes. (2. sorprender) ______________________ que estos criminales no hayan sido llevados a la justicia. El problema es que a nosotros, los ciudadanos del mundo, (3. hacer falta) ______________________ un riguroso sistema de justicia internacional que pueda juzgar los crímenes de estas personas. Dada esta carencia, a mí (4. interesar) ______________________ mucho la creación de un Tribunal Penal Internacional. A muchos de los miembros de la ONU también (5. gustar) ______________________ la idea. No obstante, hay oposición por parte de algunos países a los que (6. molestar) ______________________ esta propuesta. A las personas a favor del establecimiento de un Tribunal Penal Internacional (7. quedar) ______________________ mucho por hacer para persuadir a los gobiernos de estos países. Si a ustedes (8. importar) ______________________ este tema, les ruego que firmen esta petición que voy a presentar ante la Asamblea General. Gracias por su atención.

3-30 Los gustos de Roberto. Escucharás a Roberto hablar de sus gustos y preferencias respecto a la acción humanitaria. Cada oración que dice corresponde a uno de los verbos de la lista. Escucha la grabación cuantas veces sea necesario y luego escoge el verbo que tenga más sentido para describir la reacción de Roberto. Usa un verbo diferente cada vez.

Me cae mal	Me impresionó	Me molestan
Me fascina	Me interesan	

MODELO: Mi organización caritativa favorita es la Cruz Roja.

Me encanta.

1. ______________________
2. ______________________
3. ______________________
4. ______________________
5. ______________________

Nombre: ______________________ Fecha: ______________________

3-31 Una entrevista. Imagínate que eres Elba Díaz, una chica que acaba de regresar de un viaje humanitario a Ecuador. Has sido invitada a un programa de radio para hablar sobre tu viaje. En la entrevista, el presentador del programa te hará una serie de preguntas. Escribe la respuesta usando uno de los dos verbos entre paréntesis. No te olvides de escribir la forma correcta del verbo.

1. ______________________ (gustar / hacer falta) ayudar a la gente porque creo que es mi deber ayudar a quien necesita ayuda.
2. ______________________ (impresionar / interesar) mucho los niños. Todos eran muy lindos y dulces.
3. ______________________ (quedar / parecer) cruciales para todos.
4. No sé, es que eso es bastante político y a mí no ______________________ (caer mal / interesar) la política.
5. Me encantaría, pero todavía ______________________ (quedar / hacer falta) muchos proyectos por terminar.

3-32 Una petición. Adela, una chica que conociste en el congreso de Derechos Humanos, le escribe al gobernador sobre la sentencia de un preso. Completa la carta de Adela. En cada caso usa la forma correcta del verbo más lógico y el pronombre de objeto indirecto apropiado.

Estimado gobernador:

Le escribo la presente para pedirle que no deje que se cumpla la sentencia del preso que está condenado a ser ejecutado esta semana. A mí (1. molestar / gustar / importar) ______________________ que nuestro sistema judicial quiera quitarle su derecho fundamental, el derecho a vivir. A todos nosotros (2. faltar / parecer / interesar) ______________________ horribles los crímenes que cometió este hombre, pero en mi opinión basta con que pase los años de vida que (3. quedar / interesar / gustar) ______________________ en la cárcel. Pienso que este castigo es suficiente, y por eso a mí no (4. caer mal/ molestar / gustar) ______________________ que los criminales sufran un castigo tan cruel como la pena de muerte. Yo no soy la única persona que piensa de esta manera: he hablado con varios amigos a quienes (5. parecer / interesar / caer mal) ______________________ los derechos humanos, y usted va a recibir cartas de protesta de ellos también. Es evidente que a usted (6. molestar / sorprender / importar) ______________________ los votos de los ciudadanos, y para asegurárselos es imprescindible que respete su opinión.

Respetuosamente,

Adela Sanz

3-33 Preguntas sobre Elba. Roberto escuchó la entrevista de radio de Elba, pero tuvo problemas para entender algunas cosas porque su radio tenía muchas interferencias. Para confirmar lo que escuchó, él llama a su amiga Victoria. Imagina que tú eres Victoria. Después de cada pregunta, contéstala usando el mismo verbo que Roberto usa en la pregunta.

MODELO: ¿Es verdad que a ella le interesa ayudar a los niños?

Sí, *le interesa* ayudar a los niños.

1. No, ______________________ la política.
2. Sí, ______________________ muchos proyectos por terminar.
3. No, ______________________ el viaje a Ecuador.
4. Sí, ______________________ los niños.
5. Sí, ______________________ muy bien.

Nombre: ______________________ Fecha: ______________________

3-34 Una manifestación estudiantil. Adela y tú intercambian opiniones acerca de la situación actual de los estudiantes universitarios. Escribe oraciones completas para expresar la opinión de los estudiantes.

MODELO: A mí / interesar / tema / de / derechos / de / estudiantes

A mí me interesa el tema de los derechos de los estudiantes.

1. A nosotros / caer mal / profesores / injusto

____

2. A los estudiantes / molestar / trato / desigual

____

3. A la universidad / faltar / código de justicia

____

4. A los administradores / no / importar / derechos / de / estudiantes

____

5. ¿A ti / parecer / bien / injusticia / contra / minorías / de / universidad?

____

6. A la Federación de estudiantes / quedar / mucho por hacer

____

3-35 Más gustos. Ahora te toca a ti hablar de tus gustos y de los de tus amigos y familiares. A continuación escucharás una serie de verbos. Escucha la grabación y luego responde verbalmente con una oración, original y completa, usando el verbo que escuchaste. ¡OJO! No te olvides de usar el pronombre de objeto indirecto y de la forma correcta del verbo.

MODELO: caer mal

A él le caen mal los políticos corruptos.

1. A nosotros
2. A mis padres
3. A mí
4. A Enrique y a Isabel
5. A ti
6. A mi mejor amiga y a mí

Nombre: ______________________ Fecha: ______________________

3-36 La Colcha del SIDA. Te interesa saber más sobre el tema del SIDA. A continuación escucharás información sobre la Colcha del SIDA o *AIDS Quilt*. Después de escuchar la grabación indica si las siguientes oraciones son **Ciertas** o **Falsas**.

1. La Colcha del SIDA o *AIDS Quilt* se originó en San Francisco en el año 1987. Cierto Falso
2. La Colcha del SIDA tiene aproximadamente 43.000 paneles. Cierto Falso
3. La Colcha viaja sólo por Estados Unidos. Cierto Falso
4. La Colcha del SIDA es un tributo a los médicos que tratan de encontrar una cura para el SIDA. Cierto Falso
5. Cada panel representa la memoria de una hermana, madre, hija, tía, o un hermano, padre, hijo o tío de alguien. Cierto Falso

¡Así lo expresamos!

Imágenes

3-37 El arte y la protesta política. El cuadro de Carlos Alonso contiene una crítica a una situación política en su país. Muchos otros artistas latinoamericanos han usado su talento para denunciar injusticias. El famoso pintor mexicano Diego Rivera, por ejemplo, hacía murales con un alto contenido político. Entre otros artistas se pueden incluir Marta María Pérez Bravo de Cuba, Roberto Matta de Chile, Fernando Botero de Colombia, Antonio Ruiz de México o Joaquín Torres García de Uruguay. Ve a la Internet y busca imágenes de obras hechas por estos artistas. Escoge una que te parezca similar a la de Carlos Alonso que aparece en el texto. En un breve ensayo, explica por qué se parecen. ¿Hay similitudes de tema o de composición? ¿Qué diferencias ves? ¿Cómo explicas esas diferencias y/o semejanzas?

____

____

____

____

____

____

____

____

____

Nombre: ______________________________ Fecha: ____________________

Ritmos

3-38 Amor y paz. No todo el arte latinoamericano se crea con la intención de señalar problemas. La canción de Iván Pérez López, por ejemplo, ofrece una visión llena de esperanza sobre como podemos solucionar los problemas del mundo. Ve a la Internet, pero esta vez busca obras de artistas que hablen sobre la paz, el amor y la solidaridad. Escribe un breve ensayo para hablar sobre el contraste entre las dos perspectivas artísticas.

____

____

____

____

____

____

Páginas

3-39 Antes de leer. Las palabras que siguen aparecen en la lectura. Estúdialas y luego úsalas para completar las oraciones. Recuerda hacer los cambios pertinentes (género y número de sustantivos y adjetivos; conjugación de los verbos según su contexto).

ómnibus	*bus*	premio	*prize*
pañales	*diapers*	influyente	*influential*
periodismo	*journalism*	solicitar	*to request*
permiso	*permission*	negar	*to deny*
gracioso	*humorous*		

1. Los comentarios ____________________ me hacen reír.
2. El *Pulitzer Prize* es un ____________________ que se da a la excelencia en el ____________________.
3. Yo no tengo auto; por eso tomo un ____________________ para ir al trabajo.
4. Cuando yo era estudiante siempre ____________________ el ____________________ de la profesora antes de salir de la clase.

5. Ricky Martin tiene mucha influencia en el mundo de la música. Él es un cantante

______________________.

6. Compré ______________________ para mi bebé.

7. No creo que existan personas en otros planetas. Yo ______________________ que existan.

3-40 A leer. Lee el artículo con cuidado y luego contesta las preguntas que siguen.

Los derechos humanos y la Red

Artículo 13

1. Toda persona tiene derecho a circular libremente y a elegir su residencia en el territorio de un país.
2. Toda persona tiene derecho a salir de cualquier país incluso del propio, y a regresar a su país.

Declaración Universal de Derechos Humanos

Los derechos humanos de todas las personas están garantizados por leyes internacionales. Aun así, algunos gobiernos continúan violando los derechos de sus ciudadanos. A pesar de la opresión de estos gobiernos, algunas personas con mucho valor insisten en denunciar estas violaciones.

Una de estas personas es Yoani Sánchez, una joven *blogger* cubana. Ella es licenciada en Filología y vive en La Habana. Yoani es autora de un *blog*, en el cual hace comentarios sobre la vida cotidiana en la isla. Ella ha escrito sobre una gran variedad de temas: el transporte público, la calidad del pan, el costo del detergente, entre otros. Sus comentarios, lejos de ser simplemente polémicos, se pueden caracterizar como graciosos, elocuentes y, sobre todo, honestos.

Un ejemplo de esto se puede ver en sus comentarios sobre la decisión del gobierno cubano de negarle permiso para viajar a España en mayo de 2008.

Yoani había solicitado permiso para ir a Madrid para recibir el premio de periodismo Ortega y Gasset. Escribió sobre cómo se sentía mientras esperaba el permiso para viajar que nunca llegó. En su *blog* comenta que se sentía como "un bebé en pañales". Al final afirma que "¡Qué ganas tengo de crecer... de hacerme adulta y que me dejen salir y entrar de casa sin permiso!"

En otra entrada relata un incidente que tuvo con el chofer de un bicitaxi en La Habana. Mientras conducía, el chofer le preguntó si ella era de La Habana. Yoani respondió que sí, lo era. Al oír esto, el chofer le confiesa que es de Guantánamo y que está buscando a alguien con quien casarse para poder vivir legalmente en La Habana. Ella describe la reacción del chofer al responderle que no podía casarse con él: "El hombre me mira como si lo estuviera condenando al centro de retención de 'ilegales' por el que ya ha pasado. El mismo sitio de donde salen ómnibus cada semana para extraditar, junto a un acta de advertencia, a los que están 'sin papeles' en La Habana".

En 2008 la revista *Time* nombró a Yoani Sánchez una de las 100 personas más influyentes del mundo.

Puedes leer más del *blog* de Yoani Sánchez, *Generación Y,* en la Internet.

1. ¿Cómo están garantizados los derechos humanos?

____

____

Nombre: ______________________ Fecha: ______________________

2. ¿Quién es Yoani Sánchez?

____

____

3. ¿Cómo se violaron los derechos humanos de Yoani Sánchez?

____

____

4. ¿Por qué quiso el chofer de bicitaxi casarse con Yoani Sánchez?

____

____

5. ¿Qué premios ganó Yoani Sánchez?

____

____

6. ¿Cómo se llama su *blog*?

____

____

Taller

3-41 Antes de escribir. Piensa en un caso actual de violación de los derechos humanos que te interese. Apunta la información más importante sobre el caso: el lugar, los agresores, las víctimas, el derecho que se les niega, las causas de la injusticia y sus consecuencias.

____

____

____

____

____

____

Nombre: ______________________ Fecha: ______________________

3-42 A escribir. Escribe ocho o diez oraciones que expresen tu reacción a estos hechos. Usa expresiones impersonales y verbos como **gustar.**

____

____

____

____

____

____

3-43 Después de escribir. Ahora escríbele una carta de protesta al jefe de gobierno del país donde ha ocurrido el caso. Incluye información sobre los hechos con expresiones impersonales de certidumbre (**Es verdad, es cierto...**). Usa otras expresiones impersonales (**Es malo, es horrible...**) y verbos como **gustar** para explicar por qué la situación debe solucionarse.

____

____

____

____

____

____

Nombre: ______________________ Fecha: ______________________

El individuo y la personalidad

Primera parte

¡Así lo decimos! Vocabulario (TEXTBOOK P. 109)

4-1 En familia. Completa las siguientes oraciones usando una variación de cada palabra en itálica. Si necesitas ayuda, consulta la sección llamada ***Ampliación*** en el libro de texto.

MODELO: La señora ha vivido sola por más de veinte años y ahora se siente totalmente *aislada*. <u>*Se ha aislado*</u> de todos sus amigos.

1. Ese ______________________ me dijo que era rico. Ahora niega haberme *mentido*.
2. Gracias por ______________________ en mí. Tu *confianza* me tranquiliza.
3. ¡Qué ______________________ lo del escándalo! Nos sentimos totalmente *avergonzados*.
4. En su adolescencia el joven fue *analizado* por un psiquiatra. El ______________________ del psiquiatra lo ayudó a mejorar la relación con sus padres.
5. Por favor, *evalúa* los resultados de la prueba de personalidad para ver si la ______________________ es válida.

Nombre: ______________________ Fecha: ______________________

4-2 ¡Una superpersonalidad! Para su clase de psicología, Carlos ha escrito una composición sobre alguien a quien admira. Completa lo que él ha escrito con las siguientes palabras de ***¡Así lo decimos!***

apoyan	bondadoso	confianza	honrada	miente
aprecian	carácter	desenvuelto	maduro	soporta

La persona que he elegido para esta composición es mi hermano mayor. Él representa todo lo que yo admiro en una persona porque tiene un (1) ______________ excelente. Él es muy extrovertido; es muy (2) ______________ con todo el mundo, por eso todos lo quieren mucho.

A mi hermano le gusta siempre ayudar a los demás; es muy (3) ______________. Él parece ser una persona mayor; es muy (4) ______________ para su edad. Mi hermano nunca (5) ______________; siempre dice la verdad. Trabaja en un bufete (*law office*) sin fines de lucro y sus clientes le tienen mucha (6) ______________. Es una persona muy (7) ______________ y no (8) ______________ que nadie se aproveche de los más débiles.

Muchas organizaciones (9) ______________ lo que él hace para los más desfavorecidos, y por eso lo (10) ______________ en su esfuerzo contra la injusticia.

4-3 ¿Qué tipo de personalidad le atrae a Teresa? En la siguiente grabación Teresa describe a la persona de sus sueños. Escucha lo que ella dice y anota en los espacios los adjetivos que usa Teresa para describir a la persona ideal.

1. ______________
2. ______________
3. ______________
4. ______________
5. ______________
6. ______________
7. ______________

Nombre: ______________________ Fecha: ______________________

4-4 Una conversación con el consejero. Carlos habla con su consejero sobre su carrera universitaria. Completa su conversación con las siguientes palabras de *¡Así lo decimos!*

acostumbrarte	apoyar	confianza	vergüenza
ansioso	autoestima	relajarte	

CARLOS: Dr. Enríquez, necesito su consejo sobre mi progreso académico. Mi meta es obtener buenas notas en todas mis clases. Normalmente salgo bien en los exámenes escritos porque estudio mucho, pero en las presentaciones orales saco notas mediocres porque me pongo muy (1) ______________________. Es que siento mucha (2) ______________________ cuando tengo que hablar delante de la clase. Mi (3) ______________________ es muy baja y temo que mis compañeros se rían de mí. ¿Puede usted darme unas sugerencias?

DR. ENRÍQUEZ: La timidez puede ser una dificultad muy seria, Carlos, pero hay medidas que puedes tomar para cambiar tu actitud en las presentaciones orales. Por ejemplo, puedes ensayar con un grupo de amigos para (4) ______________________ a la idea de hablar en público. Estoy seguro de que tus amigos te van a (5) ______________________ y te van a dar sugerencias constructivas para mejorar la presentación. Te sentirás mejor durante la presentación en clase si sigues sus sugerencias. Además, puedes hacer ejercicios de respiración para (6) ______________________ unos minutos antes de la presentación. Esto reduce la tensión en el cuerpo, facilita la oratoria y hará que aumente tu (7) ______________________ en ti mismo.

CARLOS: Gracias, doctor. Voy a tomar estas medidas la próxima vez que haga una presentación oral.

4-5 Antónimos. Combina las palabras del vocabulario con sus antónimos.

1. ____ portarse bien
2. ____ ansioso
3. ____ honrado
4. ____ confiado
5. ____ orgulloso

a. inseguro
b. avergonzado
c. despreocupado
d. portarse mal
e. mentiroso

Nombre: ______________________ Fecha: ______________________

4-6 El novio de mi hermana. En la siguiente grabación escucharás a Teresa hablar sobre José Luis, el novio de su hermana. A Teresa le preocupa esta relación porque le cae mal José Luis. Escucha la narración cuantas veces sea necesario, y luego completa el párrafo con las palabras que escuchaste.

Mi hermana está enamorada de José Luis. Esa relación me preocupa. Yo soy una persona intuitiva y mi (1) ______________________ me dice que ese hombre no es una buena persona. José Luis tiene una (2) ______________________ muy baja. No tiene personalidad ni (3) ______________________. Uno de sus problemas es que no tiene (4) ______________________. A él no le importan las responsabilidades, y siempre llega tarde. José Luis trabaja en un bufete (*law office*), pero no tiene muchos clientes. Él no es muy (5) ______________________ en su carrera. Pero mi hermana lo adora, y yo tendré que aceptar y (6) ______________________ a José Luis.

4-7 ¡Cuidado! Completa el diálogo con la forma correcta de las expresiones siguientes.

apoyar	el apoyo	la memoria	soportar	recordar	el recuerdo

LUISA: ¡Qué mala (1) ______________________ tengo! No (2) ______________________ el nombre de ese chico que está con Gracia.

PABLO: Yo sí lo (3) ______________________, pero es un malvado y no lo (4) ______________________.

LUISA: ¿Por qué dices eso? Si no (5) ______________________ mal, él (6) ______________________ mucho a Gracia.

PABLO: No es verdad. ¿Recuerdas cuando todos estábamos en Cancún el año pasado? Gracia le pidió (7) ______________________ cuando perdió su bolsa, pero él no la ayudó en nada.

LUISA: Bueno, no insistas. Mira, siempre voy a tener buenos (8) ______________________ del tiempo que tú y yo pasamos juntos en Cancún, pero no me interesa la historia de Gracia y ese chico y ni me acuerdo de lo que pasó.

PABLO: Es verdad que tienes una (9) ______________________ muy mala. ¿No (10) ______________________ que cuando estábamos allí me dijiste que no (11) ______________________ ni el sol ni el calor?

LUISA: De acuerdo. Pero los (12) ______________________ siempre son más lindos que la realidad.

Nombre: ______________________ Fecha: ______________________

¡Así lo hacemos! Estructuras

1. Reflexive constructions (TEXTBOOK PP. 114–115)

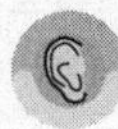

4-8 ¿Cómo eres? Toma la siguiente prueba de personalidad. Complétala oralmente usando una de las sugerencias que ves en el modelo. Usa los pronombres reflexivos apropiados.

MODELO: Enfadarse con tu hermano

Siempre me enfado con mi hermano.

o

Nunca me enfado con mi hermano.

o

Algunas veces me enfado con mi hermano.

1. ...
2. ...
3. ...
4. ...
5. ...
6. ...
7. ...

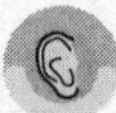

4-9 ¿Cómo eras tú? En la siguiente grabación escucharás a Rebeca y a Luis hablar sobre su niñez. Escucha la grabación cuantas veces sea necesario y luego indica si las siguientes oraciones son **Ciertas** o **Falsas**.

1. Rebeca se portaba bien. Cierto Falso
2. Los padres de Rebeca no se podían relajar porque ella era intranquila. Cierto Falso
3. Luis y sus padres se acostaban a las 11:30. Cierto Falso
4. Luis no se dormía inmediatamente. Cierto Falso
5. Luis se levantaba a las 11:45. Cierto Falso
6. Luis se enamoró de muchas chicas. Cierto Falso

Nombre: ______________________ Fecha: ______________________

4-10 Unos niños rebeldes. Ayer Patricia cuidó a sus sobrinos todo el día. Ahora le está contando a su hermana Mercedes cómo le fue. Completa el diálogo con el pretérito o el imperfecto de los verbos entre paréntesis. ¡OJO! Algunos casos requieren una construcción reflexiva y otros una construcción no reflexiva.

MERCEDES: Gracias por cuidarme a los niños ayer, Patricia. ¿Cómo (1. portar(se)) ______________________?

PATRICIA: ¡Qué niños más rebeldes! Yo (2. poner(se)) ______________________ furiosa con ellos.

MERCEDES: Pero, ¿qué hicieron?

PATRICIA: Bueno, los problemas comenzaron por la mañana cuando ellos (3. preparar(se)) ______________________ para ir a la escuela. Yo (4. peinar(se)) ______________________ a Natalia, pero ella (5. poner(se)) ______________________ a llorar porque dijo que le hacía daño. Y Nicolás no (6. cepillar(se)) ______________________ los dientes por mucho que insistí. Por la tarde, cuando los niños (7. volver(se)) ______________________ de la escuela, fue peor. Nicolás (8. olvidar(se)) ______________________ de traer sus libros a casa, entonces (9. mirar(se)) ______________________ la televisión toda la tarde en vez de hacer la tarea. Y Nuria y Natalia (10. pelear(se)) ______________________ porque las dos querían jugar con la misma muñeca. Al final yo (11. poner(se)) ______________________ la muñeca en el armario, apagué la televisión y (12. preparar(se)) ______________________ la cena. Pero cuando estábamos sentados en la mesa, los niños (13. portar(se)) ______________________ de manera bastante grosera. Yo (14. cansar(se)) ______________________ de su actitud, y acabé por mandarlos a sus cuartos.

MERCEDES: ¿Entonces pudiste (15. relajar(se)) ______________________ por fin?

PATRICIA: ¡No! Los niños no (16. dormir(se)) ______________________, sino que pasaron toda la noche hablando. ¡Son incansables!

Nombre: ______________________________ Fecha: ______________________

4-11 Una entrevista. Imagínate que eres Letizia Ortiz, la futura reina de España, y te han invitado a un programa de radio para hablar sobre tu vida con el príncipe Felipe de Borbón. El presentador te hará una serie de preguntas. Completa las respuestas escribiendo el verbo en el presente, pasado o futuro, según corresponda. No te olvides de usar los pronombres reflexivos.

1. Felipe y yo ____________________ en diciembre de 2003. Usted sabe que yo era reportera.

   Él visitó Galicia a causa de una catástrofe y yo estaba trabajando allí para cubrir la noticia.

2. No, eso es totalmente falso. Yo ____________________ muy bien con la reina Sofía.
3. No me molesta lo que la gente piense. Yo estuve casada por un año, pero Felipe y yo

   ____________________ dichosos con nuestra boda y eso es lo único que importa.

4. Es muy pronto para saber cómo ____________________. Eso lo decidiremos en el futuro.

4-12 El arreglo personal. Los fines de semana, Patricia y sus compañeras de cuarto pasan mucho tiempo arreglándose para salir. Completa esta descripción de lo que hacen con los verbos reflexivos apropiados. Un verbo se repite.

divertirse	enojarse	maquillarse	ponerse	vestirse
ducharse	lavarse	peinarse	secarse	

Mis compañeras y yo somos muy desenvueltas y (1) ____________________ mucho cuando salimos con nuestros amigos los fines de semana. Todos los sábados empezamos a prepararnos temprano porque tenemos una rutina de arreglo personal bastante compleja. Yo (2) ____________________ la cara con agua tibia y un jabón suave y (3) ____________________ la cara y las manos con una toalla (*towel*). Después (4) ____________________ con base (*foundation*), lápiz labial y rímel (*mascara*). Mi compañera Marimar tiene ropa preciosa y (5) ____________________ muy guapa cuando salimos. Ella (6) ____________________ muy elegante los sábados; siempre lleva un vestido y tacones altos. Mi compañera Raquel tiene el cabello muy largo. Después de (7) ____________________, (ella) (8) ____________________ el pelo con un secador y (9) ____________________ con un peine de plata. Es un proceso muy largo. ¡Marimar y yo (10) ____________________ con ella porque pasa demasiado tiempo en el cuarto de baño!

Nombre: ______________________ Fecha: ______________________

4-13 Un buen compañero. La doctora Gutiérrez, una psicóloga que se especializa en relaciones domésticas, les dio a Patricia y a sus amigas unos consejos para ser buenas compañeras de cuarto. Completa la lista con la forma recíproca de los verbos entre paréntesis. ¡OJO! El verbo puede estar en el subjuntivo, indicativo o infinitivo.

- Ante todo, es sumamente importante que los compañeros de cuarto (1. respetarse) ______________________. Es probable que dos personas (2. entenderse) ______________________ bien si cada una tiene en mente los derechos de la otra. Pueden evitar situaciones problemáticas si (3. preguntarse) ______________________ qué tipo de comportamiento encuentran inaceptable en vez de dar por sentado que tienen las mismas opiniones.
- Es posible que las personas que viven juntas en la residencia estudiantil no (4. conocerse) ______________________ bien. En este caso, es preferible que (5. hablarse) ______________________ con frecuencia con el fin de entender mejor el carácter de cada uno. Aunque no tengan mucho en común, deben intentar establecer una relación cordial porque tienen que (6. verse) ______________________ todos los días.
- Hay algunas cosas que nunca deben hacer. Es malo que los compañeros (7. mentirse) ______________________ porque es muy probable que el otro o la otra se entere de la mentira; esto puede crear tensión. Tampoco es bueno que (8. engañarse) ______________________, sobre todo cuando se trata de asuntos económicos.
- Una buena comunicación entre compañeros es la clave para una relación pacífica. Pregúntale a cualquier persona que tenga una buena relación con su compañero o compañera de cuarto y te dirá: «Nos llevamos bien porque (9. comunicarse) ______________________». Por el contrario, una persona que nunca habla con su compañero de cuarto posiblemente te dirá: « ¡Es urgente que mi compañero y yo (10. separarse) ______________________ porque (11. odiarse) ______________________!»

Nombre: ________________________________ Fecha: ______________________

4-14 Los novios. María José tiene un nuevo novio, Alejandro. Escucha la narración de Alejandro cuantas veces sea necesario y completa las siguientes oraciones con uno de los dos verbos entre paréntesis para recontar la historia. Necesitas escribir el verbo en el pretérito o en el imperfecto.

Fue una ocasión especial cuando María José y Alejandro (1. enamorarse/conocerse) ______________________. Él (2. llamar a/enamorarse de) ______________________ ella inmediatamente. Ellos (3. tratarse/llevarse) ______________________ bien desde el principio y (4. llamarse/escribirse) ______________________ por teléfono constantemente. Ellos (5. regalarse/darse) ______________________ el primer beso debajo de un árbol.

Conéctate

4-15 ¡Mejora tu autoestima! Busca la palabra *autoestima* en la Internet. Luego escoge entre las opciones y lee sobre cómo mejorar la autoestima o toma un autoexamen. ¿Estás de acuerdo con la información que encontraste? ¿El autoexamen te dio los resultados que esperabas? Escribe un breve ensayo con tu respuesta. Incluye en él tu opinión sobre la mejor manera de mantener o mejorar la autoestima.

Nombre: ______________________________ Fecha: ______________________

Segunda parte

¡Así lo decimos! Vocabulario (TEXTBOOK P. 121)

4-16 En familia. Completa las siguientes oraciones usando una variación de cada palabra en itálica. Si necesitas ayuda, consulta la sección llamada *Ampliación* en el libro de texto.

MODELO: ¡Ten valor, niño! Hay que ser *valiente*.

1. Me ______________________ las películas de horror; desafortunadamente, esta *pasión* me priva de dormir después que veo una.
2. Para mí es una *obsesión* hacer mis tareas a tiempo. Estoy totalmente ______________________ con entregarlas antes de las fechas indicadas.
3. Cuando lees tu poesía, lo haces con mucha *emoción*. Los que te escuchan también ______________________.
4. ¿Qué ______________________ ayer en clase? Tus apuntes no indican bien lo *sucedido*.

4-17 La actitud de los estudiantes. Patricia entrevista a dos de sus compañeros sobre la psicología de los estudiantes universitarios. Relaciona cada palabra de *¡Así lo decimos!* con la definición correspondiente.

1. ____amor propio
2. ____apasionado
3. ____conducta
4. ____experimentar
5. ____engañar
6. ____superar
7. ____valientes

a. comportamiento
b. personas con valor; sin miedo
c. vencer; salir de una situación difícil
d. entusiasta
e. orgullo
f. mentir, no decir la verdad
g. probar y examinar algo

Nombre: ______________________________ Fecha: ____________________

4-18 Los estudiantes opinan. Ahora completa la entrevista. Usa las palabras correspondientes de la primera columna del ejercicio anterior.

PATRICIA: ¿Creen ustedes que los estudiantes universitarios tienen complejos (*mental complexes*) que les impiden alcanzar sus metas?

CLARA: Sí. Un problema que tienen muchos jóvenes es su falta de (1) ____________________. La (2) ____________________ de algunos de mis compañeros demuestra que no se respetan a sí mismos. Podrían tener mucho éxito en la vida, pero se sienten incapaces cuando se les presenta una dificultad y no quieren tratar de (3) ____________________ la situación. Además, a veces son ingenuos (*naïve*) y se dejan (4) ____________________ por los demás en vez de valorar sus propias ideas y juicios. Creo que es porque todavía no se han acostumbrado a la independencia que tienen como adultos ni a pensar por sí mismos.

TEO: No estoy de acuerdo con lo que dice Clara. Yo veo que mis compañeros buscan nuevas oportunidades y retos porque son (5) ____________________ y no se sienten inseguros ante lo desconocido. Si no tienen éxito al principio se esfuerzan aun más. También pienso que les gusta (6) ____________________ y probar cosas nuevas porque tienen un espíritu enérgico y (7) ____________________, lo que es normal en los jóvenes.

4-19 Mi pobre hermana. En la siguiente grabación escucharás a Teresa hablar sobre Ricardo, el nuevo novio de su hermana. A Teresa le preocupa esta relación porque Ricardo le cae mal. En esta grabación, Teresa describe a Ricardo pero no termina las oraciones. Durante las pausas completa lo que ella dice con uno de los siguientes adjetivos.

dichoso	humilde	sensible	valiente	vicioso
enajenado	ingrato	terco	vanidoso	

1. ____________________
2. ____________________
3. ____________________
4. ____________________
5. ____________________
6. ____________________

Nombre: ______________________________ Fecha: ______________________

4-20 Secretos para el éxito profesional. Luis, un especialista en relaciones laborales, está preparando una lista de claves para el éxito profesional. Completa su lista con las palabras de *¡Así lo decimos!* que correspondan.

apasionado	conducta	ingrato	placer	terco
beneficiar	egoísta	inquieto	sensible	vanidoso

1. Trabajar mucho para solucionar un problema es bueno, pero usted nunca debería ser ______________________.
2. Es recomendable compartir con sus colegas y evitar ser ______________________.
3. Es necesario demostrar que el trabajo no es un sacrificio, sino un ______________________ porque los empleados entusiastas reciben más atención de sus supervisores que los desinteresados.
4. Si usted es el jefe, su ______________________ debe servir de modelo para los demás empleados de la empresa. Siempre debe ser honesto y actuar de una forma correcta y respetable.
5. Como buen empleado, siempre debe tomar decisiones que van a ______________________ a su compañía.
6. Es malo dar la impresión de ser ______________________. Es natural estar orgulloso de sus logros, pero una actitud humilde es mejor que la arrogancia.
7. A veces es bueno ser ______________________ a los problemas personales de sus colegas para poder llevarse bien con ellos.
8. Es aconsejable mantenerse ______________________ en el trabajo para ser más feliz.
9. Para hacer un buen trabajo es mejor ser disciplinado y tranquilo y no ______________________.
10. Nunca debe ser ______________________ con las personas que lo han ayudado en su trabajo. Siempre debe mostrarles su agradecimiento.

Nombre: ______________________________ Fecha: ______________________

4-21 Una evaluación psicológica. El psicólogo de Cristina, la hermana de Teresa, le ha hecho una evaluación psicológica, que ha grabado. Escucha la grabación y determina cuál de las siguientes palabras completa lógicamente las frases que escuchaste.

el amor propio	conducta	engaña	presumida
apasionada	enajenada	obsesionada	suceso

1. ____________________
2. ____________________
3. ____________________
4. ____________________
5. ____________________

4-22 ¡Cuidado! Completa las frases siguientes con *pero* o *sino* (*que*) para inventar una historia sobre una experiencia increíble.

Ayer volví a casa a medianoche,...
No entré por la puerta,...
Una vez en casa, vi una luz que salía de mi habitación,...
Oí algunos ruidos extraños,...
No tenía miedo,...
Fui por el teléfono,...
No llamé a la policía,...
Ahora puedes preguntarme qué pasó después,...

____

____

____

____

____

____

____

____

Nombre: ______________________ Fecha: ______________________

¡Así lo hacemos! Estructuras

2. Agreement, form, and position of adjectives (TEXTBOOK PP. 125–127)

4-23 El *test* psicológico. Como parte de su test psicológico, Cristina hizo una prueba de asociación libre, y ahora te toca a ti. En la siguiente grabación escucharás una serie de frases. Después de cada una, elige la descripción que mejor corresponda a lo que escuchaste.

1. a. una mujer pobre
   b. una pobre mujer
2. a. una mujer grande
   b. una gran mujer
3. a. el amor propio
   b. el propio amor
4. a. las víctimas pobres
   b. las pobres víctimas
5. a. un hombre puro
   b. un puro hombre

4-24 Las manías. El doctor Montes ha hecho un estudio sobre los estudiantes universitarios y sus manías. Completa su estudio con la forma apropiada de los adjetivos entre paréntesis. Coloca el adjetivo antes o después del sustantivo según su significado, y haz los cambios necesarios para que concuerden en género y número. Si el espacio no necesita ningún adjetivo, márcalo con una "X".

1. Muchos estudiantes tienen la manía de comprar ______________ ropa ______________ cada semestre. (nuevo)
2. Algunos estudiantes tienen la costumbre de llevar siempre la ______________ camisa ______________ cuando tienen un examen porque creen que les trae suerte. (mismo)
3. Algunos tienen la costumbre de morderse las uñas cuando se encuentran en ______________ situaciones ______________ tensas. (cierto)
4. Un alto porcentaje de los estudiantes insiste en llevar una ______________ mochila ______________ llena de objetos poco útiles. (grande)
5. La vida estudiantil no es fácil. Muchas veces los ______________ estudiantes ______________ no obtienen los resultados que esperaban y se frustran. (pobres)
6. Muchos estudiantes insisten en estudiar solos en vez de colaborar con otros estudiantes porque tienen su ______________ estilo ______________ de trabajo. (propio)

Nombre: ______________________________ Fecha: ______________________

4-25 Vamos a describir. El psicólogo le hace a Cristina algunas preguntas. Después de escuchar cada pregunta, contéstala oralmente. Usa en tu respuesta uno de los dos adjetivos descriptivos que están entre paréntesis.

MODELO: ¿Cómo son tus hermanos? (desenvuelto/desenvueltos)

Son desenvueltos.

1. … (guapo/guapos)
2. … (trabajadora/trabajadoras)
3. … (divertido/divertidas)
4. … (gran/grande)
5. … (bondadosos/bondadosas)

4-26 El desarrollo psicológico. La Sra. Antigua es maestra de escuela primaria y está evaluando el desarrollo psicológico de sus alumnos. Completa cada evaluación con la forma correcta del adjetivo correspondiente.

capaz	dichoso	inseguro	terco
cariñoso	inquieto	malhumorado	valiente

A pesar de su corta edad, los estudiantes ya han desarrollado características definidas. Rosita es la más (1) ______________ del grupo; no puede quedarse sentada por más de unos minutos. Eva y Dania son dos chicas un poco (2) ______________; cuando quieren algo nadie puede hacer que cambien de opinión y no les gusta cooperar con los otros niños. Toñito y Jorge son muy inteligentes y pueden hacer cualquier cosa; son bastante (3) ______________. Lourdes y Manolo son (4) ______________ y no tienen miedo de intentar cosas nuevas. A Sarita le gusta cuidar de los demás y mostrarles afecto porque es una niña (5) ______________. Me da lástima decirlo, pero Pepe me preocupa porque a este chico tan (6) ______________ no lo he visto sonreír en todo el año. En cambio, Luisito siempre está contento. Él es un muchacho (7) ______________. Fátima y Pili son un poco (8) ______________, pero parece que poco a poco van adquiriendo más confianza en sí mismas.

Nombre: ______________________ Fecha: ______________________

4-27 Una influencia positiva. Álvaro, uno de tus compañeros de clase, ha escrito una composición sobre una persona que lo influyó mucho. Completa la composición con la forma correcta de los adjetivos.

afligido	bueno	grande	santo	tercero
apasionado	cien	puro	sensible	viejo

La persona que tuvo más influencia en mi desarrollo personal fue Marcos Godoy, mi (1) ______________ profesor de (2) ______________ grado. El señor Godoy era un (3) ______________ profesor porque respetaba a sus alumnos, aunque teníamos tan sólo ocho años. Era un hombre (4) ______________ que siempre pensaba en los sentimientos de los niños antes de actuar. Tenía un (5) ______________ entendimiento de la psicología infantil. Él no se molestaba con los estudiantes. Yo nunca lo vi (6) ______________ por un estudiante. El señor Godoy también era una persona (7) ______________ por su carrera. Era obvio que se emocionaba cuando enseñaba. Además, el señor Godoy era un hombre caritativo (*charitable*). Es increíble, pero él no aceptaba dinero por su trabajo en la escuela. Decía que no enseñaba para ganarse la vida sino por (8) ______________ placer. ¡No es sorprendente que los ciudadanos de la comunidad lo llamaran (9) ______________ Marcos! ¡Ojalá que hubiera (10) ______________ de profesores como él!

3. The past participle and the present perfect indicative and subjunctive (Textbook pp. 129–130)

4-28 El progreso personal. Luz María está pensando en todo lo que ha hecho este año para ser mejor. Escribe oraciones completas en el presente perfecto para expresar lo que ella dice. No te olvides de hacer los cambios necesarios.

MODELO: (Yo) estudiar / en / el extranjero

Yo he estudiado en el extranjero.

1. Este / año / (yo) ir / gimnasio / todo / día

   ____

2. (Yo) escribirles / cartas / todo / mi / amigos

   ____

3. Mi / amiga / y / yo / participar / organización / caritativo

   ____

4. Mi / novio / y / yo / asistir / clases / yoga

   ____

5. (Yo) trabajar / como / voluntaria / hospital

   ____

6. Mi / familia / hacer / reuniones / todo / semanas

   ____

7. (Yo) ver / mucho / programas / educativo / televisión

   ____

8. (Yo) leer / vario / obras / literario

   ____

Nombre: ______________________________ Fecha: ______________________

4-29 Todo está listo. Imagínate que estás a cargo de organizar la boda de Anita, la prima de Cristina. La madre de la novia, que quiere saber si todo está listo, te llama para hacerte una serie de preguntas. Rellena cada espacio en blanco con el participio pasado que escuchaste.

MODELO: ¿Cuándo diseñaron el vestido de Anita?

El vestido fue *diseñado* el año pasado.

1. El servicio de banquete fue ______________________ el mes pasado.
2. Sí, los problemas con el salón están ______________________.
3. Sí, las invitaciones fueron ______________________ el mes pasado.
4. El contrato con el fotógrafo está ______________________.
5. La iglesia está ______________________.

4-30 Buscando pareja. Ricardo, el ex novio de Cristina, no ha podido encontrar novia; por eso tiene una entrevista en un servicio que ayuda a encontrar pareja. Escucha la grabación y luego indica si las siguientes oraciones son **Ciertas** o **Falsas**.

1. Todas las novias de Ricardo han sido feas.	Cierto	Falso
2. Ricardo no ha cometido ningún delito.	Cierto	Falso
3. Ricardo ha sido diagnosticado con una enfermedad mental.	Cierto	Falso
4. Ricardo ha superado su última relación amorosa.	Cierto	Falso
5. Ricardo ya le ha pagado a la secretaria.	Cierto	Falso

Nombre: ______________________ Fecha: ______________________

4-31 Un grupo de apoyo. Javier participa en un programa de apoyo para personas que quieren dejar sus malos hábitos. En su diario se refleja el progreso que han hecho los miembros de su grupo. Completa las oraciones con los verbos apropiados en el presente perfecto.

acostumbrarse	decir	leer	ser
alcanzar	dejar	pasar	superar
apoyar	descubrir	reducir	tener
cambiar	ir		

Mis compañeros de terapia de grupo y yo (1) ______________ muchas metas importantes este mes con la ayuda del grupo. ¡Yo casi (2) ______________ de fumar! Cuando empecé a asistir a las reuniones fumaba dos paquetes de cigarrillos al día, y ahora (3) ______________ tres meses sin fumar un solo cigarrillo. Es cierto que (4) ______________ momentos difíciles, pero (5) ______________ la tentación. Otro miembro de nuestro grupo, Samuel, tiene muchos problemas de salud porque tiene el colesterol alto, pero él (6) ______________ muchos libros sobre ese problema y, de hecho, ya (7) ______________ su dieta. Dice que (8) ______________ a comer más frutas y verduras y (9) ______________ que estos alimentos le gustan más que las comidas grasosas. Dorotea y Gil son los miembros del grupo que (10) ______________ que tienen una adicción a la Red informática. Con el apoyo de nuestro grupo (11) ______________ su uso de la Internet a una hora diaria. El proceso de controlar los hábitos (12) ______________ muy arduo, pero mis compañeros y yo nos (13) ______________ durante estos difíciles momentos. Lo importante es ser constante. Yo (14) ______________ a todas las reuniones.

Nombre: ______________________________ Fecha: ______________________

4-32 Cómo ha cambiado mi vida. Cristina finalmente se ha dado cuenta de que los novios que hasta este momento ha tenido no han sido de lo mejor. En la siguiente grabación, ella nos dice lo que ha hecho para cambiar de vida. Después de escucharla debes informar sobre lo que dijo. Cambia los verbos según el sujeto de cada oración.

1. Cristina ______________________ que luchar para mejorar su autoestima.
2. Cristina ______________________ completamente a sus estudios.
3. Su psicólogo le ______________________ que necesita tiempo para estar sola.
4. Cristina ______________________ de todos los hombres.
5. Sus padres y amigos la ______________________ mucho.
6. Todos ______________________ un gran cambio en su vida.

4-33 Una compañera vanidosa. Luz María tiene una compañera de cuarto muy vanidosa. Para completar su descripción convierte el infinitivo de los verbos de la lista en participio pasado.

cortar	escribir	obsesionar	reflejar	vestir
cubrir	maquillar	peinar	romper	

Es importante tener una imagen positiva de sí mismo, pero mi compañera de cuarto está

(1) ______________________ con su aspecto físico. Por ejemplo, no puede pasar frente a

un espejo sin pararse para verse (2) ______________________ en él. Nunca sale de

la casa sin tener la cara (3) ______________________ y el cabello perfectamente

(4) ______________________. Siempre que va a la peluquería sale con el pelo

(5) ______________________ a la perfección. Hace unos días vio que tenía una uña

(6) ______________________ y se puso a llorar. Además, siempre va

(7) ______________________ a la última moda. Ella lee todo lo que está

(8) ______________________ en las revistas de moda. Su escritorio está

(9) ______________________ de estas revistas; es lo único que lee.

¡Qué exagerada!

Nombre: ______________________ Fecha: ______________________

4-34 Ahora escribo yo. A continuación escucharás una serie de verbos en el infinitivo. Después de escucharlos, escribe una oración original. Debes cambiar el verbo del infinitivo al participio pasado. Puedes usar los verbos **estar** o **haber** en tu oración.

MODELO: invitar

Me han invitado a la boda del príncipe Felipe y Letizia.

o

Estoy invitado/a a la boda del príncipe Felipe y Letizia.

1. ______________________
2. ______________________
3. ______________________
4. ______________________
5. ______________________
6. ______________________

¡Así lo expresamos!

Imágenes

4-35 Diego y yo. En el texto, viste la pintura *Las dos Fridas* de Frida Kahlo. A pesar de que casi todas sus obras fueron autorretratos, algunas veces Frida incluyó en ellas a su esposo Diego Rivera. Una de estas pinturas se titula *Diego y yo*. Ve a la Internet; busca la pintura y obsérvala. Después de haber estudiado las dos pinturas, escribe un breve ensayo para comparar cómo se representa la pintora en *Las dos Fridas*, donde se la ve con "la otra Frida", y en *Diego y yo*. En tu ensayo, comenta si su autoimagen cambia dependiendo de quién la acompaña o si se mantiene igual.

Nombre: ______________________ Fecha: ______________________

Ritmos

4-36 Soy. En la personalidad influyen muchos factores como la familia, la situación económica, la historia personal y la cultura. En la canción *Soy* de Willy Chirino y la descripción que hace de su personalidad, se notan la influencia de la cultura caribeña en general y de la cultura cubana en particular. ¿Cuán diferente habría sido la canción de Willy Chirino si él hubiera nacido en Estados Unidos? ¿Habría sido distinta la canción si la hubiera escrito una mujer? Ve a la Internet e intenta encontrar una canción similar a *Soy*, escrita por otra persona. Un ejemplo puede ser la canción *I Am* de Hilary Duff. Escribe un breve ensayo para comentar las diferencias y semejanzas entre las dos descripciones. ¿Ves algunas diferencias culturales o de género?

____

____

____

____

____

____

Nombre: ______________________________ Fecha: ______________________

Páginas

4-37 Antes de leer. En la lectura encontrarás el siguiente vocabulario. Estúdialo y luego completa las oraciones de la actividad con la opción apropiada.

al respecto	*in that respect*	padecer de	*to suffer from*
daño	*damage*	peligro	*danger*
ebrio	*inebriated, drunk*	profundo	*deep*
física	*physical*	propenso	*susceptible*
incomodidad	*discomfort*	radicar	*to reside*
insomnio	*insomnia*	reciente	*recent*
insulina	*insulin*	sueño	*sleep; dream*
obeso	*obese*		

1. En el accidente de tránsito que tuve, mi auto sufrió muchos ______________.
   a. daños b. peligros c. profundos
2. Mi padre no está bien; él ______________ muchas enfermedades (*illnesses*).
   a. radio b. propenso c. padece de
3. Mi hermano pesa (*weighs*) 325 libras. Yo temo que él sea ______________.
   a. ebrio b. insomnio c. obeso
4. Yo pienso lo mismo que el experto ______________.
   a. padece de b. al respecto c. radica
5. Luz María hace mucho ejercicio, por eso su condición ______________ es muy buena.
   a. física b. reciente c. incomodidad
6. La ______________ es lo que ayuda a controlar el azúcar en el cuerpo.
   a. física b. insulina c. obesidad
7. Nunca bebas demasiado alcohol si no quieres estar ______________.
   a. ebrio b. profundo c. propenso

Nombre: ______________________________ Fecha: ______________________

4-38 A leer. Lee el siguiente artículo con cuidado. Luego indica si las oraciones son **Ciertas** o **Falsas**, según la lectura.

Los buenos sueños, sueños son

Dormir bien contribuye a la buena salud

Todos entendemos la importancia de dormir bien cada noche. Si tiene una duda al respecto, deje de dormir una noche y se dará cuenta de los efectos negativos del insomnio. Pero, ¿sabía usted que la falta de sueño no solamente resulta en una incomodidad física pasajera, sino que puede resultar en daños a la salud y hasta cambios de personalidad? Esos daños comienzan la primera vez que uno no duerme lo necesario. Según los resultados de recientes investigaciones, dejar de dormir por una noche entera tendrá el mismo efecto en el conductor de auto que haber consumido suficiente alcohol como para estar legalmente ebrio.

Aun así, el verdadero peligro radica en que muchas personas permiten que la falta de sueño se convierta en un vicio. Los científicos han descubierto que las personas que no duermen normalmente lo suficiente se vuelven menos sensibles a la insulina, lo cual los hace más propensos a desarrollar diabetes y a padecer de presión alta. Además, se ha comprobado que la falta de sueño hace que uno coma más al día siguiente. Si eso se hace con regularidad, la probabilidad de ser obeso aumenta. Todo esto tiene un impacto dañino sobre el funcionamiento del cerebro. De hecho, los investigadores han establecido una conexión entre los problemas de insomnio y la pérdida de la memoria, y hasta con el desarrollo de la depresión.

¿Qué se puede hacer? Según los expertos, hay muchas cosas que se pueden hacer para lograr dormir bien todas las noches. Hacer ejercicio regularmente antes de acostarse contribuye a que uno duerma bien. Habría que tener una rutina fija cada noche que incluyera, además, disminuir la intensidad de la luz. Estas dos cosas le indicarán al cerebro que está llegando el momento de dormir. No beba ni cafeína ni alcohol de 4 a 6 horas antes de acostarse. La cafeína dificultará el sueño y el alcohol contribuirá a que no se pueda dormir profundamente. Mantenga su cuarto oscuro y a una temperatura fresca.

Si sigue estas recomendaciones, los expertos afirman que dormir bien dejará de ser sólo un sueño.

1. El insomnio no afecta la salud física. Cierto Falso
2. Dejar de dormir por una noche y estar ebrio tienen el mismo efecto. Cierto Falso
3. Hay una conexión entre el insomnio y la obesidad. Cierto Falso
4. Dejar de dormir no tiene un impacto dañino sobre el cerebro. Cierto Falso
5. El alcohol contribuye al sueño profundo. Cierto Falso

Nombre: ______________________ Fecha: ______________________

Taller

4-39 Antes de escribir. Haz una lista de adjetivos que describan tu carácter. Piensa luego en la imagen que proyectas y en cómo te ven los otros. ¿Crees que los demás estarían de acuerdo con la descripción que hiciste? Pregúntales a algunos compañeros cómo te describirían y haz una lista de los adjetivos que usan en sus descripciones. ¿Qué discrepancias hay entre tu propia imagen y la imagen que tus amigos tienen de ti?

______________________ ______________________

______________________ ______________________

______________________ ______________________

4-40 A escribir. Imagínate que encuentras a alguien por primera vez. Si esa persona tuviera que describirte después de este primer encuentro, ¿qué diría? Escribe una descripción de ti mismo desde la perspectiva de esa persona que acaba de conocerte. Emplea adjetivos específicos. Intenta usar expresiones reflexivas para describir el aspecto físico (por ejemplo: se viste bien).

____

____

____

____

____

____

____

____

Nombre: ______________________ Fecha: ______________________

Las relaciones personales

Primera parte

¡Así lo decimos! Vocabulario (TEXTBOOK P. 143)

5-1 En familia. Completa las siguientes oraciones con una variación de cada palabra en itálica. Si necesitas ayuda, consulta la sección llamada ***Ampliación*** en el libro de texto.

MODELO: Los novios *se comprometieron* hace diez años. Es uno de los *compromisos* más largos que conozco.

1. El joven me pidió *disculpas* por haberme ofendido. Lo ______________________ porque aunque me había hablado de mala manera, ahora estaba arrepentido.
2. La mujer se sintió muy ofendida por la *calumnia* de su amiga. Es una gran ofensa ______________________ a otra persona.
3. ¡No estés *celoso* de tus compañeros! Todos ustedes tienen gran mérito. Los ______________________ pueden causar sentimientos negativos.
4. Los *chismes* y rumores son muy destructivos. Todos conocemos a gente que ______________________.

5. Es una *molestia* tener que resolver los problemas de los demás. ¿Estás

_______________ conmigo?

6. Después de una *discusión* desagradable, la pareja decidió ver a un consejero matrimonial.

Ahora, después de un año de consultas, ellos casi no _______________ nunca.

7. Te *agradezco* todas tus atenciones durante mi enfermedad. Te estoy muy

_______________.

5-2 Invitación al diálogo. Este es el panfleto de una organización estudiantil dedicada a promover la resolución de conflictos interpersonales por medio del diálogo y la negociación. Usa las siguientes palabras de ***¡Así lo decimos!*** para completarlo.

celos	comprometernos	discusión	propósito
chisme	disculpar	entendimiento	

En la vida estudiantil suelen presentarse conflictos con otros estudiantes. Las diferencias de edad, de cultura, de idioma o el (1) _______________ y los (2) _______________ son algunas de las cosas que pueden crear tensiones. Nuestra organización tiene un objetivo importante: el (3) _______________ de promover el (4) _______________ entre las personas a través de la (5) _______________ abierta. Queremos (6) _______________ en la tarea de lograr una mejor comunicación. Los conflictos son parte de nuestra vida cotidiana y son inevitables pero (7) _______________ y agradecer son claves para empezar a resolverlos.

Nombre: ______________________ Fecha: ______________________

5-3 Crucigrama. Completa este crucigrama con las palabras de *Así lo decimos* que correspondan.

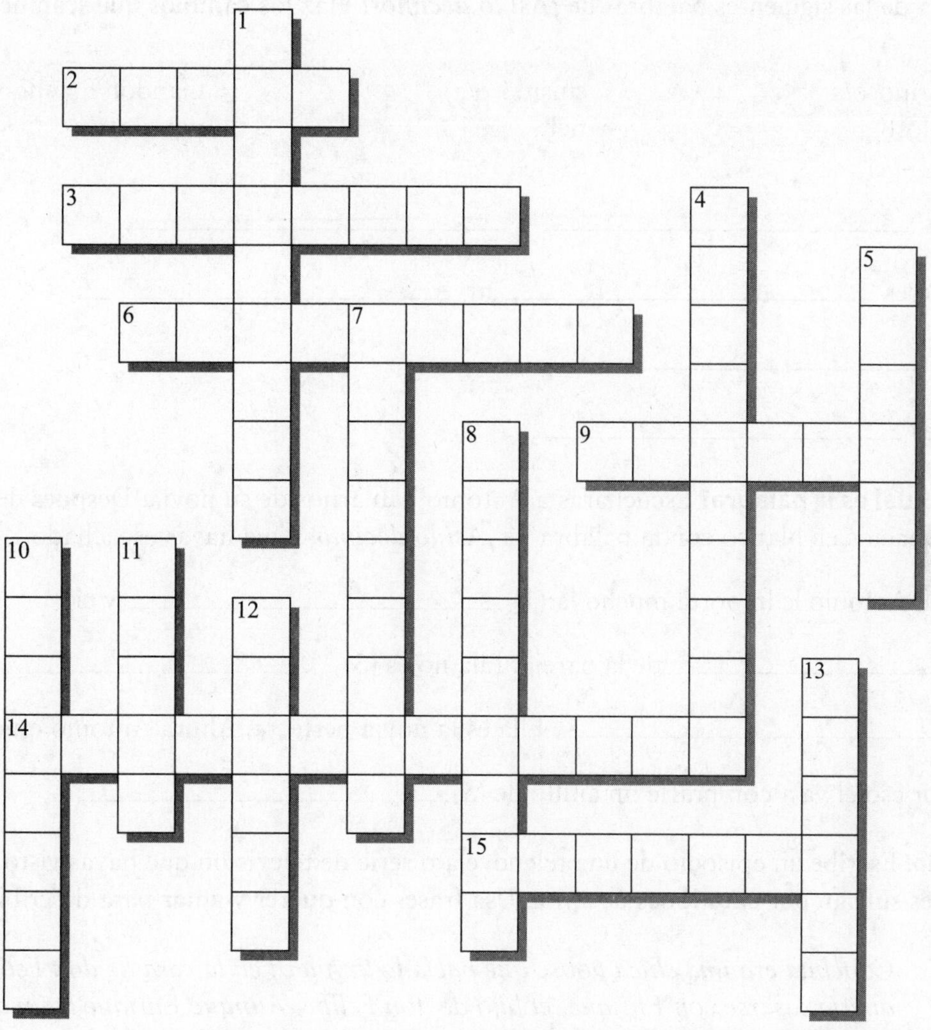

Horizontales

2. Causar daño
3. Debatir
6. Rapidez
9. Dos, dúo
14. Facultad de comprender
15. Poner entre los brazos

Verticales

1. Perdonar
4. Promesa, dar su palabra
5. Sinónimo de aburrida
7. Dar parte de lo que uno tiene a los demás.
8. Constancia en los afectos e ideas
10. Fastidio, fatiga
11. Expresión de la cara o el cuerpo
12. Calidad de bueno
13. Conseguir, obtener

5-4 Una buena pareja. En la siguiente grabación Ana nos va a hablar de su amiga Helena y el novio de Helena, Julio. Escucha la grabación cuantas veces sea necesario y luego completa cada frase con una de las siguientes palabras de *¡Así lo decimos!* Haz los cambios que sean necesarios.

cariñoso/a	chismoso/a	mandón/mandona
celoso/a	fiel	pesado/a

1. Helena es ____________________ y ____________________.
2. Helena no es ____________________ ni ____________________.
3. Julio es ____________________.
4. Julio no es ____________________.

5-5 ¿Sabes cuál es la palabra? Escucharás a Antonio hablarnos de su novia. Después de escucharlo rellena los espacios en blanco con la palabra de *¡Así lo decimos!* que hayas escuchado.

A la novia de Antonio le importa mucho la (1) ____________________ y el (2) ____________________de la pareja. Ella no es (3) ____________________ ni le gusta el (4) ____________________. Ella es la novia perfecta. Ahora Antonio quiere casarse con ella y por eso él va a comprarle un anillo de (5)____________________.

5-6 ¡Cuidado! Escribe un episodio de una telenovela o serie de televisión que hayas visto en el cual los personajes sufrían por cuestiones de amor. Usa frases con **querer** y **amar** para describir la acción.

MODELO: *Conchita era una chica pobre que hacía la limpieza en la casa de don Felipe. Ella quería casarse con Enrique, el hijo de don Felipe. Aunque Enrique la amaba, sus padres…*

____

____

____

____

____

Nombre: ______________________ Fecha: ______________________

¡Así lo hacemos! Estructuras

1. Subjunctive vs. indicative in adjective clauses (TEXTBOOK P. 146)

5-7 Una cita a ciegas. Beatriz organiza una cita a ciegas (*a blind date*) para su amiga Sara. Beatriz quiere estar segura de que ha tenido en cuenta todos los detalles para que la cita sea un éxito. Completa las frases con la forma correcta de los verbos entre paréntesis.

1. Ya he hablado con el chico que ______________________ (querer) conocer a Sara.
2. Le he dicho que Sara prefiere a un chico que ______________________ (vivir) en la misma ciudad que ella y que no ______________________ (viajar) por su trabajo.
3. A Sara le encantan los chocolates; por eso le he dicho que es bueno que ______________________ (comprar) una caja de chocolates con caramelo para la cita.
4. Le he comentado que Sara siempre ______________________ (llevar) el cabello recogido hacia atrás para que la identifique fácilmente.
5. Le conté que los padres de Sara la ______________________ (proteger) mucho porque es hija única (*only child*).
6. Sara es una chica muy puntual. Él ya sabe que es importante que ______________________ (llegar) a tiempo a la cita.
7. Le dije que después de la cita, ______________________ (poder) llevarla a caminar por el lago porque es el lugar favorito de Sara en la ciudad.

5-8 Un anuncio clasificado. José Emilio escribe un anuncio clasificado. Complétalo con el presente del indicativo o del subjuntivo de los verbos entre paréntesis.

Soy un hombre de treinta y dos años que (1. buscar) ______________________ una relación seria. Espero encontrar una mujer a quien le (2. interesar) ______________________ casarse y tener una familia. Necesito una persona que (3. ser) ______________________ estable emocionalmente; alguien que me (4. querer) ______________________ y que (5. respetar) ______________________ mis sentimientos y mi forma de pensar. No me importa si la mujer (6. ser) ______________________ alta o baja, rubia o morena. Lo importante para mí es que (7. tener) ______________________ un buen corazón y (8. estar) ______________________ dispuesta a hablar abiertamente de nuestras diferencias. Si eres esa persona o (9. conocer) ______________________ a alguien con esas características, me (10. poder) ______________________ llamar al número 342-ANSIOSO.

Nombre: ______________________ Fecha: ______________________

5-9 Una declaración de amor. Rosa y Mario se conocieron a través de la Internet. En esta conversación él le declara a ella su amor. Completa el diálogo con el presente del indicativo o del subjuntivo de los verbos de la lista según corresponda.

amar	conocer	querer	ser
apresurar	estar	sentir	tener

MARIO: Pienso que eres la persona ideal para mí. Te amo y quiero que (1) ______________ mi novia.

ROSA: También pienso que eres alguien muy especial. Tú me (2) ______________ y nosotros (3) ______________ muchas cosas en común; pero me preocupa que todavía no tengamos una relación personal. Pienso que es importante que nos (4) ______________ un poco más antes de ser novios formalmente. No es conveniente que nos (5) ______________ porque podemos lamentarlo más tarde.

MARIO: Me preocupa tu inseguridad. (6) ¿______________ interesada en otra persona? ¿Hay otro hombre que te (7) ______________ como yo?

ROSA: No, Mario. No hay nadie más. Pero no me (8) ______________ cómoda en una relación seria con alguien a quien no conozco personalmente.

5-10 Amar otra vez. *Betty la Fea* ha sido una telenovela muy popular en América Latina y Estados Unidos. Escucha el resumen de la historia y decide si las frases siguientes son **Ciertas, Falsas,** o si lo que se afirma **No se dice** en la grabación.

1. Betty es una chica fea pero también es muy buena e inteligente. Cierto Falso No se dice.
2. Betty está enamorada de un hombre rico. Cierto Falso No se dice.
3. Armando está comprometido con una mujer tan fea como ella. Cierto Falso No se dice.
4. Las diferencias culturales son el obstáculo entre Betty y el hombre al que ella ama. Cierto Falso No se dice.
5. Betty es una mujer feliz. Cierto Falso No se dice.

Nombre: ______________________ Fecha: ______________________

5-11 ¿Debe hacerse bonita Betty? Al final de la telenovela, el guionista debe decidir si Betty debe hacerse unos cambios a la aparencia física para hacerse bonita. Ayúdalo a tomar una decisión. Escucha las diferentes consecuencias que puede tener el desarrollo de la telenovela. Escribe en los espacios en blanco la letra de la opción que corresponda.

1. ____ Va a cambiar de vida y de trabajo.
2. ____ Va a perder las cosas que la hacen especial.
3. ____ Va a ser una mujer más moderna.
4. ____ Va a mostrar sus dientes hermosos.
5. ____ Su ropa va a ser más elegante.

5-12 Una vida diferente. Si Betty decide dejar su trabajo e irse a otra ciudad para empezar de nuevo, su vida va a cambiar mucho. Escucha los cambios que esto puede causar en su vida. Luego, forma oraciones oralmente con expresiones como **Es importante que...**, **Es necesario que...** y usa los verbos en el indicativo o el subjuntivo basándote en lo que escuchas.

MODELO: (ser)

Es importante que Betty sea una buena trabajadora.

1. (ir)
2. (encontrar)
3. (llamar)
4. (trabajar)
5. (olvidar)

Nombre: ______________________________ Fecha: ______________________

Conéctate

5-13 *Como agua para chocolate.* En la película *Como agua para chocolate*, basada en la novela de Laura Esquivel, Tita prepara un plato especial que genera pasión en el que lo come. Ve a la Internet, busca el video de la película en YouTube y mira la escena en la que Tita prepara y sirve este plato especial. Escribe un breve ensayo para describir la conexión entre la comida y las emociones. ¿Piensas que la comida puede afectar la química del cerebro? ¿Has tenido alguna experiencia en la que una comida haya afectado tus reacciones físicas? ¿Crees que hay alguna conexión entre la comida y las emociones?

____

____

____

____

Segunda parte

¡Así lo decimos! Vocabulario (TEXTBOOK P. 153)

5-14 En familia. Completa las siguientes oraciones usando una variación de cada palabra en itálica. Si necesitas ayuda, consulta la sección llamada ***Ampliación*** en el libro de texto.

MODELO: Era una pareja muy *unida*. Su unión había durado muchos años.

1. Ella siempre ______________________ cuando estaba con él y su *risa* lo llenaba de felicidad.
2. De todas sus ______________________ valoraba más su anillo de oro. Antes lo *había poseído* la mamá de su novio.
3. Pero cuando ella lo vio con otra, *cruzó* los brazos y los mantuvo ______________________ hasta que él le explicó la situación.
4. Después de algún tiempo *se separaron*. Fue una ______________________ muy dolorosa para los dos.
5. Finalizaron los papeles de *divorcio* el mes pasado. Ahora son como muchos que están ______________________ y casi no se hablan.

Nombre: ______________________ Fecha: ______________________

5-15 Conflictos conyugales. Las diferencias de personalidad afectan a menudo las relaciones matrimoniales de manera negativa y hasta han sido causa de divorcio. Completa cada frase con la palabra apropiada de *¡Así lo decimos!* de la lista.

divorciarse	impulsivo	irritar
dominar	inseguridad	sinvergüenza

1. Cuando una persona de la pareja quiere ______________________ al otro, esto generalmente refleja ______________________ en la persona dominante.
2. En una pareja, hay que evitar hablar de temas que puedan ______________________ al otro.
3. Si la esposa dice que su marido es ______________________, el respeto entre la pareja está muy debilitado.
4. Para poder aclarar malos entendidos (*misunderstandings*) en una pareja, es mejor no ser ______________________ y pensar dos veces antes de hablar.
5. Si una pareja se pelea todo el tiempo y no hay afecto ni respeto, lo mejor es ______________________.

5-16 Un poco de psicología infantil. Una psicóloga infantil describe las consecuencias de la relación de pareja en el comportamiento de los hijos. Completa el párrafo con las palabras de *¡Así lo decimos!* de la lista.

angustia	comportamiento	divorcio	inseguridad
calladas	consentidos	dominar	separación

El desarrollo de los niños y, particularmente, su (1) ______________________, se ve claramente afectado por las relaciones entre sus padres. Algunos padres tienden a sobreproteger (*overprotect*) a sus hijos y, típicamente, crían niños (2) ______________________, que a su vez tienden a ser adultos inmaduros. Hay padres que se caracterizan por (3) ______________________ constantemente a sus hijos. Estos niños tienden a ser personas (4) ______________________ y llenas de (5) ______________________. El (6) ______________________ y la (7) ______________________ pueden producir mucha (8) ______________________ en los hijos, quienes pueden volverse atrevidos y rebeldes.

Nombre: ______________________ Fecha: ______________________

5-17 ¿Qué significa esta palabra? Las definiciones que escucharás a continuación corresponden a las palabras siguientes de la sección *¡Así lo decimos!* Lee la lista de palabras y después de escuchar las definiciones, selecciona la palabra que corresponde a cada una.

1. ____ a. callada

2. ____ b. risa

3. ____ c. consentida

4. ____ d. tacaña

5. ____ e. divorcio

5-18 ¿Cómo se comporta Fernandito? La señora Muñoz habla por teléfono con la directora del colegio de su hijo Fernandito. Pero, hay una campana que interfiere cada vez que la directora dice algo y no se puede escuchar lo que ella dice. Escucha la grabación cuantas veces sea necesario y luego responde a los comentarios de la directora usando las palabras de *¡Así lo decimos!* y diciéndole que tú no estás de acuerdo con su opinión.

MODELO: Hemos notado que Fernandito es un poco egoísta. ¿Usted piensa que él es ______________________?

No, yo no creo que mi hijo sea *egocéntrico*.

atrevido	callado	malcriado	risa	volátil

1. No, yo no creo que mi hijo sea ______________________.
2. Disculpe, pero mi hijo no habla demasiado. Yo considero que él es un niño ______________________.
3. No, yo no he oído carcajadas de Fernandito. Yo no pienso que su ______________________ sea una molestia.
4. No, yo no estoy de acuerdo. Mi hijo no es ______________________.
5. Perdón, pero yo no acepto que usted diga que mi hijo es ______________________.

Nombre: ______________________ Fecha: ______________________

5-19 ¡Cuidado! Escribe una anécdota sobre gente conocida o inventada en que utilices los cuatro verbos que no usan la preposición **por** (agradecer, buscar, esperar, pagar).

MODELO: *Mi mejor amigo decidió poner un aviso en la sección de personales en el periódico. Dijo que **buscaba** novia…*

____

____

____

____

____

¡Así lo hacemos! Estructuras

2. The future perfect and pluperfect tenses (TEXTBOOK PP. 156–157)

5-20 Proyectos. Para completar la carta en la que David le cuenta a su padre lo que habrá hecho dentro de unos años, usa el futuro perfecto de los verbos de la lista.

ahorrar	comprar	dejar	graduarse
casarse	comprometerse	encontrar	tener

Querido papá:

Tengo noticias sobre mi futuro que te van a encantar. Casi he terminado mis clases en la universidad y para junio ya (1) ______________________. Ya he empezado a buscar trabajo, y te prometo que para finales del verano (2) ______________________ un puesto estable en una compañía importante. Dentro de un año (3) ______________________ mucho dinero y para diciembre (4) ______________________ una casa. Mi novia y yo pensamos que antes de noviembre (5) ______________________ y para dentro de dos años (6) ______________________. Probablemente nosotros (7) ______________________ un hijo para el año 2012. ¡Para aquel entonces tú (8) ______________________ de preocuparte tanto por mí!

5-21 Eso es imposible. Tu amiga Marta es una chica que sueña con lo imposible. En la siguiente grabación la escucharás hacer planes para los próximos cuatro años. Ella predice lo que habrá hecho antes de terminar sus estudios en la universidad. Como tú la conoces muy bien, sabes que lo que ella predice es imposible y la contradices. Rellena los siguientes espacios en blanco con la forma correcta del futuro perfecto de uno de los verbos entre paréntesis.

1. No lo creo. Tú no ______________________ (casarse / graduarse) antes de cuatro años.
2. No lo creo; ellos no te ______________________ (regalar / prestar) nada.
3. Ustedes no ______________________ (terminar / empezar) su relación para finales de este año.
4. Roberto no ______________________ (enamorarse / apasionarse) de ti antes de la primavera.
5. ¡Eso es imposible! Roberto no te ______________________ (dar / declarar) su amor antes del verano. ¡Tú estás soñando!

5-22 Mi hijo. Doña Catalina está muy orgullosa de su hijo Guillermo y nos cuenta sobre él. Escucha la grabación cuantas veces sea necesario y luego indica si las siguientes oraciones son Ciertas o Falsas.

1. El hijo de doña Catalina se habrá graduado de terapeuta familiar para el próximo mes. Cierto Falso
2. El hijo de doña Catalina habrá abierto una consulta para el próximo mes. Cierto Falso
3. Doña Catalina cree que ella y su esposo habrán ido de vacaciones con su hijo para finales de año. Cierto Falso
4. Él y su novia se habrán casado para la próxima semana. Cierto Falso
5. Doña Catalina piensa que para el próximo verano su hijo y su novia ya habrán anunciado su compromiso. Cierto Falso

Nombre: ______________________ Fecha: ______________________

5-23 El futuro. Piensa en las cosas que tú y las siguientes personas ya habrán hecho cuando se gradúen de la universidad. Escribe oraciones completas y lógicas usando el futuro perfecto. No te olvides de hacer los cambios necesarios para que las oraciones tengan sentido.

MODELO: Yo / conseguir / buen trabajo

Yo habré conseguido un buen trabajo.

1. Yo / cumplir / sueño / graduarme / psicología

____

2. Mi compañero(a) de cuarto / beneficiarse / estudiar / buena universidad

____

3. Nosotros / superar / momentos difíciles / juntos

____

4. Tú / comprometerse / tu novio(a) / escuela secundaria

____

5. Mis padres / hacer / grande fiesta / graduación

____

5-24 Una encuesta. Después de graduarte has trabajado haciendo encuestas sobre las relaciones interpersonales actuales. Completa las oraciones con el pluscuamperfecto del verbo apropiado en cada caso.

1. El 94 por ciento de las mujeres dijeron que ______________________ (enamorarse / emocionarse / arrepentirse) de alguien antes de cumplir los dieciocho años.
2. El 42 por ciento de los hombres casados admitieron que ______________________ (descomponerse / complementarse / declararse) a otra mujer antes de conocer a su esposa.
3. El 56 por ciento de las personas que han tenido una pareja infiel no ______________________ (enfadarse / disculparse / sospechar) que había otro/a antes de enterarse de la verdad.
4. El 27 por ciento de los matrimonios divorciados ya ______________________ (poseer / ir / enamorarse) a terapia cuando se separaron.
5. El 19 por ciento de las parejas dijeron que ______________________ (salir / agradecer / olvidarse) juntos durante un año antes de comprometerse.
6. El 38 por ciento de los recién casados dijeron que ______________________ (firmar / borrar / aprovechar) un pacto prenupcial antes de casarse.

Nombre: ______________________________ Fecha: ______________________

5-25 Una pareja. Horacio habla de lo que él y su novia habían hecho antes de conocerse. Completa las oraciones con el pluscuamperfecto del verbo apropiado de la lista.

asistir	estar	tener	viajar
conocer	ir	tocar	vivir

Es increíble que mi novia Mariela y yo nos llevemos bien porque yo soy muy introvertido y ella es una persona muy extrovertida. Por esa razón nosotros (1) ______________________ experiencias muy diferentes antes de conocernos. Antes de salir con Mariela yo nunca

(2) ______________________ en el extranjero, pero ella y sus amigos

(3) ______________________ por toda América. Yo tampoco

(4) ______________________ nunca a un concierto de música merengue, pero Mariela

(5) ______________________ con una orquesta caribeña por dos años. Mariela

(6) ______________________ muchas veces a fiestas en la casa de unos actores muy conocidos, pero yo nunca (7) ______________________ a una persona famosa. La verdad es que Mariela y yo (8) ______________________ en mundos muy distintos, pero ahora que somos novios estamos aprendiendo a compartir nuestras experiencias y nuestros gustos.

5-26 Antes de Mirna. En la siguiente grabación escucharás a Guillermo hablar de cómo era su vida antes de conocer a su novia Mirna. Después de escuchar la narración, completa el siguiente párrafo con la información que escuchaste. Debes escribir los verbos en el pluscuamperfecto.

Guillermo nunca antes (1) ______________________ a nadie como Mirna. Nadie le

(2) ______________________ tanto amor. Antes de conocer a Mirna, Guillermo nunca

(3) ______________________ confianza en sí mismo y por eso nunca le

(4) ______________________ fiel a ninguna de sus novias. Antes de Mirna, Guillermo no le

(5) ______________________ sus secretos a nadie tampoco.

Nombre: ______________________________ Fecha: ______________________

3. Comparisons with nouns, adjectives, verbs, and adverbs; superlatives (TEXTBOOK PP. 159–161)

5-27 Unos compañeros irresponsables. En un e-mail a su madre, Héctor, un estudiante universitario, le describe cómo son sus compañeros de cuarto. Completa su mensaje usando las expresiones comparativas y superlativas necesarias.

Querida mamá:

¡Esta semana ha sido la semana (1) ______________________ difícil de toda mi vida!

Mis compañeros de cuarto me han causado mucho estrés. ¡Son las personas (2) ______________________ responsables del mundo! Víctor es el chico (3) ______________________ olvidadizo (*forgetful*) de todos mis amigos.

Esta semana se olvidó de pagar la cuenta telefónica y ahora nos han cortado el servicio. Gerardo es (4) ______________________ desorganizado como Víctor. Le presté los apuntes de mis clases y me los perdió. Esta semana he sacado (5) ______________________ malas notas como él porque no pude estudiar. Octavio es (6) ______________________ egoísta de todos mis compañeros. No nos permitirá usar su computadora hasta que él termine sus trabajos finales, pero es (7) ______________________ lento que una tortuga. Octavio también es (8) ______________________ tacaño de todos mis compañeros. Ayer pedimos una pizza grande y ni siquiera se ofreció a pagar, como el resto de nosotros. Sin embargo, creo que Daniel es el peor de todos. Tiene (9) ______________________ discos compactos como una tienda de música y los pone toda la noche. No puedo dormir porque el ruido es (10) ______________________ fuerte como en un concierto de rock. ¿Qué puedo hacer, mamá?

Héctor

Nombre: ______________________ Fecha: ______________________

5-28 Comparando a nuestros hijos. Doña Catalina está muy orgullosa de su hijo el terapeuta y lo compara con el hijo de su amiga Altagracia. Escucha la grabación cuantas veces sea necesario y luego escribe una comparación de desigualdad en una sola oración.

MODELO: Mi hijo me ayuda con los gastos de la casa. El hijo de Altagracia no le ayuda en nada a su madre.

Mi hijo es más responsable que el hijo de Altagracia.

1. ____.
2. ____.
3. ____.
4. ____.
5. ____.

5-29 Son iguales. Sebastián no puede decidir con quién salir a bailar esta noche. ¿Con Raquel o con Érica? Las dos son muy similares y él ha hecho una lista de sus cualidades para compararlas. Escucha la siguiente grabación en la que compara a las dos chicas. Luego escribe una comparación de igualdad en una sola oración.

MODELO: Raquel es deportista. Érica es deportista también.

Raquel es tan deportista como Érica.

1. ____
2. ____
3. ____
4. ____
5. ____

5-30 ¿Cómo es tu familia? Elena quiere saber cómo es la familia de Héctor, el chico con quien sale. Completa las respuestas de Héctor con expresiones superlativas.

ELENA: ¿Tu familia está muy unida?

HÉCTOR: Sí, mi familia es (1) ______________________ del mundo.

ELENA: ¿Son cariñosos tus padres?

HÉCTOR: Tengo los padres (2) ______________________ de todos mis amigos.

ELENA: ¿Tu hermano Martín es comprensivo?

HÉCTOR: No, Martín es (3) ______________________ de mis hermanos.

ELENA: Tus hermanas son encantadoras, ¿verdad?

HÉCTOR: Es cierto. Son las chicas (4) ______________________ que existen.

ELENA: ¿Es consentida tu hermana menor?

HÉCTOR: Sí, es la persona (5) ______________________ de toda mi familia.

5-31 Unos compañeros divertidos. Maribel y Patricia están conversando sobre sus compañeros de clase. Completa su diálogo con expresiones superlativas, y no te olvides la concordancia de los adjetivos.

MARIBEL: Me encanta la clase de literatura porque nuestros compañeros de clase son los (1. divertido) ______________________ de toda la universidad.

PATRICIA: Es cierto. Pienso que Diego es el chico (2. gracioso) ______________________ del mundo. ¡Cuenta unos chistes buenísimos!

MARIBEL: Y Gloria es la chica (3. fascinante) ______________________ de la clase. Sabe cantar, bailar y tocar el piano.

PATRICIA: A mí me caen bien Esther y Marcelo, pero son las personas (4. serio) ______________________ de la clase. Salen con amigos todos los días y nunca estudian. ¡Tienen las notas (5. malo) ______________________ de toda la clase!

MARIBEL: Inés y Rosario son las chicas (6. desenvuelto) ______________________ de todas. Tienen fiestas en su casa casi todos los viernes.

PATRICIA: El profesor de la clase me parece divertido también. Es el profesor (7. aburrido) ______________________ de la facultad de letras. Su clase es la (8. interesante) ______________________ de todas.

Nombre: ______________________________ Fecha: ______________________

5-32 Te presento a mi familia. Raquel y Sebastián salen a cenar. Durante la cena, Raquel le describe a Sebastián todos los miembros de su familia. Escucha la grabación cuantas veces sea necesario y luego rellena el siguiente párrafo con la información necesaria. Debes usar los superlativos.

La familia de Raquel es extraña. Su papá es (1) ____________________ de la familia.

Su mamá es (2) ____________________ de todas las mujeres en la familia.

Su hermano José es (3) ____________________ de todos los hermanos. Raquel es

(4) ____________________ de todos.

5-33 ¿Cómo se comparan? Nuria y Érica están hablando de las personalidades de algunos personajes famosos. Escribe oraciones completas con los comparativos.

MODELO: Paul Rodríguez / ser / (inferioridad) / erudito / Octavio Paz

Paul Rodríguez *es menos erudito* que Octavio Paz.

1. Sandra Cisneros e Isabel Allende / ser / (igualdad) / creativo / Oscar Hijuelos y Mario Vargas Llosa

   ____

2. Madonna / ser / (superioridad) / extrovertido / Gloria Estefan

   ____

3. El rey Juan Carlos y la reina Sofía / ser / (superioridad) / reservado / el príncipe y las infantas

   ____

4. Chef Pepín / hacer / (igualdad) / tortas / Martha Stewart

   ____

5. Pablo Picasso / ser / (inferioridad) / excéntrico / Salvador Dalí

   ____

6. Salma Hayek / tener / (igualdad) / encanto / Antonio Banderas

   ____

7. Óscar de la Hoya / ser / (igualdad) / valiente / Héctor «el macho» Camacho

   ____

8. Pedro Almodóvar / tener / (igualdad) / originalidad / Luis Buñuel

   ____

Nombre: ______________________ Fecha: ______________________

5-34 Comparaciones. Raquel y Sebastián hablan ahora de sus personajes y lugares favoritos. En la siguiente grabación escucharás una serie de nombres de personas y lugares. Después de escuchar los nombres, escribe una comparación lógica de igualdad o desigualdad. Debes escribir dos de igualdad y dos de desigualdad.

MODELO: Jennifer López y Janet Jackson

Janet Jackson es tan famosa como Jennifer López.

1. ______________________
2. ______________________
3. ______________________
4. ______________________

¡Así lo expresamos!

Imágenes

5-35 El arte y las emociones. En el texto leíste sobre Pablo Ruiz y Picasso y Diego Rivera. Ve a la página web del Museo Reina Sofía y observa el cuadro *Cabeza de mujer llorando con pañuelo*. Describe brevemente cómo te hace sentir. Luego explora las obras de Picasso en la colección del museo, y escoge una que te conmueva particularmente. A continuación escribe un breve ensayo en el que identifiques las emociones que te genera esa pintura y los elementos de la pintura que te generan esas emociones (colores, composición, tema). ¿Por qué crees que esos elementos de la pintura te generan esas emociones?

Nombre: ______________________________ Fecha: ______________________

Ritmos

WWW

5-36 El noviazgo. En la canción *Don Pedrito*, un novio le pide al padre la mano de su hija. A pesar de que las culturas hispánicas comparten ciertas costumbres, existen ciertas diferencias entre ellas. Utiliza un programa de búsqueda como *Google* y escribe las palabras *noviazgo* y *costumbres*. Haz una investigación sobre las costumbres del noviazgo de un país o de una época específica. Prepara un breve resumen sobre lo que encuentres, e incluye las fuentes donde encontraste la información.

____

____

____

____

____

____

____

____

____

____

Nombre: ______________________ Fecha: ______________________

Páginas

5-37 Antes de leer. En la lectura encontrarás el siguiente vocabulario. Estúdialo y luego contesta las preguntas.

agravio	*insult, offense*	resentimiento	*resentment*
herir	*to wound*	tener en cuenta	*to take into account*
no obstante	*nevertheless*	valen la pena	*are worthwhile*
otorgar	*to grant*	venganza	*vengeance*
reflexionar	*to reflect*		

1. ¿Has tenido que pedir perdón alguna vez? ¿Cómo te sentiste después de ser perdonado/a?

____

____

____

2. ¿Te han pedido perdón a ti alguna vez? ¿Cómo te sentías después de perdonar?

____

____

____

3. ¿Crees que hay una diferencia entre perdonar y olvidar? ¿Cuál es?

____

____

____

4. ¿Qué crees que hacemos más a menudo: perdonar u olvidar? ¿Por qué?

____

____

____

5-38 A leer. Lee el siguiente artículo con cuidado. Luego, para comprobar si has entendido bien la lectura, contesta las preguntas en la página siguiente.

¿Es necesario perdonar?

Si no perdonas por amor, perdona al menos por egoísmo, por tu propio bienestar. – Dalai Lama

El perdón no tiene una definición específica. Por ejemplo, existen diferencias entre las tradiciones religiosas respecto al perdón y las condiciones bajo las cuales se debería otorgar. La tradición cristiana, al igual que la budista, enfatiza de diferentes maneras la importancia del perdón. Más allá de la religión, uno podría considerar los aspectos legales o psicológicos del perdón. No obstante, en general, el perdón se considera el acto de dejar ir los resentimientos y deseos de tomar venganza.

Para la gran mayoría de personas, el perdón no es una consideración abstracta sino más bien personal. Toda persona ha sido herida, de una u otra manera por otro durante su vida y ha tenido que enfrentar la decisión de si debería o no perdonar. Aunque esta decisión es particular a cada persona, hay cosas que valen la pena tomar en cuenta.

Según la Dra. Katherine Piderman, primero que todo se tiene que tener en cuenta que el hecho de perdonar no implica necesariamente que uno se olvide del acto que lo hirió u ofendió. En algunos casos, esa memoria se convierte en una parte permanente de nuestro ser. Lo que perdonar sí puede lograr es disminuir el impacto del daño causado. La Dra. Piderman indica que los beneficios de perdonar se manifiestan de forma física y psicológica. La persona que perdona puede lograr reducir su presión arterial al igual que eliminar los síntomas de la depresión.

Pero no todos los expertos están de acuerdo en cuanto a la necesidad de perdonar. La Dra. Jeanne Safer afirma que la decisión de no perdonar puede resultar a veces en tantos beneficios para algunos como el hecho de perdonar ha resultado útil para otros. Ella opina que si uno decide perdonar, no lo debería hacer de una manera que excuse el agravio. Advierte en contra de dos cosas: primero, uno no debería perdonar automáticamente sin reflexionar sobre lo sucedido y lo que implica darle el perdón a la otra persona. Segundo, uno no debería perdonar como parte de un intento de reprimir emociones negativas creadas por el incidente.

En lo que concuerdan las dos expertas es que perdonar no es fácil, puede tomar mucho tiempo, y es diferente para cada persona.

Nombre: ______________________ Fecha: ______________________

1. ¿Cuál es la definición de perdón que se da en el artículo?

2. La Dra. Piderman dice que hay una diferencia entre perdonar y olvidar. En tu opinión, ¿cúal es?

3. ¿Cuáles son algunos de los beneficios de perdonar, según la Dra. Piderman?

4. ¿Con que no está de acuerdo la Dra. Safer?

5. Según la Dra. Safer, ¿qué no se debería hacer cuando uno intenta perdonar?

6. ¿Con cuál de las dos psicólogas estás de acuerdo? ¿Por qué?

Nombre: ______________________________ Fecha: ______________________

Taller

5-39 Antes de escribir. Piensa en una situación en la que le pediste perdón a alguien. ¿Qué habías hecho que merecía perdón? ¿La persona te perdonó o todavía te guarda rencor (*resentment, bitterness*)?

____

____

____

5-40 A escribir. Escribe un mensaje a una persona a la que quieras pedir perdón. Recuérdale lo que hiciste y explícale por qué te comportaste de esa manera. Intenta usar el pluscuamperfecto para narrar los hechos y el futuro para expresar tus esperanzas en cuanto a la relación.

____

____

____

____

____

5-41 Después de escribir. Revisa lo que acabas de escribir como si fueras otra persona. Luego escribe la descripción de nuevo haciendo los cambios necesarios.

____

____

____

____

____

____

____

Nombre: ______________________ Fecha: ______________________

El mundo del espectáculo

Primera parte

¡Así lo decimos! Vocabulario (TEXTBOOK P. 175)

6-1 En familia. Completa las siguientes oraciones usando una variación de cada palabra en itálica. Si necesitas ayuda, consulta la sección llamada *Ampliación* en el libro de texto.

MODELO: Penélope Cruz *ha actuado* en muchas películas. Su <u>*actuación*</u> en *Volver* recibió la admiración del público norteamericano.

1. El merengue y la cumbia son dos *bailes* populares del Caribe. Además, la música y el ritmo son muy ______________________.
2. Todos los años en Buenos Aires hay una *competencia* para seleccionar la mejor pareja de bailarines de tango. Muchos son bailarines casi profesionales que pasan horas preparándose para ______________________.
3. En México, los mariachis cantan baladas y corridos tradicionales para *entretener* a los turistas. Es realmente ______________________ sentarse en una plaza, tomar algo y escucharlos cantar.

Nombre: ______________________ Fecha: ______________________

4. Algunas de las películas del director Pedro Almodóvar *han innovado* el cine español. Se dice que Almodóvar es un director verdaderamente ______________________.

5. Eva Longoria Parker dice que fue *rechazada* muchas veces. Por cada rol que ganó, sufrió varios ______________________.

6-2 Los espectáculos y las estrellas. Estás preparando una guía sobre el mundo del espectáculo. Escribe oraciones completas combinando un sustantivo con un verbo. Sigue el modelo.

Sustantivos		Verbos	
el/la aficionado/a	el papel	actuar	entretener
el baile	~~el personaje~~	bailar	innovar
la competición	la trama	conseguir	~~interpretar~~
el guión		enfrentar	

MODELO: el personaje interpreter

Hamlet es un personaje difícil de interpretar.

1. ____
2. ____
3. ____
4. ____
5. ____

6-3 Las estrellas. Ahora completa las oraciones con palabras de *¡Así lo decimos!* Las palabras del contexto te pueden servir de ayuda.

1. A mí me encantó la actuación de Andy García. Él ______________________ muy bien.
2. Shakira baila muy bien en su nuevo video. La música de su canción es ______________________.
3. *American Idol* es una competencia difícil de ganar porque es un programa muy ______________________.
4. Yo fui ______________________ para ese papel. Ese rechazo fue muy duro para mí.
5. A mí me gusta estar entretenido. El ______________________ es muy importante para mí.

Nombre: ______________________________ Fecha: ______________________

6-4 Aspirante a actor. Completa esta conversación entre un actor y su agente con las palabras de *¡Así lo decimos!* que siguen.

bailar	carrera	competir	espectáculo	interpretar	reportaje
cadena	competencia	emocionante	guión	rechazar	temporada

ACTOR: He tenido mucho éxito en mi (1) ____________________ como actor de televisión, pero me gustaría trabajar en algo diferente. Ya no quiero trabajar para la (2) ____________________ televisiva Antena Ocho.

AGENTE: ¿Le interesa trabajar en Broadway? Hay una vacante para un bailarín en el (3) ____________________ *Mamma Mia*. Y los directores de *Wicked* buscan un sustituto para la (4) ____________________ de verano.

ACTOR: No sé cantar ni (5) ____________________. Soy un actor serio.

AGENTE: Hay una productora de televisión que necesita un presentador para hacer un (6) ____________________ en un nuevo documental similar a *National Geographic*.

ACTOR: La verdad es que quiero hacer algo más (7) ____________________ que ese tipo de programas. Mi sueño es (8) ____________________ un papel principal en una película dramática.

AGENTE: Bueno, le mandaré el (9) ____________________ de la nueva película de Almodóvar, pero usted tendrá que (10) ____________________ con otros aspirantes al papel. Será una escena dramática. Tendrá que llorar y conmover (*to move emotionally*) a los productores y al director o lo van a (11) ____________________.

ACTOR: ¿Para cuándo está programada la (12) ____________________?

AGENTE: Para junio o julio de este año.

ACTOR: ¡Es muy pronto! ¿Hay otra cosa?

AGENTE: ¡Se acabó! Será mejor que usted busque otro agente.

Nombre: ______________________________ Fecha: ______________________

6-5 Los programas de televisión. En la siguiente grabación escucharás una narración sobre los programas de televisión que ve Roberto y que ve Susana. Escribe una de las palabras de la sección *¡Así lo decimos!* en el espacio correspondiente para completar cada oración.

dibujos animados	serie dramática	telenovelas	videos musicales
el noticiero			

Roberto sólo tiene tiempo para ver (1) ____________________. Cuando no tiene nada mejor que hacer ve (2) ____________________. No ve (3) ____________________ ni tampoco le gusta mirar ninguna (4) ____________________. Roberto prefiere mirar (5) ____________________.

6-6 ¿Sabes cuál es el programa? Escucharás a cinco personas describir sus tipos favoritos de películas o programas de televisión. Escoge el tipo de película o programa de las palabras de la sección *¡Así lo decimos!* que corresponda a la descripción.

1. ____ a. los documentales
2. ____ b. las películas de aventuras
3. ____ c. una película de horror
4. ____ d. una película cómica
5. ____ e. las series policíacas

6-7 ¡Cuidado! Escribe un párrafo sobre una experiencia emocionante que hayas tenido al asistir a un espectáculo. Explica por qué te emocionó. ¿Fue por los actores? ¿El escenario? ¿La música?

MODELO: *El año pasado asistí a un concierto de David Bisbal. Todo me emocionó: el ambiente, la música, y los aplausos. Después, cuando salíamos del estadio, vimos a David y le pedimos su autógrafo. Fue verdaderamente emocionante…*

____

____

____

____

____

____

____

Nombre: ______________________ Fecha: ______________________

¡Así lo hacemos! Estructuras

1. Subjunctive vs. indicative in adverbial clauses (TEXTBOOK PP. 179–181)

6-8 Los efectos especiales. Blas es un gran aficionado al cine y ha escrito una columna para el periódico local. Completa el artículo con las conjunciones adverbiales lógicas.

a fin de	antes de	después de	sin
a menos	con tal de	hasta	

¡Cada vez más efectos especiales!

Hoy en día, las películas de ciencia ficción no tienen éxito comercial (1) ______________________ que tengan muchos efectos especiales. Hace unas décadas, (2) ______________________ los avances tecnológicos, la ciencia ficción era un género cinematográfico que despertaba la imaginación del público (3) ______________________ la necesidad de efectos especiales convincentes. Pero ahora, (4) ______________________ grandes películas como *The Matrix*, los espectadores sólo quieren gastar dinero para ver películas de fantasía (5) ______________________ que tengan alguna técnica innovadora. Además, en consecuencia del auge de la industria del video, los espectadores no van al cine sino que prefieren esperar (6) ______________________ que las películas salgan en video. Los cines tienen que competir con esta forma más cómoda y más económica de ver películas. Sin embargo, parece que la gente prefiere ir al cine para ver películas con efectos especiales para apreciar la intensidad de esos efectos en la gran pantalla. Los cineastas intentan producir películas repletas de explosiones, monstruos, naves y coches fantásticos (7) ______________________ atraer a los espectadores y asegurar el éxito comercial.

Nombre: ______________________ Fecha: ______________________

6-9 Para ser famoso. Antonio es actor de comedias y quiere llegar a ser famoso. A continuación escucharás los consejos que le da su agente de publicidad. Después de escuchar la grabación, escribe en el espacio en blanco la conjunción adverbial que escuchaste.

1. Es necesario que tú y yo leamos el guión antes de cada grabación ______________________ siempre estés bien preparado.
2. Debes ir al programa de Jimmy Kimmel para hablar sobre tu comedia ______________________ termine la temporada.
3. La imagen es muy importante. Debes comprarte ropa nueva ______________________ tú y yo vayamos a fiestas importantes para promocionar tu trabajo.
4. Debes causar controversia ______________________ los reporteros de revistas y periódicos hablen de ti.
5. No firmes un contrato ______________________ yo lo autorice.

6-10 Una serie. Blas invita a sus amigos a su casa todas las semanas para ver su programa de televisión favorito. Completa las oraciones con el indicativo o el subjuntivo de los verbos entre paréntesis.

1. Mis amigos vienen a mi apartamento todas las semanas para ver el programa *Policía en Buenos Aires* a menos que mi televisor no ______________________ (funcionar).
2. Esta tarde serviré palomitas de maíz para que mis amigos no ______________________ (tener) hambre.
3. Nosotros siempre discutimos la trama del programa cuando ______________________ (pasar) anuncios comerciales.
4. Siempre pasan por mi casa en cuanto ______________________ (salir) del trabajo.
5. Hoy iremos a tomar un café después de que ______________________ (terminar) el programa.
6. La semana pasada todos se fueron tan pronto como yo ______________________ (apagar) el televisor.
7. Ahora tengo que limpiar la sala antes de que ______________________ (llegar) los invitados.
8. Continuaremos este rito mientras ______________________ (durar) la serie «Policía en Buenos Aires».

Nombre: ________________________________ Fecha: ______________________

6-11 Gracias por tus consejos. Parece que los consejos de su agente han tenido efecto y ahora Antonio tiene trabajo. Antonio lee en voz alta la nota de agradecimiento que ha escrito a su agente. Después de escuchar la grabación, completa las siguientes oraciones con la conjunción adverbial y el verbo que correspondan, según la grabación. Debes escribir el verbo en la tercera persona del presente del subjuntivo o del indicativo, o del pretérito del indicativo.

1. A Antonio no le dan el guión ______________________ al estudio el día de la grabación.
2. Antonio tendrá que ir al programa de Conan O'Brien ______________________ de grabar la comedia.
3. Antonio hará algo para causar controversia ______________________ (dejar) de hablar de él.
4. Antonio sabe que él no será famoso ______________________ algo controvertido.
5. Antonio fue de compras y compró ropa nueva ______________________ su primer cheque.

6-12 Un concierto. Amanda y Pepe tienen un abono (*season pass*) para la ópera esta temporada. Completa su diálogo con el indicativo, subjuntivo o infinitivo de los verbos entre paréntesis.

AMANDA: ¡Date prisa, Pepe! La función empieza pronto. Quiero llegar a la ópera antes de que se (1. apagar) ______________________ las luces.

PEPE: Espera un momento. Debo ponerme muy guapo en caso de que (2. haber) ______________________ alguien importante, porque quiero causar una buena impresión. Como yo (3. ser) ______________________ estudiante de música, es bueno tener conexiones en la industria.

AMANDA: Siempre insistes en conocer a las estrellas del canto cuando nosotros (4. ir) ______________________ a la ópera. Cada vez estamos allí hasta que nos (5. echar) ______________________ porque no quieres irte sin (6. ver) ______________________ a la soprano salir del teatro. Esta noche volveremos a casa tan pronto como se (7. escuchar) ______________________ la última nota.

PEPE: No podemos irnos tan temprano. Después de (8. asistir) ______________________ a la función tenemos una recepción en casa de uno de los músicos.

Nombre: ______________________ Fecha: ______________________

AMANDA: Bueno, te acompañaré con tal de que (nosotros) no (9. pasar) ______________________ más de una hora en la recepción. ¡Es que a ti siempre te gusta quedarte en las fiestas hasta que (10. amanecer) ______________________!

PEPE: Haremos lo que tú digas. Esta noche nos iremos a casa en cuanto (11. saludar) ______________________ a todos mis amigos.

6-13 Un director amable. Un director le da información útil a un nuevo empleado de su equipo de producción. Reescribe las oraciones usando el presente del indicativo o del subjuntivo y las conjunciones adverbiales entre paréntesis. Empieza siempre con la primera oración.

MODELO: El camarógrafo te permitirá ver la filmación. Lo interrumpes. (con tal que no)

El camarógrafo te permitirá ver la filmación con tal que no lo interrumpas.

1. El actor recibe el guión. Entra en el estudio. (cuando)

   ____

2. Ella va a bailar. Llega a la competencia. (tan pronto como)

   ____

3. Él firmará los autógrafos. Empezar la escena. (antes de que)

   ____

4. Ella ensaya (*rehearses*) mucho. El director está conforme. (para que)

   ____

5. Los aficionados se callan. Pasan la película. (en cuanto)

   ____

6. Los jueces (*judges*) necesitan entrar en el teatro. La competencia empieza. (a fin de que)

   ____

7. Ella no se quiere ir del teatro. La estrella le da un autógrafo. (sin que)

   ____

8. El público tiene que esperar. El técnico (*technician*) repara la pantalla. (hasta que)

   ____

Nombre: ______________________ Fecha: ______________

6-14 Seré famosa. Marta sueña con ser una actriz famosa y triunfar en Hollywood. Antes de escuchar la grabación, completa las frases con la información correcta para formar oraciones lógicas. Después, escucha la grabación y comprueba si tus oraciones coinciden con la información que escuchaste.

1. ____ Aunque mi madre no quiera, ...
2. ____ Cuando estuve de visita en Los Ángeles, ...
3. ____ En cuanto sea famosa, ...
4. ____ Tan pronto como empiece el semestre, ...
5. ____ Seré famosa algún día, ...

a. buscaré información sobre clases de actuación.
b. con tal de que haga sacrificios y trabaje mucho.
c. vi a Antonio Banderas en un restaurante.
d. haré una película con Antonio Banderas.
e. yo estudiaré actuación.

6-15 Nunca serás famosa. Ya sabes que Marta sueña con ser una actriz famosa. Su amiga Elena, que también quiere ser actriz, es muy egoísta y sólo le dice cosas negativas. Elige el verbo que complete cada oración lógicamente. Luego escribe el verbo elegido en la persona y el tiempo correspondiente.

MODELO: Cuando tú ___*tomaste*___ clases de actuación el verano pasado, fueron demasiado difíciles.

a. tomar b. encontrar

1. a. pagar b. encontrar

____

2. a. encontrar b. buscar

____

3. a. ir b. ver

____

4. a. trabajar b. querer

____

5. a. actuar b. hacer

____

Nombre: ______________________ Fecha: ______________

Conéctate

6-16 *Musinetwork.* Ve a la página web de *Musinetwork* y haz clic en la comunidad *Musinetwork.* Escoge uno de los perfiles de los participantes en *Musinetwork* y observa su presentación. Luego, básate en lo que viste para escribir tu propio perfil como si fueras uno de los participantes. Mientras escribes, ten en mente que eres un artista que quiere tener impacto en el mundo del espectáculo. Piensa en la mejor manera de presentarte para que los aficionados y las personas importantes de la industria se interesen por tu música.

____

____

____

Segunda parte

¡Así lo decimos! Vocabulario (TEXTBOOK P. 187)

6-17 En familia. Completa las siguientes oraciones usando una variación de cada palabra en itálica. Si necesitas ayuda, consulta la sección llamada *Ampliación* en el libro de texto.

MODELO: Shakira y Marc Anthony *han colaborado* en la presentación de los Grammy.

Su <u>*colaboración*</u> ha contribuido al éxito del programa.

1. La orquesta *ha ensayado* la sinfonía varias veces, pero el conductor todavía no está satisfecho.

   Esta noche va a haber otro ______________.

2. El dramaturgo está nervioso porque *estrena* su obra esta noche. El

   ______________ va a ser a las ocho en punto.

3. La *compositora* escribió su última pieza en menos de un mes. Es una

   ______________ en la que hay mucha influencia hispana.

4. Al final de la pieza musical, todos se levantaron y ______________. Los *aplausos*

   duraron más de cinco minutos.

5. Benicio del Toro *fue premiado* varias veces por su actuación en *Traffic*. El

   ______________ más importante fue el Óscar.

6. Cuando Shakira ______________ su sencillo *La tortura*, su productor predijo que

   sería una *grabación* muy exitosa.

Nombre: ______________________ Fecha: ______________________

6-18 ¡A escoger! Escoge la palabra que complete cada oración de una manera lógica.

1. Me aburrí porque la película era muy (lenta, movida).
2. Yo soy una perfeccionista. Por eso me gusta (estrenar, ensayar) mucho.
3. La (cartelera, reseña) escrita por el crítico de cine tenía comentarios positivos.
4. A la actriz principal le gusta tener un (camerino, premio) lujoso donde vestirse.
5. La cantante leía la (grabación, composición) mientras cantaba.
6. A los aficionados les encanta (aplaudir, premiar) a sus estrellas favoritas.

6-19 ¿Qué hacen? Completa las siguientes oraciones indicando lo que hacen las siguientes personas del mundo del espectáculo. Elige un verbo lógico de ***¡Así lo decimos!*** y escribe la forma correcta del presente del indicativo en el espacio en blanco. No puedes repetir los verbos.

aplaudir	donar	estrenar	premiar
componer	ensayar	grabar	

1. El compositor ______________________ una canción.
2. Una actriz ______________________ un papel.
3. Los aficionados ______________________ a las estrellas.
4. El director ______________________ una película cada año.
5. Unas cantantes ______________________ una canción.
6. Un productor ______________________ entradas para los aficionados sin dinero.
7. Los jueces *(judges)* ______________________ al mejor actor.

6-20 ¡Anagramas! Cambia el orden de las letras de las siguientes palabras para descifrar palabras de ***¡Así lo decimos!***

1. compre no ______________________
2. rey sana ______________________
3. catre real ______________________
4. arresten ______________________
5. ronda ______________________
6. oprime ______________________
7. comieran ______________________
8. corta ______________________

Nombre: ______________________________ Fecha: ______________________

6-21 ¿Qué significa esta palabra? Marta y Elena deciden hacer una prueba para ver quién sabe más del mundo del espectáculo. Las definiciones que escucharás a continuación corresponden a las palabras de la sección ***¡Así lo decimos!*** Lee la lista de palabras, y después de escuchar las definiciones, decide qué palabra corresponde a cada definición.

1. ____ a. el actor / la actriz
2. ____ b. el premio
3. ____ c. el boleto
4. ____ d. aplaudir
5. ____ e. el intermedio
6. ____ f. el/la locutor/a
7. ____ g. el conjunto

6-22 La audición. Marta fue a una audición, pero desgraciadamente no le fue muy bien. Escucha la siguiente grabación en la que ella nos cuenta su experiencia, y después completa el párrafo con una de las palabras de la sección ***¡Así lo decimos!***

Fue un día terrible. El primer problema fue que tuvo que hacer (1) ______________________ sin música porque el conjunto no había llegado. Otro problema fue que (2) ______________________ estaba oscuro y por eso ella no podía leer el guión. Se puso nerviosa y el director le dio unos minutos para ensayar. Lo peor de todo fue que (3) ______________________ era el padre de su ex novio. La pobre Marta probablemente no estará en (4) ______________________ de esta obra.

Nombre: ______________________ Fecha: ______________________

6-23 ¡Cuidado! Completa la conversación con la forma apropiada de uno de los siguientes verbos.

jugar	lucir	parecer(se)	tocar

MARIELA: Shakira (1) ______________________ tan contenta cuando está en público. Creo que es una persona verdaderamente feliz.

LUCINDA: Sí, (2) ______________________ que siempre tiene una sonrisa en los labios. ¿Es verdad que (3) ______________________ más a su padre que a su madre?

MARIELA: No sé. ¿Sabes si (4) ______________________ algún instrumento musical?

LUCINDA: Sí, (5) ______________________ la guitarra, pero no en público. (6) ______________________ mentira, pero dicen que cuando está con su familia le gusta (7) ______________________ al fútbol y cuando está de gira con su banda, le gusta (8) ______________________ a las cartas con ellos para pasar el tiempo.

¡Así lo hacemos! Estructuras

2. Formal and informal commands (TEXTBOOK PP. 191, 193–194)

6-24 Antes de los premios Óscar. El director de los premios Óscar tiene varias instrucciones para las estrellas que participarán en el programa y para el público. Combina los mandatos del director con las personas que los reciben.

1. ____ Levántese cuando presenten una escena de *Frida*.
2. ____ Cante alguna canción puertorriqueña.
3. ____ Entren al escenario y empiecen a bailar salsa después del intervalo.
4. ____ Júntense para cantar una melodía colombiana.
5. ____ Represente una escena de su película *Traffic*.
6. ____ Siéntense y mantengan silencio, que ya vamos a empezar.

a. Jennifer López y Ricky Martin
b. Todos
c. Marc Anthony
d. Salma Hayek
e. Benicio del Toro
f. Juanes y Shakira

6-25 Reglas para los espectadores. El director de una serie de televisión en vivo les explica a los espectadores lo que deben y no deben hacer durante la transmisión del programa. Completa sus órdenes con el mandato formal (ustedes) de los verbos.

aplaudir	fumar	pedir	reírse
conversar	hacer	permanecer	salir

1. Por favor, _______________________ cuando les mostremos el letrero que dice «aplauso».
2. No _______________________ mientras los actores están hablando.
3. _______________________ sentados durante la actuación.
4. No les _______________________ autógrafos a los actores.
5. _______________________ cuando los actores digan algo cómico.
6. No _______________________ ruido (*noise*) durante los momentos serios del programa.
7. No _______________________ en el estudio.
8. Cuando acabe el programa, _______________________ tranquilamente del estudio.

Nombre: ______________________________ Fecha: ______________________

6-26 Un ensayo. Imagínate que eres director/a de una comedia musical y estás en un ensayo del espectáculo. Contesta las preguntas de la actriz con el mandato formal y los pronombres apropiados.

MODELO: ACTRIZ: ¿Me llevo el guión?

DIRECTOR: *Sí, llévesela.*

1. ACTRIZ: ¿Me pongo el disfraz para este ensayo?

   DIRECTOR: Sí, ____________________.

2. ACTRIZ: ¿Ensayo ahora el monólogo?

   DIRECTOR: Sí, ____________________ ahora mismo.

3. ACTRIZ: ¿Puedo hacer la primera escena con el guión?

   DIRECTOR: No, no la ____________________ con el guión. Debe empezar a memorizar.

4. ACTRIZ: ¿Le doy el guión a mi asistente?

   DIRECTOR: Sí, ____________________ para no tener la tentación de mirarlo.

5. ACTRIZ: ¿Me siento aquí en esta silla?

   DIRECTOR: No, no ____________________. La voz se proyecta mejor si está de pie.

6. ACTRIZ: ¿Quiere que le cante a usted la canción principal de la obra?

   DIRECTOR: Sí, ____________________ porque quiero hacer una prueba de sonido.

6-27 ¿Qué dijo? En la siguiente grabación escucharás al director de una obra de teatro darle instrucciones a su empleado. El empleado no puede oír muy bien y el director tiene que repetirle lo que dice. Usa el mandato formal para expresar lo que el director le dijo al empleado.

1. ____________________ al conjunto.
2. ____________________ que el contrato diga que sólo pagaremos quinientos dólares.
3. No ____________________ ruido.
4. ____________________ a los actores que lleguen temprano.
5. No ____________________ nada.
6. ____________________ al médico.

Nombre: ______________________________ Fecha: ______________________

6-28 Christina Aguilera en el camerino. Christina Aguilera habla con su familia y sus amigos en el camerino. Ella pide unos favores de ellos usando mandatos informales. Lee la lista siguiente y escribe el mandato más apropiado para completar cada oración.

pon	hazme	llama	no toques	prepárame	no te olvides

1. Mami, por favor ____________________ un batido de fruta fresca y yogur.
2. Aba, ____________________ la televisión esta noche a las ocho para ver los Grammy.
3. Papi, ____________________ de recoger mi vestido de seda de la tintorería.
4. Sandra, ____________________ el favor de contestar estas cartas de mis admiradores.
5. Ramón, ____________________ al fotógrafo y dile que lo espero a las cinco mañana para sacar las fotos para *People en español.*
6. Cari, por favor, ____________________ nada cuando yo no esté en el camerino.

Nombre: ______________________ Fecha: ______________________

6-29 Una audición. Un amigo tuyo se está preparando para una audición para una película y tú le das algunos consejos. Transforma los infinitivos en mandatos informales para decirle lo que debe hacer en la audición.

1. ensayar en el teatro quince minutos antes de la cita

____

2. comportarse profesionalmente

____

3. ser entusiasta y cortés

____

4. no firmar el contrato hasta que lo revise tu abogado

____

5. repasar la escena antes de la audición

____

6. no ponerse nervioso en la audición

____

7. vestirse de acuerdo con el papel

____

8. llevar una carpeta con fotos tuyas y cartas de recomendación

____

Nombre: ______________________________ Fecha: ______________________

6-30 Haz lo que te digo. Pedro, el agente de Antonio, tiene otro cliente. En la siguiente grabación escucharás a Pedro darle consejos a su nuevo cliente. Escucha la grabación cuantas veces sea necesario y luego cambia oralmente los consejos a mandatos informales.

MODELOS: No debes hablar de tu vida personal cuando te entrevisten.

No hables de tu vida personal cuando te entrevisten.

o

Debes hablar de tu vida personal cuando te entrevisten.

Habla de tu vida personal cuando te entrevisten.

1. …
2. …
3. …
4. …
5. …

6-31 No me pregunten más. Imagínate que eres el director de una obra de teatro y estás preparando un espectáculo. Tu hijo y los músicos del conjunto están contigo y todos te hacen preguntas. Contesta las preguntas que escuches usando mandatos formales o informales y los pronombres de objeto directo o indirecto donde sea necesario.

MODELOS: HIJO: Papá, ¿puedo usar la flauta?

No, no *la uses*.

MIEMBRO DEL CONJUNTO: ¿Ensayamos?

Sí, *ensayen*.

1. Sí, ____________________.
2. ____________________ en el escenario.
3. No, no ____________________ en el escenario.
4. Sí, ____________________ en mi oficina.
5. ____________________ música clásica.
6. No, no ____________________.
7. No, no ____________________ hasta que terminen.

Nombre: ______________________ Fecha: ______________________

6-32 En España. Irma es española y sus amigas están en Madrid visitándola. Esta noche van a un concierto de un grupo pop. Completa lo que Irma les dice a sus amigas. Usa los mandatos informales de tú y vosotros.

Chicas, (1. venir) ______________________ conmigo, que el concierto empieza dentro de poco y quiero encontrar las butacas. María José, (2. decirle) ______________________ a ese señor que se cambie porque está sentado en nuestro sitio, pero (3. ser) ______________________ cortés con él. (4. Sentarse) ______________________, chicas, porque acaban de apagar las luces. Fabiola, sé que te gusta el cantante del conjunto, pero no (5. hacer) ______________________ el ridículo cuando salga al escenario. ¡No (6. gritarle) ______________________, por favor! (7. Comportarse) ______________________ como una mujer adulta, no como una niña. Muchachas, (8. guardar) ______________________ las cámaras en el bolso. No (9. sacar) ______________________ fotos durante el concierto porque está prohibido. María José, si quieres un autógrafo, (10. esperar) ______________________ hasta el final del concierto. (11. Salir) ______________________ del auditorio, (12. ir) ______________________ adónde esté la limusina de los músicos y (13. buscarlos) ______________________ allí. (14. Tener) ______________________ paciencia porque es posible que tarden mucho en salir del auditorio. ¡Ya empiezan a tocar, chicas! ¡(15. Callarse) ______________________ y (16. escuchar) ______________________!

3. Subjunctive with *ojalá, tal vez,* and *quizá(s)* (TEXTBOOK P. 196)

6-33 El estreno de mi película. En la grabación siguiente Antonio habla sobre el estreno de su película. Escúchala cuantas veces sea necesario y luego identifica cuál de estas tres expresiones, **ojalá**, **quizá**(s) o **tal vez**, necesitas para completar el párrafo.

(1) ______________________ mucha gente vaya a verla. (2) ______________________ la película le guste a la gente francesa. (3) ______________________ los subtítulos ayuden al público americano a entender la película. (4) ______________________ la película tenga éxito. Con el éxito de esta película, (5) ______________________ Hollywood me dé otras oportunidades para actuar.

Nombre: ______________________ Fecha: ______________________

6-34 Sueños. Un grupo de estudiantes de arte dramático está expresando sus deseos y esperanzas acerca de su futuro profesional. Completa las frases con el presente del subjuntivo de los verbos entre paréntesis.

1. Ojalá que este año yo ______________ (firmar) un contrato con una compañía de discos.
2. Ojalá que un director de cine me ______________ (dar) un papel importante.
3. Ojalá que tú ______________ (encontrar) trabajo con la orquesta sinfónica.
4. Ojalá que el ballet nacional ______________ (buscar) bailarines nuevos este año.
5. Ojalá que el teatro municipal ______________ (estrenar) mi obra teatral.
6. Ojalá que tú ______________ (cantar) algún día en una ópera italiana.
7. Ojalá que los miembros de mi conjunto y yo ______________ (tener) éxito en nuestra gira latinoamericana.
8. Ojalá que unos músicos importantes ______________ (venir) a mi próximo recital de piano.

Nombre: ______________________ Fecha: ______________________

6-35 Un concierto. Alejo ha invitado a Rosa a un concierto de la orquesta sinfónica. Rosa está muy nerviosa y le hace a su amigo muchas preguntas acerca del evento. Completa las respuestas de Alejo con el indicativo o subjuntivo, según el contexto.

MODELO: ROSA: ¿Iremos temprano al Palacio de las Artes?

ALEJO: Sí, quizás *vayamos* temprano.

1. ROSA: ¿Llevarás esmoquin al Palacio de las Artes?

   ALEJO: Sí, tal vez ______________________ esmoquin.

2. ROSA: ¿Iremos al concierto en una limusina?

   ALEJO: Quizá ______________________ en taxi.

3. ROSA: ¿Nos sentaremos en la primera fila?

   ALEJO: Ojalá que ______________________ en la primera fila.

4. ROSA: ¿La orquesta tocará una sinfonía de Mozart?

   ALEJO: Ojalá que ______________________ música de varios compositores.

5. ROSA: ¿El concierto durará mucho tiempo?

   ALEJO: Yo sé que ______________________ dos horas.

6. ROSA: ¿Conoceremos a gente famosa durante el intermedio?

   ALEJO: Ojalá ______________________ al director del Palacio de las Artes.

7. ROSA: ¿Cenaremos en un restaurante elegante después de la función?

   ALEJO: Tal vez ______________________ en un restaurante francés.

8. ROSA: ¿Saldremos a bailar después de cenar?

   ALEJO: Quizá ______________________ a tomar una copa en algún sitio.

6-36 Ojalá pueda. Felipe se está preparando para ir a ver una obra de teatro. En la siguiente grabación su amigo Roberto le hace algunas preguntas. Después de cada pregunta, rellena los espacios en blanco con **ojalá** o **quizá(s)**. Recuerda que **ojalá** se refiere a deseo y esperanza y **quizás** a duda o posibilidad.

MODELO: ¿Cuánto cuestan los boletos para el teatro?

Ojalá cuesten poco dinero.

1. Tengo muchas ganas de ver la obra de teatro. ______________________ pueda verla el sábado.
2. No estoy seguro de conocerlos, pero ______________________ los conozca el día de la obra.

3. Todavía no sé a quién invitaré. ______________________ invite a Rosario.

4. Espero poder usarlo. ______________________ que mi papá no lo use ese día.

6-37 Entrevista con una estrella de cine. De camino a casa, Alejo y Rosa escuchan por radio en el taxi una entrevista con una estrella de cine. Completa la entrevista con el indicativo o el subjuntivo de los verbos de la lista.

dar	interpretar	poder	tener
gustar	llamar	ser	trabajar

ENTREVISTADOR: Buenas tardes, Srta. Chávez. Quisiera hacerle unas preguntas acerca de sus futuros proyectos en el cine. Tal vez usted nos (1) ______________________ hablar un poco sobre las películas que va a hacer durante el próximo año.

SRTA. CHÁVEZ: Sí, cómo no. Actualmente estoy filmando una película de suspenso. Hay mucha acción y efectos especiales, y tal vez eso le (2) ______________________ mucho al público. Ojalá que (3) ______________________ mucho éxito porque todos estamos trabajando mucho. Pienso que (4) ______________________ la mejor película que he hecho hasta el momento.

ENTREVISTADOR: ¿Qué va a hacer en cuanto termine la filmación?

SRTA. CHÁVEZ: Bueno, hace una semana fui a una audición para el nuevo proyecto del famoso cineasta argentino, Ramón Castillo. Ojalá que me (5) ______________________ para hacer la película.

ENTREVISTADOR: ¿Sabe usted quiénes son los otros actores que van a participar en el proyecto?

SRTA. CHÁVEZ: Tal vez el actor venezolano Edgar Villanueva (6) ______________________ el papel del protagonista. Y quizá mi amiga Rosario Estévez (7) ______________________ con nosotros también.

ENTREVISTADOR: Sería un reparto (*cast*) maravilloso. ¡Ojalá que les (8) ______________________ los papeles a ustedes tres!

Nombre: ______________________ Fecha: ______________________

6-38 **Quizás sea famosa.** Marisela quiere ser famosa. Escucha las siguientes frases cuantas veces sea necesario. Luego cámbialas utilizando la expresión **ojalá, tal vez** o **quizá(s)**, según se indique.

MODELO: Mi madre quiere que yo estudie actuación.

(Ojalá) *Ojalá mi madre quiera que yo estudie actuación.*

1. (Ojalá) ______________________.
2. (Tal vez) ______________________.
3. (Quizás) ______________________.
4. (Ojalá) ______________________.
5. (Quizás) ______________________.

¡Así lo expresamos!

Imágenes

6-39 Aída Emart. En su obra artística, Aída Emart se destaca por representar a músicos. Ve a la página web de la artista y estudia otras de sus pinturas. Escribe un breve ensayo para comparar una de estas pinturas con *¿Quién lleva el ritmo?*, que está en tu texto. ¿Qué diferencias y similitudes ves? Luego elige otro tema de la pintora, por ejemplo "los niños", y compara sus obras sobre la música con sus obras sobre este otro tema. ¿Qué diferencias y similitudes ves?

____

____

____

____

____

____

Ritmos

6-40 El Wanabí. Antes, una de las únicas maneras de triunfar en el mundo del espectáculo era trabajar mucho con la esperanza de que un día alguien te descubriera. Hoy en día hay otras maneras de ser "descubierto/a." Uno puede promoverse por la Red a través de sitios como YouTube o participar en concursos televisados como *American Idol* en este país u *Operación Triunfo* en España. Ve a la página web del programa español *Operación Triunfo* y lee algunos de los perfiles de los concursantes del programa. Después de leer, escribe un breve ensayo en el cual indiques cómo describe la canción a un Wanabí; luego explica por qué los personajes en los perfiles de *Operación Triunfo* son, o no son, como el Wanabí de la canción.

____

____

____

____

____

____

____

Páginas

6-41 Antes de leer. Estudia el siguiente vocabulario que encontrarás en la lectura. Luego contesta las preguntas de la actividad.

auge	*culmination*	**pago**	*payment*
cobrar	*to charge, to acquire*	**profano**	*profane, secular*
congregar	*to congregate*	**puesta en escena**	*staging (of a play)*
entroncar	*to couple*	**realizar**	*to do, to accomplish*
extrañar	*to amaze*	**representar**	*to perform*
extrapolar	*to extrapolate*	**tender**	*to tend to*
hoy en día	*nowadays*	**vincular**	*to tie or relate together*
obra	*work (of art, music, literature, etc.)*		

1. ¿Qué clase de obras de teatro te gustan?

____

2. ¿Has visto alguna vez una obra de teatro en un lugar público? ¿Qué obra? ¿Dónde?

____

3. ¿Le darías dinero a un actor por representar una obra en la calle? ¿Por qué?

____

4. ¿Qué diferencias hay entre las obras que se realizan en teatros y las que se realizan en la calle?

____

Nombre: ______________________ Fecha: ______________________

6-42 A leer. Lee el artículo con cuidado y luego asocia cada palabra o frase con la que mejor corresponda.

¿Qué es el teatro en la calle?

Según el diccionario Pequeño Larousse Ilustrado, la primera definición de la palabra "teatro" es "Edificio donde se representan obras dramáticas, musicales o de variedades". De acuerdo con esta definición, no es extraño que algunas personas consideren que el teatro en la calle sea una contradicción. El teatro en la calle es una forma de espectáculo que tiene lugar en espacios públicos sin contar con un público determinado ni con un pago seguro. A pesar de que estas obras se pueden montar en cualquier lugar público, normalmente se tienden a ver en sitios donde se congregan muchas personas. Hoy en día, no sorprende ver a un actor solo o hasta a compañías teatrales enteras realizando obras en parques, centros comerciales o esquinas de las grandes ciudades del mundo.

Entre las ciudades importantes del mundo donde uno puede ver teatro en la calle se pueden nombrar varias ciudades españolas. España tiene una larga tradición de teatro en la calle. De hecho, la tradición teatral española empieza en la época medieval, y se vincula a celebraciones religiosas donde se representaban escenas de la Biblia en lugares públicos. Con el tiempo, se fueron incorporando elementos profanos y hasta cómicos. A pesar de tener parte de sus orígenes en la calle, el teatro español empezó a enfatizar poco a poco la puesta en escena dentro de teatros donde se podía cobrar a los aficionados. El teatro español siguió su desarrollo hasta alcanzar un auge durante el Siglo XVII, el Siglo de Oro. Es durante este período que Miguel de Cervantes y Lope de Vega escriben importantes obras de teatro.

Aun así, el teatro en la calle español nunca desapareció y en la actualidad ha cobrado mucha fuerza. En Barcelona, por ejemplo, existen compañías importantes como *Comediants* o *Fura Dels Baus.* Estas compañías de actores toman posesión de las calles de Barcelona y las convierten en un verdadero espectáculo, no muy diferente de los espectáculos de la Edad Media. Según Alex Ollé, uno de los directores de *Fura Dels Baus,* "El teatro de calle está muy entroncado con las fiestas populares que de alguna manera han ido evolucionando y con el tiempo se fueron extrapolando a un nivel mucho más teatral".

Después de siglos de historia, el teatro en la calle español sigue poniendo en escena la tradición española.

1. ____ Siglo de Oro
2. ____ *Comediants*
3. ____ Alex Ollé
4. ____ la época medieval
5. ____ Barcelona
6. ____ Miguel de Cervantes
7. ____ teatro en la calle
8. ____ teatro

a. edificio
b. un escritor español
c. compañía teatral
d. un director
e. en parques, centros comerciales, y esquinas
f. el Siglo XVII
g. nacimiento del teatro español
h. una ciudad española

Nombre: ______________________ Fecha: ______________________

Taller

6-43 Antes de escribir. Muchas veces la música nos sugiere ideas y sensaciones sin necesidad de palabras. Piensa en una composición instrumental que te conmueva. ¿Qué instrumentos son los más importantes? ¿Cómo es el ritmo? ¿En qué piensas cuando escuchas la melodía? Piensa en las emociones que te sugiere la canción e inventa un contexto en el que podrían surgir estas emociones. Puede ser una situación personal o inventada. Apunta algunos detalles del contexto.

MODELO: *La música tiene un tono alegre y despreocupado. Me hace pensar en mi niñez, cuando iba al parque con mi abuelo...*

____

____

____

____

6-44 A escribir. Ahora escribe la letra para acompañar esta música. Usa **ojalá, tal vez** y **quizá(s)** para expresar esperanzas, y mandatos para dirigirte a otra(s) persona(s) en la canción.

____

____

____

____

____

____

____

____

Nombre: ______________________ Fecha: ______________________

La diversidad humana

Primera parte

¡Así lo decimos! Vocabulario (TEXTBOOK P. 209)

7-1 En familia. Completa las siguientes oraciones usando una variación de cada palabra en itálica. Si necesitas ayuda, consulta la sección llamada ***Ampliación*** en el libro de texto.

MODELO: El juez *se negó* a oír el caso de discriminación. Su *negación* provocó varias manifestaciones y protestas.

1. Se van a *investigar* las acusaciones de discriminación en el trabajo.

   Las ______________________ empezarán inmediatamente.

2. Hay que ______________________ las fechas de las discusiones sobre la igualdad en el empleo. Los *adelantos* de los 70 ya no son suficientes.

3. Muchas empresas tienen normas escritas para prevenir el ______________________ sexual y hay consecuencias para la persona que *acose*.

4. Hay que ______________________ la educación. Su *valor* es indudable.

5. Muchos pobres se sienten *restringidos* porque no pueden contribuir de una manera positiva a la sociedad. Esta ______________________ es producto de la falta de educación universitaria.

Nombre: ______________________ Fecha: ______________________

7-2 La discriminación racial. En el periódico se ha publicado un artículo sobre la discriminación racial en el mundo. Complétalo con estas palabras de *¡Así lo decimos!*

abogar	derechos civiles	etnia	minoría	se respeten
adelantos	la desigualdad	mayoría	pertenecen	

Si bien es cierto que ha habido muchos (1) ______________________ en el mundo en cuanto a las diferencias raciales, todavía falta mucho para que (2) ______________________ los (3) ______________________ de todas las personas. Las estadísticas continúan mostrando que uno de los problemas a combatir es (4) ______________________ económica, social, racial y sexual. Hoy en día, siguen habiendo claras diferencias entre las personas que (5) ______________________ a la (6) ______________________ y aquellos que son de un grupo menor o (7) ______________________. Por esa razón, (8) ______________________ por la igualdad entre todos los seres humanos, sin diferencias de edad, (9) ______________________, sexo o clase social, continúa siendo un trabajo importante en todos los países.

7-3 El trabajo del padre de Antonio. Antonio está muy molesto por la situación de su padre en el trabajo. Escucha atentamente su descripción de la situación y asocia cada palabra con la que indique lo opuesto. Puedes consultar las palabras de *¡Así lo decimos!*

1. ____ restringir — a. capacidad
2. ____ discapacidad — b. aceptar
3. ____ igualdad — c. mayoría
4. ____ negarse — d. desigualdad
5. ____ minoría — e. permitir

Nombre: ______________________ Fecha: ______________________

7-4 ¿Sabes dónde está la palabra? En el siguiente diagrama aparecen palabras relacionadas con los derechos humanos en sentido horizontal, vertical y diagonal. Haz un círculo alrededor de las palabras que encuentres.

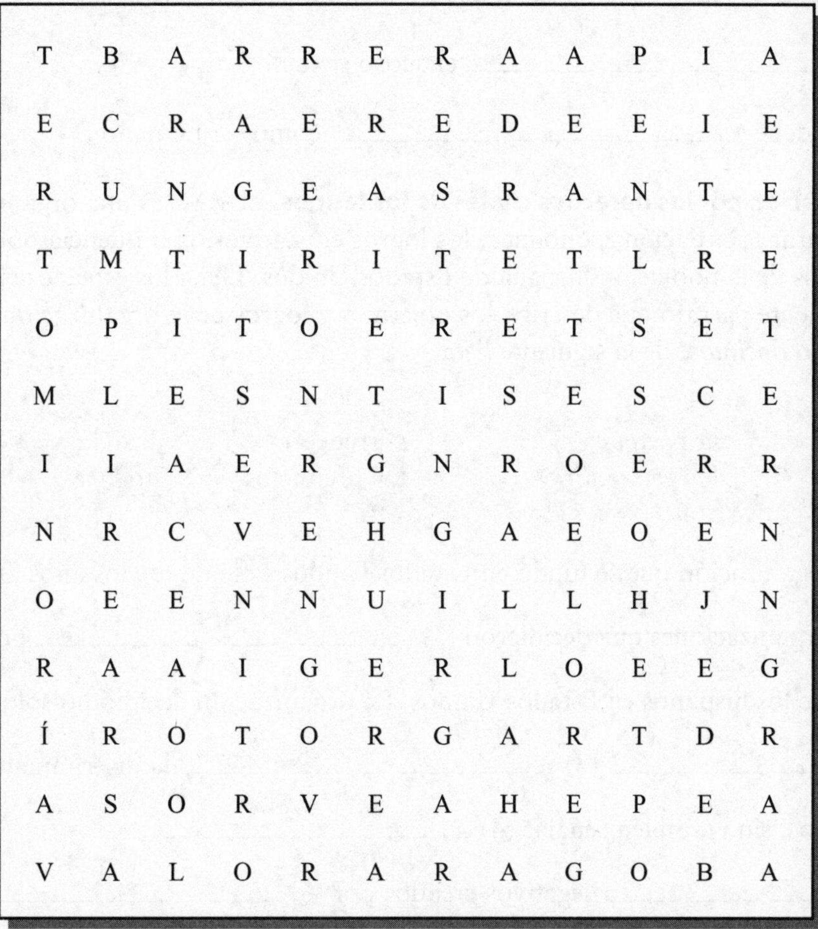

T	B	A	R	R	E	R	A	A	P	I	A
E	C	R	A	E	R	E	D	E	E	I	E
R	U	N	G	E	A	S	R	A	N	T	E
T	M	T	I	R	I	T	E	T	L	R	E
O	P	I	T	O	E	R	E	T	S	E	T
M	L	E	S	N	T	I	S	E	S	C	E
I	I	A	E	R	G	N	R	O	E	R	R
N	R	C	V	E	H	G	A	E	O	E	N
O	E	E	N	N	U	I	L	L	H	J	N
R	A	A	I	G	E	R	L	O	E	E	G
Í	R	O	T	O	R	G	A	R	T	D	R
A	S	O	R	V	E	A	H	E	P	E	A
V	A	L	O	R	A	R	A	G	O	B	A

abogar	cumplir	etnia	minoría	restringir
adelanto	ejercer	hallarse	otorgar	valorar
barrera	estereotipo	investigar	pertenecer	

7-5 ¿Sabes cuál es la palabra? Patricia llama a un amigo y le cuenta lo que pasó en la compañía donde trabajaba su hermana Sandra. Antes de escuchar la grabación, completa las oraciones en la página siguiente con la palabra apropiada de la lista. ¡OJO! No vas a usar todas las palabras.

acosar	cumplir	hallarse	pertenecer
adelantar	dijo	se negó	el prejuicio
aguantar	los estereotipos	otorgar	valorada

Nombre: ______________________ Fecha: ______________________

1. Algunas personas no pueden superar ______________________.

2. ______________________ crean imágenes negativas de personas que no conocemos.

3. Sandra ______________________ a tener relaciones con su jefe.

4. Nadie debe ______________________ el acoso sexual.

5. Toda persona debe ser ______________________ como ser humano.

7-6 Una organización por los derechos civiles de los latinos. LULAC es una organización cuyo propósito es mejorar la situación económica, los logros educativos, la influencia política, la salud y los derechos civiles de la población hispana de Estados Unidos. Llena los espacios en blanco para completar el siguiente párrafo que describe los objetivos y logros de la organización. Usa las palabras de ***¡Así lo decimos!*** de la siguiente lista.

abogar	la barrera	pertenecer	señalar	todos
el adelanto	los estereotipos	los prejuicios	toda	valorar

LULAC es una organización que se fundó en Estados Unidos a finales de los años 20, junto con otras organizaciones que decidieron (1) ______________________ por los derechos civiles de los hispanos en Estados Unidos. La organización decidió no sólo (2) ______________________ (3) ______________________ la discriminación contra los hispanos, sino también señalar (4) ______________________ (5) ______________________ negativos creados por (6) ______________________ contra este grupo. Uno de sus objetivos más importantes es derribar (7) ______________________ que la discriminación crea para el acceso a recursos, programas y trabajos que hacen posible (8) ______________________ de la comunidad hispana a nivel político, de salud, educativo y laboral. Prevenir los procesos de deterioro en las comunidades hispanas como el consumo de drogas y la violencia, es otro objetivo importante. Por esas razones, (9) ______________________ a esta organización es importante para los hispanos de Estados Unidos porque así, se ayuda a (10) ______________________ la contribución que la comunidad hispana hace a la cultura y a la economía estadounidenses.

Nombre: ______________________ Fecha: ______________________

7-7 ¡Cuidado! Completa las frases con la forma correcta de una de las expresiones siguientes.

cada día	todos los días	todo/a/os/os

1. ______________ que hay discriminación en el trabajo no sólo sufre la persona discriminada sino ______________ los que la observan.
2. ______________ los empleados se reunieron en el auditorio para hablar de las condiciones de trabajo.
3. ______________ el jefe de la empresa les prometía una investigación, pero no lo hacía.
4. Los investigadores quisieron investigar ______________ las acusaciones de los empleados.
5. Por fin, los empleados consiguieron ______________ lo que habían pedido.

¡Así lo hacemos! Estructuras

1. Review of the preterit and imperfect (TEXTBOOK P. 212)

7-8 La historia de mi éxito. Laura Mosquera es una mujer latina de éxito. Lee la historia de su éxito profesional y completa la narración con el pretérito o el imperfecto de los verbos entre paréntesis.

Laura Mosquera (1. trabajar) ______________ en la sección de recursos humanos de una pequeña sucursal *(branch)* de una multinacional, pero su sueño (2. ser) ______________ conseguir un trabajo en la oficina central de Nueva York. Cuando el vicepresidente de mercadeo y el director general de relaciones públicas de Nueva York (3. decidir) ______________ hacer una visita a la planta en la que trabajaba Laura, ella se (4. ofrecer) ______________ a ser su "guía turística". Aquello (5. resultar) ______________ ser la oportunidad que ella (6. estar) ______________ esperando. Laura les (7. enseñar) ______________ la planta y los dos hombres le (8. preguntar) ______________ a Laura por su trabajo. Ellos (9. querer) ______________ saber cuáles eran sus aspiraciones. Ella les (10. decir) ______________ que le (11. apasionar) ______________ la

Nombre: ______________________ Fecha: ______________________

idea de trabajar en la oficina central de Nueva York. Ellos (12. quedar) ______________________ tan impresionados con la motivación de Laura y su dedicación al trabajo que un año más tarde le (13. hacer) ______________________ una oferta que ella no (14. poder) ______________________ rechazar. Obviamente, Laura la (15. aceptar) ______________________ y ahora es la directora de relaciones multiculturales de la compañía en Nueva York.

7-9 Un problema de acoso sexual. Adriana habla sobre su hermana Claudia, que es una activista que realiza campañas educativas para prevenir el acoso sexual en el trabajo. Antes de escuchar la grabación, completa el siguiente párrafo con la forma apropiada de los verbos de la lista en el pretérito o en el imperfecto. Después escucha la grabación para verificar tus respuestas.

abogar	hablar	ir	señalar
cumplir	investigar	realizar	ser

Hace algunos años mi hermana Claudia (1) ______________________ víctima de acoso sexual en su trabajo. Ella (2) ______________________ con su jefe y él le dijo que (3) ______________________ a hacer algo para poner fin a este comportamiento. El jefe (4) ______________________ con su promesa y la compañía (5) ______________________ los casos de acoso sexual que se denunciaron. También (6) ______________________ campañas educativas para lograr cambios. Mi hermana (7) ______________________ por los derechos de las víctimas en esas campañas y (8) ______________________ diferentes actitudes discriminatorias equivocadas. Gracias a su trabajo, Claudia superó esta difícil situación y hoy ayuda a otras personas en situaciones similares.

2. *Hacer* and *desde* in time expressions (TEXTBOOK PP. 215–216)

7-10 Un currículum vitae. Mara está preparando su currículum vitae porque quiere solicitar el puesto de jefe del departamento de ciencias de su universidad. Escribe oraciones completas para expresar cuánto tiempo hace que ella hizo estas cosas.

MODELO: graduarse de la escuela secundaria / veintiocho años

Me gradué de la escuela secundaria hace veintiocho años.

o

Hace veintiocho años que me gradué de la escuela secundaria.

1. cursar la carrera universitaria en biología / veinticuatro años

____

2. sacar el doctorado en biología celular / dieciocho años

____

3. trabajar como investigadora en un laboratorio universitario / quince años

____

4. aceptar el puesto como profesora de la Universidad Autónoma / trece años

____

5. hacer un estudio esclarecedor sobre el cáncer / ocho años

____

6. ganar el Premio Nacional de Ciencias / siete años

____

7. escribir un libro de biología / seis meses

____

8. publicar un artículo sobre mis investigaciones más recientes / tres semanas

____

Nombre: ______________________ Fecha: ______________________

7-11 Una entrevista. Imagínate que eres Claudia, la mujer que sufrió acoso sexual, y eres entrevistada por un periodista. En la siguiente grabación escucharás las preguntas del periodista. Escúchalas y contesta cada una usando una expresión de tiempo. Recuerda que tú eres Claudia y debes escribir el verbo en la primera persona del presente o del pasado según la pregunta.

MODELO: ¿Dónde fue usted víctima de acoso sexual? (en mi trabajo)

Fui víctima de acoso sexual en mi trabajo.

o

¿Desde cuando es activista contra el acoso sexual? (quince meses)

Soy activista contra el acoso sexual desde hace quince meses.

1. ______________________ (algunos años)

2. ______________________ (investigar los casos)

3. ______________________ (educativas)

4. ______________________ (Sí)

7-12 Una mujer triunfadora. MariCarmen explica su triunfo educativo. Completa el párrafo con las expresiones de tiempo apropiadas.

Ahora soy una mujer realizada, con un buen trabajo, pero (1) ______________________ sólo unos meses que estoy contenta con mi vida. (2) ______________________ quince años dejé de asistir a la escuela secundaria porque (3) ______________________ mucho tiempo que sacaba muy malas notas y me sentía muy frustrada. Es que yo había estado en la escuela (4) ______________________ los cinco años de edad, pero todavía no había aprendido a leer. Entonces dejé la escuela y me puse a trabajar en una fábrica. (5) ______________________ cinco años que trabajaba allí cuando mi supervisora me preguntó por qué no había completado mis estudios secundarios. Yo le expliqué que no sabía leer y ella me recomendó un programa de alfabetización. Lo pensé durante mucho tiempo y (6) ______________________ diez años me inscribí en el curso. Cuando (7) ______________________ varios meses que ya sabía leer y escribir, decidí volver a la escuela. Por fin saqué mi título (8) ______________________ seis años. Luego empecé los estudios universitarios; me gradué con un bachillerato en educación elemental (9) ______________________ un año. Trabajo como profesora de escuela primaria (10) ______________________ septiembre. Desde (11) ______________________ unas semanas participo en un proyecto para combatir el analfabetismo entre las mujeres de nuestra comunidad. ¡Ojalá que pueda ayudar al menos a una mujer a alcanzar sus metas!

7-13 Una entrevista al jefe. Imagínate que eres el periodista que entrevistó a Claudia. Ahora preparas una serie de preguntas para hacerle a su jefe. Lee primero las palabras a continuación y luego ponlas en orden para escribir las preguntas. Después, escucha la grabación para verificarlas.

MODELO: tiempo / que / ¿Cuánto / se enteró / problema? / hace / del

¿Cuánto tiempo hace que se enteró del problema?

1. decidió / investigar / ¿Por qué / su compañía? / de / casos / sexual / en / los / acoso

____

2. realizó / ¿Por qué / educativas? / campañas

____

3. un / positivo? / ¿Las / tuvieron / impacto / campañas

____

4. ¿Usted / la / eliminación / aboga / acoso / por / sexual? / del

____

7-14 Una promoción. Claudia acaba de ser ascendida al puesto de vicepresidenta de su compañía. Una compañera de trabajo le pregunta sobre su experiencia profesional. Contesta las preguntas con oraciones completas.

MODELO: ¿Cuánto tiempo hace que vives aquí? (doce años)

Hace doce años que vivo aquí.

o

Vivo aquí desde hace doce años.

1. ¿Cuánto tiempo hace que trabajas en esta profesión? (diez años)

____

2. ¿Desde qué año estás con esta compañía? (1992)

____

3. ¿Cuánto tiempo hacía que tenías el cargo de supervisora de producción cuando te promovieron? (siete años)

____

4. ¿Cuántos años hace que te promovieron a directora de personal? (cuatro años)

____

5. ¿Desde cuándo eres vicepresidenta de la compañía? (octubre)

____

Nombre: ______________________ Fecha: ______________________

7-15 Preguntas personales. Claudia decide salir una noche contigo para olvidarse de sus problemas. A continuación escucharás una serie de preguntas personales que ella te hace. Contesta cada pregunta con una oración completa y lógica, usando expresiones de tiempo.

MODELO: ¿Desde cuándo vives en esta ciudad?

Hace tres años que vivo aquí.

1. ______________________
2. ______________________
3. ______________________
4. ______________________
5. ______________________

Conéctate

7-16 Los derechos humanos en América Latina. En la página web de Amnistía Internacional hay mucha información sobre la observación de los derechos humanos en el mundo. Ve a esa página. En la portada encontrarás una sección titulada *Conoce los derechos humanos*. Selecciona un país de América Latina y lee la información al respecto. Luego, escribe un breve informe sobre los derechos humanos en ese país.

Nombre: ______________________________ Fecha: ______________________

Segunda parte

¡Así lo decimos! Vocabulario (TEXTBOOK P. 221)

7-17 En familia. Completa las siguientes oraciones usando una variación de cada palabra en itálica. Si necesitas ayuda, consulta la sección llamada ***Ampliación*** en el libro de texto.

MODELO: Son *insultantes* algunos de los apodos étnicos. Nadie se merece estos *insultos*.

1. La *segregación* basada en el color de la tez fue una política que causó mucho daño a las personas ______________________.
2. Algunos grupos étnicos *odian* a otros por razones económicas. El ______________________ es un sentimiento sumamente destructivo.
3. El *maltrato* de los trabajadores inmigrantes ha sido una desgracia. Aunque hay leyes para protegerlos, todavía existen casos de obreros ______________________.
4. ¿Hay un ______________________ entre la discriminación y el nivel socioeconómico de la gente? Muchos estudios *vincularon* la falta de oportunidades educativas de los estudiantes con la segregación de las escuelas.
5. Es necesario ______________________ a las minorías en las escuelas públicas. La *integración* es un factor importante en el mejoramiento de la autoestima de estos grupos.

7-18 Casos de discriminación en el Siglo XXI. Escucharás un informe donde se presentan los resultados de un estudio estadístico sobre la discriminación en el mundo en el Siglo XXI. Escucha los resultados del estudio e indica si las oraciones son **Ciertas** o **Falsas.**

1. En el mundo contemporáneo sigue habiendo actitudes discriminatorias. Cierto Falso
2. Las migraciones masivas de personas no son un fenómeno típico de hoy. Cierto Falso
3. Por lo menos un 50 por ciento de los extranjeros en países industrializados sufren un cierto tipo de discriminación. Cierto Falso
4. La discriminación racial ha aumentado. Cierto Falso
5. Las dos formas más evidentes de discriminación en el mundo actual son la discriminación económica y lingüística. Cierto Falso
6. Las formas de discriminación son iguales en todos los países y hacia todos los grupos. Cierto Falso

7-19 La igualdad en el mundo actual. Asocia cada palabra de ***¡Así lo decimos!*** con su opuesto.

1. ____ la segregación	a. amar
2. ____ culpar	b. defender
3. ____ odiar	c. la integración
4. ____ encrespado	d. elogio
5. ____ insulto	e. consentir
6. ____ maltratar	f. lacio

7-20 Identifica la palabra apropiada. Escucha las siguientes frases y determina cuál es la palabra de la lista que debes usar para completarla. Escribe la palabra en el espacio correspondiente.

criar	la acción afirmativa	la tez	orientación sexual
género	la ascendencia	manifestación	superar
insulto	los cíudadanos	odio	vincular

Nombre: ______________________ Fecha: ______________________

1. ______________________

2. ______________________

3. ______________________

4. ______________________

5. ______________________

7-21 ¡Cuidado! Completa cada frase de una manera lógica según tu opinión.

MODELO: Lo bueno de este país . . . *es que la gente reconoce y respeta las diferencias entre los grupos étnicos.*

1. Lo interesante de la última campaña política...
2. Lo difícil de la Acción Afirmativa...
3. Lo importante del futuro económico...
4. Lo que más me impresiona de nuestra sociedad...
5. Lo bueno es...
6. Lo fascinante de las últimas elecciones...

____

____

____

____

____

____

¡Así lo hacemos! Estructuras

3. *Por* and *para* (TEXTBOOK PP. 224–226)

7-22 Una denuncia. Pablo Martínez ha presentado una demanda contra su antigua compañía. Completa el diálogo entre su abogado y el gerente de la empresa con **por** o **para,** según el contexto.

ABOGADO: Sr. Iglesias, mi cliente, Pablo Martínez, trabajó (1) ______________ su compañía (2) ______________ cinco años, pero (3) ______________ fin renunció a su puesto porque usted le negó un ascenso (*promotion*) (4) ______________ razones discriminatorias. Él me contrató (5) ______________ que lo ayudara a negociar una compensación (6) ______________ esta injusticia.

SR. IGLESIAS: ¡(7) ______________ Dios! A su cliente no le dimos un ascenso porque tenía muy poca experiencia. Necesitábamos una persona (8) ______________ el departamento de ventas multinacionales, y (9) ______________ eso elegimos a un empleado con muchos años de experiencia práctica. La persona que obtuvo el ascenso había trabajado con nosotros (10) ______________ más tiempo que su cliente, y era un candidato más adecuado (11) ______________ sus años de servicio.

ABOGADO: Me parece que (12) ______________ ahora no vamos a llegar a ningún acuerdo. Es mejor que resolvamos este problema en un juzgado.

7-23 Las mujeres. A continuación escucharás los puntos más importantes de un discurso que pronuncia una feminista sobre el lugar de la mujer en el mundo laboral. Escucha la grabación cuantas veces sea necesario y escribe la preposición **por** o **para** que escuchas en cada oración. Después explica por qué se usa esa preposición. Usa como referencia las explicaciones de **por** o **para** del texto.

MODELO: Esa ley fue escrita por un hombre.

por: an agent with the passive voice

1. ____

2. ____

Nombre: ______________________ Fecha: ______________________

3. ______________________

4. ______________________

5. ______________________

7-24 Una celebración de diversidad. Alfonso organiza una feria para celebrar la diversidad étnica de su universidad. Completa la lista de cosas que tiene que hacer con **por** o **para,** según el contexto.

1. Tengo que ir al mercado latinoamericano ______________ comprar la comida que vamos a servir.
2. Debo buscar un conjunto de música africana ______________ que toque durante la recepción.
3. Necesito pagar a los artistas italianos ______________ los carteles que diseñaron.
4. Es urgente que coloquemos el tablado ______________ los bailarines de flamenco porque van a ensayar mañana.
5. ______________ la tarde voy a hablar con los músicos japoneses sobre las piezas que van a tocar.
6. Tengo que ir al departamento de arte ______________unas horas porque quiero pedirle a una pintora boliviana que participe en nuestra exposición de arte internacional.
7. ¡Ojalá que lleguen a tiempo los videos de las películas francesas que el director me mandó ______________ correo!
8. Estoy preparándome ______________ entrevistar mañana a nuestro invitado especial, el famoso político ruso.
9. Ahora salgo ______________ el departamento de historia porque necesito hablar con el profesor que va a contar leyendas mexicanas en la feria.
10. ¡Todo esto tiene que estar hecho ______________ mañana!

7-25 Una emergencia. Lorena llamó ayer a su hermana Mariana para contarle algo importante. En la siguiente grabación escucharás la conversación entre Lorena y Mariana. Durante las pausas, escribe **por** o **para** para completar su conversación.

1. ______________ 5. ______________

2. ______________ 6. ______________

3. ______________ 7. ______________

4. ______________ 8. ______________

Nombre: ______________________ Fecha: ______________

7-26 Quejas al rector. Una estudiante discapacitada (*handicapped*) física le escribe una carta al rector de su universidad en la que se queja del trato que les dan a los estudiantes discapacitados. Completa las frases con la información correcta para formar oraciones lógicas.

1. ____ La universidad comenzó hace muy poco a preocuparse
2. ____ Yo padezco de distrofia muscular, pero
3. ____ Es muy difícil ir a nuestras clases porque la universidad fue diseñada
4. ____ Hay muchos obstáculos. No todos los edificios tienen puertas automáticas,
5. ____ Me cuesta mucho trabajo entrar
6. ____ Ayer tuve que esperar más de una hora hasta que llegó el técnico
7. ____ Es imposible llegar a clase a tiempo si hay que pasar
8. ____ Es urgente que usted corrija esta situación

a. para reparar el ascensor que está en el departamento de letras.
b. por todos estos obstáculos.
c. por los estudiantes con discapacitación física.
d. para una mujer que está en silla de ruedas normalmente no tengo problemas de acceso en lugares públicos.
e. para que todos los estudiantes de la universidad tengan los mismos derechos y oportunidades.
f. por arquitectos que no consideraron las necesidades de todos.
g. por ejemplo.
h. por una puerta no automática.

7-27 En la manifestación. Estuviste en una manifestación y grabaste lo que comentaba la gente. A continuación escucharás algunos de los comentarios. Debes identificar cuál de las siguientes expresiones idiomáticas completa lógicamente cada comentario.

por ahí	por eso	por poco	por Dios	por favor

1. ______________________
2. ______________________
3. ______________________
4. ______________________
5. ______________________

Nombre: ______________________________ Fecha: ______________________

4. Verbs that require a preposition before an infinitive (TEXTBOOK PP. 229–230)

7-28 Los indígenas americanos. Los participantes de una reunión interamericana de grupos indígenas produjeron un documento en el que piden que se respeten sus derechos. Usa cada verbo entre paréntesis con una preposición para completar las frases de una manera lógica.

Aunque, como miembros de las comunidades indígenas originarias de América (1. alegrarse) ______________________ ser miembros de nuestros pueblos, estamos al mismo tiempo (2. cansar) ______________________ sufrir por la desigualdad, la injusticia y la discriminación. No (3. tener miedo) ______________________ denunciar las injusticias y no nos (4. avergonzar) ______________________ ser indígenas. Queremos (5. invitar) ______________________ todos los ciudadanos de América a (6. atreverse) ______________________ denunciar las actitudes discriminatorias, a (7. dejar) ______________________ apoyar las leyes que favorecen la desigualdad y a (8. soñar) ______________________ nosotros con un futuro mejor para todos. Esperamos (9. contar) ______________________ su apoyo para alcanzar y defender unidos los derechos de todas las personas.

7-29 La obesidad en las noticias. En este segmento de las noticias se habla del caso de un joven que era el objeto de burlas y acoso debido a su sobrepeso. Cambia las frases que escuchas al imperfecto y complétalas con la preposición apropiada.

MODELO: Darío empieza ______________________ sentirse mal.

Darío *empezaba a* sentirse mal.

1. Darío ______________________ sentir vergüenza de su sobrepeso.
2. Darío ______________________ sus compañeros a rechazar actitudes discriminatorias.
3. Darío ______________________ hablar abiertamente en clase sobre su obesidad.
4. Darío ______________________ la consejera escolar.
5. Darío ______________________ otros estudiantes en su misma situación.

7-30 Una imagen negativa. Anita, tu vecina, es una mujer que se preocupa por las influencias que sus tres hijos reciben a través de la televisión. En esta carta ella se queja a un canal televisivo sobre el contenido de un programa. Completa la carta usando verbos de la lista siguiente y las preposiciones apropiadas.

acabamos de	se cansen de	empiecen a	negarse a	vuelven a
me arrepiento de	contamos con	enseñan a	tratan de	

Estimados señores:

Mis hijos y yo (1) ________________ ver un episodio de su serie de televisión *Un Mundo Mejor*. Ahora, (2) ________________ haber permitido que mis niños lo vieran porque la representación de los personajes femeninos me pareció insultante. ¿Cómo es posible que no (3) ________________ presentar una cosa tan degradante? ¿Por qué (4) ________________ presentar imágenes negativas de las mujeres en la televisión? Estas imágenes son peligrosas porque nos (5) ________________ formar estereotipos equivocados de la mujer. Los que tenemos hijos (6) ________________ los medios de comunicación para que representen a las mujeres de manera positiva y eviten que nuestros niños se formen estereotipos equivocados. Ustedes deben (7) ________________ producir programas que presenten una idea negativa de la mujer. ¿Por qué no (8) ________________ crear una serie que tenga protagonistas femeninas admirables para que nuestros hijos (9) ________________ borrarse de la mente estas imágenes perjudiciales?

7-31 Los programas de televisión. En la siguiente grabación, María Cecilia nos da su opinión sobre la falta de diversidad entre los presentadores de programas de televisión. Primero, lee el siguiente párrafo y llena cada espacio en blanco con el verbo apropiado y la preposición correspondiente. Luego, escucha la grabación para verificar tus respuestas.

dejar de	insistir en	me jacto de	salgo a
estoy cansada de	me acuerdo de	me niego a	sueño con
estoy segura de	me alegro de	nos obligaron a	volveré a

(1) ________________ ver siempre las mismas caras en la televisión.
(2) ________________ continuar viendo programas en los que todas las personas son iguales y no reflejan la diversidad étnica y cultural de este país. Por muchos años, los programas de televisión (3) ________________ pensar que no había diversidad, que la diversidad no

era algo que se debía celebrar. (4) ______________________ que hayamos iniciado un cambio cultural y de que algunas cadenas de televisión estén haciendo cambios. Siempre voy a (5) ______________________ que continúen contratando personas de etnias diversas para los programas. (6) ______________________ un mundo en el que la tolerancia y el respeto por las diferencias sean principios fundamentales, y no voy a (7) ______________________ hacer todo lo que pueda para lograrlo.

7-32 Los orígenes. Cecilia Chau nació en Cuba y creció en Estados Unidos. Como el origen de su familia se halla en China, ella va a hacer un viaje para investigar sus raíces. El investigador privado que contrató le da una serie de consejos para el viaje. Completa los consejos con los mandatos formales de los verbos apropiados y las preposiciones que correspondan.

acordarse	contar	insistir	pensar
aprender	dejar	invitar	tardar

1. ¡______________________ llevar la cámara de video cuando vaya a China!
2. La investigación va a ser difícil, pero aunque esté muy cansada, no______________________ buscar información sobre sus antepasados.
3. Si necesita ayuda, ______________________ el apoyo de la sociedad genealógica.
4. Antes del viaje, ______________________ algunas preguntas para hacerles a sus parientes en China.
5. Si averigua algo importante, no ______________________ mucho tiempo en apuntarlo para que no se le olvide.
6. ______________________ que los bibliotecarios le permitan mirar los documentos antiguos.
7. ______________________ decir algunas expresiones en chino para facilitar la comunicación.
8. ______________________ sus parientes a que vengan a visitarla.

Nombre: ______________________________ Fecha: ______________________

7-33 Lo que hice la semana pasada. Sebastián tuvo una semana muy complicada, pero no se acuerda bien de lo que hizo cada día. A continuación escucharás una serie de verbos seguidos de las preposiciones a o de. Escucha la grabación y luego escribe una oración con cada verbo, imaginándote que eres Sebastián y diciendo lo que hiciste la semana pasada. Debes escribir el verbo en la primera persona del pretérito.

MODELO: invitar a

El sábado *invité a comer a mi mejor amiga.*

1. El lunes ____.
2. El martes ____.
3. El miércoles ____.
4. El jueves ____.
5. El viernes ____.

¡Así lo expresamos!

Imágenes

7-34 José Clemente Orozco. En el cuadro *La mesa de la hermandad* el tema de la diversidad racial es importante. Este tema se puede ver en otras obras de Orozco. En un mural que hizo en Dartmouth College, el artista explora este tema entre otros. Ve a la página web *Dartmouth Collections* y estudia en este cuadro los paneles que describen las culturas de Angloamérica y de Hispanoamérica. Compara en un breve ensayo cómo presenta el pintor el tema de la diversidad racial en cada una de estas culturas. ¿Crees que su representación sería válida incluso hoy en día?

____

____

____

____

____

____

____

Nombre: ______________________ Fecha: ______________________

Ritmos

7-35 *Represento.* En la canción *Represento* el cantante Lou Briel dice "Represento… una raza de colores diferentes, que se funden (*melt, fuse together*) para hacerse transparentes… y yo soy el vivo ejemplo de mi gente". La música latina, como el mismo Lou Briel, es una mezcla de influencias europeas, africanas, americanas y hasta asiáticas. Ve a la web e investiga las influencias musicales que estas cuatro culturas han tenido en la música latina. Escribe un breve ensayo en el cual cites por lo menos un ejemplo de la influencia de las culturas aquí mencionadas. Un ejemplo podría ser la clave, un instrumento de origen africano.

____

____

____

____

____

____

____

Páginas

7-36 Antes de leer. Encontrarás el siguiente vocabulario en la lectura. Estúdialo y luego completa las oraciones de la actividad con las palabras o expresiones apropiadas. Recuerda hacer los cambios necesarios según el contexto.

archivo	*file*	**exponer**	*to expose*
compañía de seguros	*insurance company*	**gen**	*gene*
empleador	*employer*	**someter**	*to subject*
enfermedad	*sickness, illness*	**vigente**	*in force, in effect*

1. Toda la información sobre la salud del paciente está en su ______________________ médico.
2. La póliza de seguro *(insurance policy)* todavía está ______________________.
3. La ______________________ vende pólizas a muy buen precio.
4. Para recibir una póliza de seguro, ella se ______________________ a un examen médico ayer.
5. Mi prima no se siente bien porque tiene una ______________________ genética.
6. Mi ______________________ no ofrece seguro médico para sus empleados.

Nombre: ______________________________ Fecha: ____________________

7-37 A leer. Lee el siguiente artículo con cuidado, y luego contesta las preguntas con oraciones completas.

La discriminación genética

En el pasado, ciertos grupos sufrían a causa de la discriminación laboral. Lamentablemente, antes era más probable que una mujer, una minoría, una persona deshabilitada o una persona mayor sufrieran de este tipo de discriminación. Felizmente, hoy en día, disfrutamos de los resultados positivos de leyes y acciones comunitarias que se han establecido para eliminar este mal. A pesar de los avances que se han logrado, existen otras formas de discriminación que necesitan una solución. Una de ellas, que nos puede afectar a todos, es la discriminación genética.

Pero, ¿qué es la discriminación genética? La discriminación genética tiene lugar cuando una persona es tratada de manera diferente por su empleador o compañía de seguros porque padece de la mutación de un gen que podría exponerla a mayor riesgo de contraer una enfermedad. Las personas que se someten a una prueba genética podrían correr el riesgo de sufrir este tipo de discriminación.

Los resultados de estas pruebas normalmente se incluyen en los archivos médicos del paciente y no tienen garantía de privacidad. Cuando una persona solicita empleo o una póliza de seguro, debería saber que estos resultados pueden ser requeridos por el empleador o la compañía de seguros antes de tomar una decisión sobre un posible contrato o la confirmación de una póliza. La información contenida en esos archivos puede afectar la posibilidad de empleo del solicitante o su cobertura *(coverage)* médica.

Debido a esta situación, había personas que resistían hacerse pruebas genéticas por el miedo de sufrir después este tipo de discriminación. También, a raíz del mismo temor, estaba disminuyendo la participación de voluntarios en investigaciones genéticas.

Para eliminar estos problemas, el Congreso de Estados Unidos estableció una nueva ley llamada *The Genetic Information Nondiscrimination Act of 2008 (GINA)*. El presidente firmó oficialmente esta ley el 21 de mayo de 2008, por lo que es una ley vigente hoy día. Ahora, las personas no podrán ser tratadas de manera diferente porque tienen en su ADN ciertas diferencias que pueden afectar su salud.

1. Según el artículo, ¿quiénes sufrían antes de discriminación laboral?

____

____

2. Según el artículo, ¿qué es la discriminación genética?

____

____

3. ¿Qué problemas resultaron de la discriminación genética?

____

____

Nombre: ______________________ Fecha: ______________

4. ¿Cómo se resolvieron estos problemas?

____

____

Taller

7-38 Antes de escribir. La discriminación puede tomar formas obvias o sutiles. Piensa en un caso de discriminación no muy evidente. No tiene que ser una acción discriminatoria; puede ser una actitud o una manera de pensar. Apunta los detalles del caso. ¿Cómo se sabe que se trata de discriminación y no sólo de un malentendido *(misunderstanding)*? ¿Cómo podrías probar el caso?

____

____

____

7-39 A escribir. Escribe un breve ensayo para denunciar este caso de discriminación. Explica el fundamento de la intolerancia, los detalles de la injusticia y las pruebas que confirman la causa del trato. Usa las estructuras gramaticales que has aprendido en este capítulo.

____

____

____

____

____

____

7-40 Después de escribir. Revisa lo que acabas de escribir como si fueras otra persona. Luego, escribe la descripción de nuevo haciendo los cambios necesarios.

____

____

____

____

____

____

Nombre: ______________________ Fecha: ______________________

Las artes culinarias y la nutrición

Primera parte

¡Así lo decimos! Vocabulario (TEXTBOOK P. 245)

8-1 En familia. Completa las siguientes oraciones usando una variación de cada palabra en itálica. Si necesitas ayuda, consulta la sección llamada ***Ampliación*** en el libro de texto.

MODELO: Para *picar* la cebolla necesitas un cuchillo afilado (*sharp*). La cebolla picada es un ingrediente importante en muchas recetas.

1. Si te gusta el pollo *frito*, lo tienes que ______________________.
2. Por favor, enciende ______________________. Quiero *hornear* el cerdo.
3. Prepara ______________________ de jugo de naranja, sal y ajo para el cerdo. Hay que *adobarlo* por doce horas antes de meterlo al horno.
4. Usaste un *molinillo* nuevo para ______________________ la carne de res.

8-2 Una cena entre amigos. El Sr. Ramírez está almorzando en un restaurante con unos compañeros. Completa su conversación con estas palabras de *¡Así lo decimos!*

aderezo	fresas	mariscos	picante
carne de res	guisantes	papas	pimienta
champiñones	jugo	pastel	vinagre

Nombre: ______________________ Fecha: ______________________

CAMARERO: Buenas tardes, señores.

SR. RAMÍREZ: Buenas tardes. ¿Qué carne recomienda?

CAMARERO: La (1) ______________________ es la mejor carne que tenemos. Es muy tierna y es más grande que el bistec.

SR. CARRASCO: ¿Con qué viene el pollo asado?

CAMARERO: Viene con arroz y frijoles negros o con verduras, como

(2) ______________________ o espinacas. Si usted prefiere, se lo traigo con

(3) ______________________ fritas o asadas.

SR. PERALTA: Yo prefiero la pasta con (4) ______________________ porque me encantan la langosta, el pescado y los camarones.

SR. RAMÍREZ: ¿Qué (5) ______________________ tienen para la ensalada? ¿Tienen *ranch*?

CAMARERO: No, lo siento. Sólo tenemos aceite de oliva y (6) ______________________ para las ensaladas.

SRA. ROMERO: Yo soy vegetariana. ¿Me trae la pasta con salsa de tomate y unos

(7) ______________________?

CAMARERO: Con mucho gusto, señora.

SRA. ANTÚNEZ: ¡Me encanta la comida (8) ______________________! Por favor, tráigame unos

chiles rellenos con mucha (9) ______________________.

CAMARERO: Sí, señora. ¿Algo más? ¿Qué quieren beber?

SR. CARRASCO: Todos queremos (10) ______________________ de frutas. ¡Estamos a dieta!

SRA. ANTÚNEZ: Yo quisiera un (11) ______________________ de chocolate de postre.

CAMARERO: Lo siento, señora; se nos ha terminado. Le recomiendo las

(12) ______________________ con crema. Están muy frescas. Les tomaré la orden de los postres más tarde.

SRA. ANTÚNEZ: Muy bien, gracias.

8-3 Ejemplos de comidas. Clara, la hermana de José Luis, le hace una prueba a su hermano para ver cuánto sabe de cocina. Los tipos de comida que ella describe corresponden a las palabras de la sección ***¡Así lo decimos!*** a continuación. Antes de escuchar la grabación, lee la lista de palabras; después decide qué palabra corresponde a cada tipo de comida e indica la letra que corresponde.

1. ____	a. los camarones
2. ____	b. el pastel
3. ____	c. la carne de res
4. ____	d. la sal
5. ____	e. la piña
6. ____	f. la zanahoria

8-4 ¡Cuidado! Crea frases lógicas con **huele a** o **sabe a.**

MODEL: un restaurante italiano

Huele a salsa de tomate, pasta y...

1. la cocina de mi mamá

____

2. mi helado favorito

____

3. una sopa de mariscos

____

4. una parrillada argentina

____

5. una paella

____

6. mi torta favorita

____

7. un mercado al aire libre

____

Nombre: ______________________ Fecha: ______________________

8. mi plato favorito

____

¡Así lo hacemos! Estructuras

1. The imperfect subjunctive (TEXTBOOK PP. 248–249)

8-5 El Chef Pepín. La persona que descubrió al Chef Pepín nos cuenta los comienzos de este gran cocinero. Escucha la grabación cuantas veces sea necesario y después indica si las siguientes oraciones son **Ciertas, Falsas** o si **No se dice** en la grabación.

1. El narrador quería que el chef supiera preparar mariscos. Cierto Falso No se dice.
2. El narrador deseaba encontrar un chef que preparara comidas sencillas y simples. Cierto Falso No se dice.
3. Pepín es un chef que sólo cocina comida italiana. Cierto Falso No se dice.
4. Pepín empezó a cocinar desde que era niño. Cierto Falso No se dice.
5. Su mamá no creía que él tuviera talento para ser chef. Cierto Falso No se dice.
6. La primera vez que Pepín cocinó para su familia, todos se enfermaron. Cierto Falso No se dice.
7. Sus amigos le aconsejaron que fuera a una escuela de artes culinarias. Cierto Falso No se dice.

8-6 Gracias al gato. Teresa va a casa de los padres de Mauricio, su novio, por primera vez. En la siguiente grabación, escucharás un relato de su experiencia. Escucha la grabación cuantas veces sea necesario y luego rellena los espacios en blanco con los verbos que escuches. No te olvides de hacer los cambios necesarios.

Mauricio llevó a Teresa a la casa de sus padres para que ella los (1) ______________________.

Antes de que ellos (2) ______________________ y (3) ______________________,

abrieron una botella de vino. La madre de Mauricio preparó bacalao. Teresa odia el bacalao,

y por eso, sin que nadie la (4) ______________________, se lo dio al gato. La madre de

Mauricio se ofendió porque Teresa no comió toda la comida. Ella esperaba que Teresa

(5) ______________________ toda la comida que había en el plato.

Nombre: ______________________ Fecha: ______________

8-7 Cuando era niña. Manuela habla de sus hábitos alimenticios cuando era niña. Completa el párrafo con el imperfecto del subjuntivo de los verbos entre paréntesis.

Cuando era niña, mis padres siempre insistían en que (yo) (1. seguir) ______________ una dieta equilibrada. Mi madre quería que (yo) (2. comer) ______________ verduras, aunque no me (3. gustar) ______________. Me molestaba que mi madre (4. preparar) ______________ espinacas y col; yo prefería que (ella) nos (5. servir) ______________ ensalada. Siempre esperaba que mi abuela (6. hacer) ______________ una torta para el postre, pero mis padres no permitían que mi hermano y yo (7. consumir) ______________ muchos dulces. Ellos siempre insistían que nosotros (8. escoger) ______________ un postre que (9. ser) ______________ más natural, como las frutas o el queso. De vez en cuando, nos permitían que (nosotros) (10. comprar) ______________ un helado, con tal de que (11. cenar) ______________ primero algo sano. ¡Nunca nos dejaban ir a la heladería antes de que mi hermano y yo (12. lavar) ______________ los platos!

8-8 Un jefe de cocina exigente. Efraín, el hermano de Manuela, trabaja en un restaurante cuyo jefe de cocina es muy exigente. Completa las oraciones sobre el jefe de cocina con el imperfecto del subjuntivo de los verbos correspondientes.

añadir	estar	lavar	tener
dar	ir	picar	ver

1. ¡Nunca he trabajado con un jefe de cocina que ______________ tantas órdenes como éste!
2. Hizo que Elisa ______________ todas las cazuelas y ollas.
3. Le pidió a Juan que ______________ al mercado para buscar unas alcachofas que ______________ una forma simétrica y un color uniforme.
4. Tuve que tirar la sopa que preparé porque él dudaba de que ______________ buena.
5. Prefería que nosotros ______________ las patatas a la tortilla española.
6. Quería que Pili y Vicente ______________ un pedazo enorme de queso para la lasaña.
7. No nos dejó irnos antes de que él ______________ con sus propios ojos que la cocina estaba limpia.

Nombre: ______________________ Fecha: ______________________

8-9 ¡Eres un desastre! Clara vuelve a visitar a su hermano. En la siguiente grabación, ella se queja de lo desastroso que es José Luis. Primero, rellena el siguiente párrafo escribiendo los siguientes verbos en el imperfecto del indicativo o del subjuntivo. Después, escucha la grabación para verificar tus respuestas.

comprar	necesitar	poder	regalar

José Luis, la última vez que te visité te pedí que (1) ______________________ un abrelatas; necesitas uno. También te dije que (2) ______________________ una cafetera para preparar café. ¿Por qué no la has comprado? El dinero que te regalé para tu cumpleaños era para que (3) ______________________ comprar todas las cosas que necesitas para tu apartamento. Lo peor de todo es que todavía no tienes un horno nuevo. Fue una lástima que te (4) ______________________ tanto dinero para tu cumpleaños. ¡Eres un desastre!

8-10 Una paella. Tomás aprendió a preparar una paella ayer y nos cuenta su experiencia. Completa el párrafo con el imperfecto del indicativo o del subjuntivo.

La semana pasada le dije a mi abuela que (yo) (1. querer) ______________________ aprender a preparar una paella, y ayer me enseñó a hacerla. Primero, ella me pidió que (2. ir) ______________________ a la pescadería porque nos (3. faltar) ______________________ algunos de los ingredientes. Me dijo que (4. comprar) ______________________ almejas y mejillones, y que (5. escoger) ______________________ mariscos que (6. estar) ______________________ muy frescos. Yo también compré un pollo porque me parecía que (7. ser) ______________________ de buena calidad. Luego, en casa, ella mandó que yo (8. buscar) ______________________ el azafrán, el aceite de oliva, el arroz, cuatro dientes de ajo, un tomate y una cebolla. Después, saqué los guisantes que la abuela (9. tener) ______________________ en el refrigerador y luego encontré una paellera grande que ella (10. guardar) ______________________ en la bodega. Cuando ya (11. estar) ______________________ todo listo, empezamos a cocinar.

Nombre: ______________________ Fecha: ______________________

8-11 Una desilusión. Rosario fue a un restaurante elegante pero salió decepcionada. Completa su conversación con Francisco con el imperfecto del indicativo o del subjuntivo de los verbos entre paréntesis.

FRANCISCO: Oye, Rosario, ayer fuiste al restaurante Ibiza, ¿verdad? ¡Me imagino que la comida (1. estar) ______________________ riquísima!

ROSARIO: La verdad es que me decepcionó. Esperaba que el restaurante (2. tener) ______________________ platos exóticos, pero era obvio que ellos sólo (3. servir) ______________________ las mismas cosas que los otros restaurantes de la ciudad. Además, me sorprendió que los precios (4. ser) ______________________ tan caros.

FRANCISCO: ¿Qué tal el servicio del restaurante?

ROSARIO: Más o menos. Pedí que el camarero me (5. traer) ______________________ un vaso de agua, pero pasó media hora antes de traérmelo. Además, no sirvieron la comida a mi gusto. Quería que (6. preparar) ______________________ la carne bien hecha pero me trajeron un filete casi crudo. El camarero lo llevó a la cocina para que el cocinero lo (7. cocinar) ______________________ unos minutos más, pero lo dejaron mucho tiempo y se quemó.

FRANCISCO: ¿No había nada que te (8. gustar) ______________________?

ROSARIO: Sí, el postre estaba delicioso. Comí un pedazo de torta que (9. saber) ______________________ a fresa y chocolate.

FRANCISCO: ¡Me alegro de que (10. haber) ______________________ al menos una cosa que te gustara!

Nombre: ______________________________ Fecha: ______________________

8-12 La mujer y la cocina. Cuando una mujer se casa, ¿debe saber cocinar? En la siguiente grabación escucharás algunas frases sobre el tema. Antes de escuchar la grabación, completa las frases con la información correcta para formar oraciones lógicas. Después, escucha la grabación y comprueba si tus oraciones coinciden con la información que escuchas.

1. _____ En el pasado, cuando una mujer se casaba, era necesario que
2. _____ Gracias a todos los avances en los utensilios de cocina y a la comida congelada, ya no es necesario
3. _____ Yo me casé el año pasado. Yo sabía cocinar porque cuando era niña, mi madre me obligaba a que la
4. _____ Mi hermana es otra cosa. Ella nunca quiso aprender porque creía que nunca
5. _____ Mi hermana se equivocó con su predicción y se casó la semana pasada. ¡Ojalá que a su esposo

a. le guste la comida congelada!

b. supiera cocinar.

c. iba a casarse.

d. saber mucho de cocina.

e. ayudara a preparar la comida.

Conéctate

8-13 El mercado en línea. Como viste en el video *Comidas típicas: Ilobasco, El Salvador*, cada país tiene sus propias tradiciones culinarias. Para ver cuán diferentes pueden ser las costumbres alimenticias de los países hispanos, ve a la Internet y busca las páginas web de varios supermercados de Latinoamérica o de España. Busca por lo menos tres. Como punto de partida, ve a la página web de Almacenes Éxito de Colombia. Escribe un ensayo breve para comparar e identificar las diferencias y similitudes entre las comidas que se ofrecen en dos países latinoamericanos.

____

____

____

____

____

____

____

Segunda parte

¡Así lo decimos! Vocabulario (TEXTBOOK P. 255)

8-14 En familia. Completa las siguientes oraciones usando una variación de cada palabra en itálica. Si necesitas ayuda, consulta la sección llamada *Ampliación* en el libro de texto.

MODELO: Metí la carne al *horno* a las 2:30. Hay que *hornearla* tres horas y media.

1. Esta *botella* de vino tinto es de uno de los mejores vinos de España. El vino fue ____________________ en la región que se llama La Rioja.
2. No te olvides de meter la carne en el *congelador* para ____________________ la carne antes de que se eche a perder.
3. Se dice que la grasa ____________________, pero conozco a muchas personas que la comen y no son *gordas*.
4. La leche ____________________ nunca se echa a perder; por eso siempre tengo algunas *latas* en mi cocina.
5. Se recomienda la ____________________ de ocho vasos de agua diarios. Los que *ingieren* menos pueden deshidratarse.

8-15 Regalos para los novios. María Elena y Andrés van a casarse pronto. Completa la conversación de sus amigos con estas palabras de ***¡Así lo decimos!***

batidora	cacerolas	cafetera	cuchillos	horno	sacacorchos

LUIS: Muchachos, me parece que entre todos podemos comprarles varios regalos útiles a María Elena y a Andrés. ¿Qué creen?

SERAFÍN: Podemos regalarles un (1) ______________________ microondas.

ANA: Me parece una buena idea. También podemos comprarles un juego de (2) ______________________ porque van a necesitarlas para hacer sopa, calentar leche y agua, hacer salsas...

MANUELA: Me parece que ellos necesitan una (3) ______________________ eléctrica porque a María Elena le encanta hacer tortas y necesita una para batir los huevos, el azúcar y la harina. Y como a Andrés le gusta tanto el café, me parece que sería una buena idea regalarles una (4) ______________________.

SERAFÍN: Siempre son útiles unos buenos (5) ______________________ que corten bien; pues a ambos les encanta la carne.

LUIS: ¡Ah! ¡Y también les gusta mucho el vino! Podemos regalarles un (6) ______________________ para abrir las botellas.

MANUELA: ¡Perfecto!

8-16 Los utensilios. José Luis vive solo en un apartamento y su hermana lo va a visitar. Pero, en la cocina de José Luis, ¡no hay nada! Escucha la grabación cuantas veces sea necesario y luego rellena los espacios en blanco con los utensilios que José Luis necesita.

1. ______________________
2. ______________________
3. ______________________
4. ______________________
5. ______________________

Nombre: ______________________ Fecha: ______________________

8-17 Hábitos alimenticios. Vas a leer un artículo sobre la nutrición en una revista especializada. Completa el párrafo sobre algunos de los distintos hábitos alimenticios más comunes con estas palabras de *¡Así lo decimos!*

adelgazar	anemia	desequilibrada	ingerir
alimentos	colesterol	engordar	

Muchas personas se ponen a dieta para (1) ______________________ porque piensan que tienen exceso de peso. Otros piensan que se ven demasiado delgados y comen más para (2) ______________________. Hay otras personas que prefieren no comer carne y se hacen vegetarianos. Los vegetarianos deben tener mucho cuidado porque corren el riesgo de tener una nutrición (3) ______________________. Si no ingieren hierro *(iron)*, pueden tener (4) ______________________ y sentirse débiles y con mucha fatiga. También es importante compensar las proteínas que se encuentran en las carnes con algún equivalente vegetal. Las personas a las que les preocupa un nivel alto de (5) ______________________ en la sangre tratan de (6) ______________________ menos grasas saturadas y eliminan los huevos de su dieta. Hay muchos otros que piensan que lo más saludable es comer todo con moderación e ingerir (7) ______________________ sin grasa y sin azúcar.

8-18 Un desastre en la cocina. Luz no tiene mucha suerte en la cocina. Completa el párrafo sobre la poca habilidad que tiene Luz cocinando con estas palabras de *¡Así lo decimos!*

congeladas	hervir	lata	vasos
descongelar	horno	piel	

¡Mi amiga Luz es un desastre en la cocina! ¡La verdad es que ella es incapaz (*incapable*) de (1) ______________________ un huevo! Para ella «cocinar» es (2) ______________________ en el microondas las comidas que vienen (3) ______________________. De vez en cuando, Luz también abre una (4) ______________________ de atún o de sopa y la calienta. A ella tampoco le gusta lavar los platos porque dice que es muy malo para la (5) ______________________ de sus «suaves manos». Por eso compra solamente platos y (6) ______________________ desechables. Pero Luz no tiene ningún complejo. ¡Ella simplemente dice que es una chica del Siglo XXI!

Nombre: ______________________ Fecha: ______________________

8-19 Un problema de peso. Margarita tiene un problema de peso. En la siguiente grabación ella nos cuenta su problema. Escucha la grabación cuantas veces sea necesario y luego rellena los espacios en blanco con una de las palabras de la sección ***¡Así lo decimos!***

Margarita necesita (1) ______________________. Ella no ha podido

(2)______________________ y ahora tiene problemas con (3) ______________________.

El doctor le dijo que comiera carne sólo (4) ______________________ o al horno, y que

bebiera ocho (5) ______________________ de agua al día.

8-20 ¿Sabes cuál es la palabra? Margarita está llevando a cabo la dieta que le recomendó el doctor. Ahora ella está tratando de decidir qué comprar en el supermercado. Escucha las siguientes frases y escoge la palabra que mejor completa cada una.

1. ____ a. colesterol

2. ____ b. onzas

3. ____ c. proteína

4. ____ d. libras

5. ____ e. al vapor

Nombre: ______________________________ Fecha: ______________________

¡Así lo hacemos! Estructuras

2. The conditional and conditional perfect (TEXTBOOK PP. 259–261)

8-21 Dietas especiales. ¿Qué harías si tuvieras que seguir una dieta especial por razones de salud? Combina las situaciones con su solución lógica. Escribe oraciones completas con el condicional de los verbos.

¿Qué harías...

para mantener el corazón sano?	**Hacer ejercicios aeróbicos.**
1. para bajar el colesterol?	No tomar comidas ácidas.
2. para la diabetes?	Evitar los alimentos con muchas calorías.
3. para adelgazar?	Comprar productos hechos con leche de soja (*soy*).
4. para engordar?	Consumir más gramos de carbohidratos y grasas.
5. para evitar la alergia a los productos lácteos?	Elegir alimentos con hierro como las espinacas.
6. para curarte de la anemia?	Asar las comidas a la parrilla en vez de freírlas.
7. para el dolor de muelas?	Preparar comidas como el puré de verduras o la sopa.
8. para no empeorar la úlcera?	Eliminar de mi dieta los productos con azúcar.

MODELO: *Para mantener el corazón sano, haría ejercicios aeróbicos.*

1. ____
____

2. ____
____

3. ____
____

4. ____
____

5. ____
____

Nombre: ______________________ Fecha: ______________________

6. ____

____

7. ____

____

8. ____

____

8-22 Una cena importante. Teresa va a cenar con unos clientes importantes y le pide consejos a una amiga. Completa el diálogo con el condicional de los verbos.

TERESA: He invitado a unos clientes a cenar conmigo mañana. ¿Dónde (yo) (1. deber) ______________ ir?

JULIETA: Bueno, yo los (2. llevar) ______________ a un buen restaurante, pero no a uno excesivamente elegante. (3. Reservar) ______________ inmediatamente una mesa en el restaurante. Yo también (4. preguntar) ______________ si tienen una mesa en un rincón privado para poder conversar tranquilamente.

TERESA: ¿Qué consejo me (5. dar) ______________ tú sobre cómo pedir en el restaurante?

JULIETA: Yo les (6. decir) ______________ a los clientes que pidieran lo que quisieran, pero también les (7. recomendar) ______________ las especialidades de la casa. (Yo) (8. Dejar) ______________ que los clientes pidieran primero. Pero para el postre, yo (9. pedir) ______________ algo primero para dejarles saber que también quieres incluir el postre en la invitación.

TERESA: ¿Qué (10. hacer) ______________ tú con la cuenta?

JULIETA: (11. Hablar) ______________ discretamente con el camarero para decirle que me la trajera a mí y no a los clientes. Ya verás como todo sale bien.

Nombre: ______________________ Fecha: ______________________

8-23 Lo que yo haría. Margarita habla con su amiga Dora sobre su problema de peso. Pero cada vez que Margarita abre la boca, Dora le dice lo que ella haría. Después de cada pausa rellena los espacios en blanco con uno de los verbos de la lista en el condicional.

aburrirse	cocinar	comer	poder	ser

1. Yo no ______________________ tanto.
2. Yo no ______________________ comida con grasa.
3. Yo no ______________________ dejar de comer postres.
4. Yo ______________________ de comer sólo esta comida.
5. Para mí ______________________ imposible.

8-24 ¿Qué harías? Escucharás una serie de situaciones hipotéticas. Después de cada oración, escribe lo que harías tú en esa situación. Debes usar oraciones completas y lógicas, y recuerda que debes escribir el verbo en el condicional.

1. ____.
2. ____.
3. ____.
4. ____.

8-25 ¿Qué habrían hecho? Te han invitado a ti y a tus amigos a una cena formal en el restaurante de cinco estrellas del Hotel Sheraton de Nueva York pero no pudieron ir. Piensa en lo que habrían hecho tú y esas personas en la situación si pudieran ir. Completa las oraciones con el condicional perfecto de los verbos entre paréntesis.

1. (Yo) ______________________ (vestirse) elegantemente.
2. Tú ______________________ (comer) la especialidad de la casa.
3. Mis amigos y yo ______________________ (pedir) una botella de vino que estuviera de acuerdo con el menú.
4. Yo ______________________ (probar) un postre exótico.
5. Nosotros ______________________ (tomar) café con el postre.
6. Los camareros nos ______________________ (tratar) cortésmente.
7. No nos ______________________ (llevar) las sobras a casa.
8. Yo ______________________ (tener) que pagar la cuenta con tarjeta de crédito.

8-26 Teresa y el bacalao. Imagínate que eres amiga de Teresa y ella te cuenta lo que pasó durante la cena en casa de los padres de Mauricio. Vuelve a escuchar de nuevo la grabación donde Teresa cuenta su experiencia. Luego, escucha esta grabación en la cual dices lo que tú habrías hecho en su lugar. Rellena los espacios en blanco con el condicional perfecto.

Teresa, yo en tu lugar ni siquiera (1) ______________________ el bacalao.

(2) ______________________ después de comer algo que no me gustara y no

(3) ______________________ ocultar que odiaba esa comida. (4) ______________________

mejor mentirle a la madre de Mauricio. Yo le (5) ______________________ que era vegetariana;

eso siempre es una buena excusa. ¡Qué suerte que el gato te salvó!

3. The indicative or subjunctive in *si*- clauses (Textbook pp. 263–264)

8-27 Consejos del médico. El mismo doctor que ayudó a Margarita está ahora atendiendo a otros pacientes. Primero lee la siguiente lista y luego escucha la grabación de los consejos que da el doctor. Escucha cada oración y elige una de las siguientes frases de la lista para completarla lógicamente.

1. ____ a. caminaran todos los días.

2. ____ b. comiera menos postres.

3. ____ c. perdiera 30 libras.

4. ____ d. hicieras dieta .

8-28 Yo no lo permitiría. Imagínate que eres Guillermo, un amigo de José Luis. En el siguiente párrafo tú aconsejas a José Luis y le dices lo que harías si estuvieras en su lugar. Rellena los espacios en blanco con el presente del indicativo o el imperfecto del subjuntivo de uno de los verbos de la lista. Luego escucha la grabación para verificar tu respuesta.

dar	estar	permitir	recibir
decir	hablar	prohibir	ser

José Luis, si (1) ______________________ que tu hermana te hable así, nunca dejará de

hacerlo. Tú tienes veinte años; no eres un niño. Si mi hermana me (2) ______________________

de esa manera, yo le diría que se callara. Tú hermana es muy mandona. Si ella te

(3) ______________________ dinero, pensará que puede decirte lo que tienes que hacer. Si yo

(4) ______________________ tú, no le aceptaría el dinero para que ella no me

(5) ______________________ lo que tengo que hacer.

Nombre: ______________________ Fecha: ______________________

8-29 Un almuerzo en casa. Amanda va a preparar un almuerzo para sus amigos. Completa las oraciones con el presente del indicativo o el imperfecto del subjuntivo de los verbos, según el contexto.

1. ¡Prepararía langosta si no ______________________ (ser) tan cara!
2. Compraré bacalao si lo ______________________ (haber) en la pescadería.
3. Si las berenjenas del mercado ______________________ (tener) buena cara, me llevaré tres o cuatro.
4. Voy a cortar las verduras para la ensalada si me ______________________ (quedar) tiempo hoy.
5. Si ______________________ (tener) una parrilla, podría hacer una barbacoa.
6. Comeremos fresas para el postre si las ______________________ (encontrar) en el mercado.
7. Haría una torta de chocolate si ______________________ (saber) prepararla.
8. Si alguien ______________________ (traer) un buen vino, lo serviré con el almuerzo.

8-30 Los efectos de la dieta. Un médico les explica a sus pacientes la relación entre sus hábitos y su estado de salud. Completa las oraciones con el imperfecto del subjuntivo o el condicional simple.

1. Sr. Pacheco, usted no tendría el colesterol alto si ______________________ (evitar) las comidas hechas con aceite y mantequilla.
2. Sra. Palacios, usted ______________________ (tener) los pulmones más sanos si no fumara.
3. Quique, sabes que no tendrías caries *(cavities)* si ______________________ (cepillarse) los dientes después de comer.
4. Niños, si comieran menos caramelos, ustedes no ______________________ (enfermarse) tanto.
5. Nieves, te sentirías con más energía si ______________________ (desayunar) todas las mañanas.
6. Sra. Fuentes, si usted no bebiera tanta leche, probablemente ______________________ (padecer) de osteoporosis.

Nombre: ______________________ Fecha: ______________________

8-31 Las comidas y las enfermedades. Un científico explica la relación entre algunas enfermedades y la comida. Completa el párrafo con el condicional o el imperfecto del subjuntivo, según el contexto.

Sería bueno que la gente (1. saber) ______________________ más sobre los peligros de los microorganismos en la comida. No (2. haber) ______________________ tantos casos de salmonela si todo el mundo (3. evitar) ______________________ los huevos casi crudos y si (4.) lavarse______________________ las manos después de tocar carne cruda. Se (5. poder) ______________________ eliminar el botulismo si todos (6. tener) ______________________ cuidado al conservar los alimentos enlatados. Si los restaurantes siempre (7. servir) ______________________ la carne de res bien cocida, los clientes probablemente no (8. enfermarse) ______________________ porque la comida no (9. estar) ______________________ contaminada por las bacterias. ¡Si todos (10. seguir) ______________________ estas reglas sencillas para la higiene y la preparación de la comida! ¡Nosotros, los científicos, (11. deber)______________________ hacer una campaña para informar al público sobre lo que hay que hacer para reducir el riesgo!

8-32 En mis propias palabras. Te gustaría bajar de peso y piensas en qué harás para conseguirlo. A continuación escucharás una serie de frases que tú debes completar para formar una oración completa. ¡OJO! Las oraciones necesitan el condicional, el presente del indicativo o el futuro.

MODELOS: Engordaré mucho si...

Engordaré mucho si todos los días como hamburguesas y papas fritas.

o

Si comiera menos,...

Si comiera menos, estaría más delgada.

1. ____
2. ____
3. ____
4. ____
5. ____

Nombre: ______________________________ Fecha: ____________________

¡Así lo expresamos!

Imágenes

WWW **8-33 Salvador Dalí.** En el cuadro *Nature Morte Vivante* el artista incluye comidas y bebidas. ¿Son estas típicas de la cocina catalana? ¿Son estas similares a las comidas que Dalí ha usado en sus otras pinturas? Para contestar estas preguntas, ve a la Internet e investiga primero cómo es la comida típica de Cataluña. Después, busca también en la Internet otros cuadros de Dalí que contengan representaciones de comida o bebida. ¿Qué ves ahí? ¿Por qué piensas que Dalí elige representar esas comidas y bebidas y no otras? Escribe un ensayo breve con tu respuesta.

____

____

____

____

____

____

____

Ritmos

WWW **8-34 En el supermercado.** En la canción *Supermercado* del conjunto Mamá Pulpa, el cantante intenta robar comida porque tiene hambre. Imagínate que has ganado un concurso de uno de los supermercados que encontraste en ***Conéctate***. El premio consiste en un minuto de tiempo para hacer compras en la página web del supermercado sin tener que pagar. A partir de la página principal, tienes sesenta segundos para llenar tu "carrito" de cuantos productos puedas, y en las cantidades que puedas. Escribe una lista de todo lo que compraste. ¿Qué productos escogiste que podrías haber encontrado en tu supermercado local? ¿Por qué escogiste esos productos y no otros?

____

____

____

____

____

____

____

Nombre: ______________________________ Fecha: ______________________

Páginas

8-35 Antes de leer. Para entender mejor la lectura *¡Auxilio! ¡No logro bajar de peso!*, estudia las siguientes palabras y expresiones y completa la actividad. Recuerda hacer los cambios correspondientes (género y número de sustantivos y adjetivos, y conjugación de los verbos según su contexto).

ahogar	*to drown*	fracasar	*to fail*
a la larga	*in the long run*	pariente	*relative*
carecer	*to lack*	por ende	*consequently*
duradero	*lasting*	rebajar	*to reduce*
encubierta	*undercover*	reflejo	*reflex*
estar a dieta	*to be on a diet*		

1. Para ______________________ de peso, lo mejor es hacer ejercicio.
2. ______________________ es mejor para la salud no engordar.
3. Las «fórmulas mágicas» para bajar de peso no funcionan; si las intenta, lo más probable es que vas a ______________________.
4. La agente secreta estaba ______________________.
5. ______________________ no es fácil, pero a veces es necesario para bajar de peso.
6. Mi primo José es mi ______________________ favorito.
7. Yo hago ejercicios y como sanamente; ______________________ yo no he engordado.

Nombre: ______________________ Fecha: ______________________

8-36 A leer. Lee el siguiente artículo con cuidado, y luego completa las frases en la página siguiente con la información apropiada.

¡Auxilio! ¡No logro bajar de peso!

Según la definición del diccionario, un rito es un orden establecido para las ceremonias de una religión. De acuerdo con esta definición, si un extraterrestre aterrizara en nuestro planeta y pensara que estar a dieta es un rito en nuestra sociedad, no sería algo extraño. Esa primera impresión no sería del todo falsa si uno tiene en cuenta la cantidad de dinero y tiempo que le dedicamos a rebajar de peso. Si nosotros mismos no estamos intentando bajar de peso, seguramente tenemos amigos y parientes que lo están haciendo.

Lo que contribuye a dar la impresión de que siempre estamos a dieta es que muchas veces estamos haciendo el intento por cuarta, quinta, o hasta sexta vez. Esto suele suceder porque es muy difícil que una dieta tenga un éxito duradero la primera vez que la intentamos. Hay tantas razones para esto. Aun así, los expertos en nutrición señalan ciertas razones específicas por las cuales las personas normalmente fracasan en sus intentos de bajar de peso.

Según la Dra. Kathleen Zelman hay seis errores principales que las personas cometen en sus intentos por bajar de peso. Primero que todo, dado el ritmo de la vida moderna, la persona promedio come demasiado rápido. Como carecemos de tiempo para todo lo que hemos programado en nuestras vidas, tendemos a apurarnos mientras comemos. El resultado es que consumimos más calorías que si comiéramos más despacio. De igual manera, el segundo error, a la larga, lleva a la persona a comer más de lo que debería. Muchas personas tienden a dejar de comer una de las comidas durante el día, típicamente el desayuno. Lo que sucede es que la persona luego come más durante el almuerzo y la cena.

Otros errores radican en no estar al tanto de las calorías que uno consume diariamente. A veces, nosotros consumimos calorías sin darnos cuenta. Por ejemplo, el error número tres es asumir que lo que bebemos tiene pocas calorías. La verdad es que, según una investigación, el 21 por ciento de las calorías ingeridas por los norteamericanos provienen de los líquidos. El cuarto error también tiene que ver con las calorías "encubiertas". Poco a poco el tamaño de las porciones que nos sirven en los restaurantes ha aumentado. Los platos son más grandes y por ende, terminamos comiendo más de lo que verdaderamente necesitamos para apaciguar nuestra hambre.

Los errores números cinco y seis tienen que ver con comer por reflejo y no de una manera conciente. Por ejemplo, no le ayuda nada a una persona servirse una ensalada para luego ahogarla en salsa con alto contenido calórico. De igual manera, comer de manera inconciente frente a la televisión tampoco es una buena idea. En estos, como en los otros errores señalados por la Dra. Zelman, lo importante es estar al tanto de los riesgos que enfrentamos a diario con nuestras dietas y que tomemos buenas decisiones respecto a lo que consumimos.

Nombre: ______________________________ Fecha: ______________________

1. Las personas intentan hacer dietas muchas veces porque

____.

2. Comer muy rápido resulta en

____.

3. A veces consumimos demasiadas calorías porque

____.

4. Lo importante en las dietas es

____.

Taller

8-37 Antes de escribir. Piensa en un restaurante en el que hayas comido recientemente. Apunta información sobre tu experiencia: la hora a la que fuiste, lo que pediste, cómo te trataron los camareros y cuánto pagaste. Describe con detalles tu experiencia. Haz una lista de los aspectos del restaurante que te gustaron y de los que no te gustaron.

____

____

____

____

____

8-38 A escribir. Ahora escribe una reseña del restaurante. Incluye información sobre el ambiente, el servicio, los precios y la calidad de la comida. Usa el imperfecto del subjuntivo para expresar tus reacciones y el condicional para explicar lo que el restaurante podría hacer para mejorar.

____

____

____

____

____

____

Nombre: ______________________ Fecha: ______________________

8-39 Después de escribir. Revisa lo que acabas de escribir como si fueras otra persona. Luego escribe la descripción de nuevo haciendo los cambios necesarios.

____

____

____

____

____

____

____

____

Nombre: ______________________ Fecha: ______________________

Nuestra compleja sociedad

Primera parte

¡Así lo decimos! Vocabulario (TEXTBOOK P. 277)

9-1 En familia. Completa las siguientes oraciones usando una variación de cada palabra en itálica. Si necesitas ayuda, consulta la sección llamada ***Ampliación*** en el libro de texto.

MODELO: El *abuso* del tabaco es un problema grave para muchos. Las personas que *abusan* de este vicio van a darse cuenta de lo difícil que es abandonarlo.

1. Los que *se emborrachan* con frecuencia abusan de su salud y del bienestar de los demás. La ______________________ en las fraternidades universitarias es bastante común.
2. Los terroristas ______________________ a varios misioneros en Afganistán. Demandaron que el gobierno les diera libertad a prisioneros políticos a cambio de liberar a los *secuestrados*.
3. Nadie simpatiza con los jóvenes que *vandalizan*. El ______________________ no tiene sentido.
4. El político cometió *fraude* electoral. Quiso ______________________ al público.
5. El *robo* ocurrió ayer por la tarde. Los ladrones ______________________ una pieza importante del museo de arte.

Nombre: ______________________________ Fecha: ______________________

9-2 Adivinanzas. Usa las palabras de *¡Así lo decimos!* para responder a las siguientes adivinanzas. Presta atención a las claves que te dan las descripciones.

1. Esta palabra se escribe igual en inglés; si lo piensas, al tiro sabrás lo que es.

   ____

2. Suena como un reloj y si no la detienes a tiempo, explota. ______________________

3. George Clooney, Matt Damon y Brad Pitt, entre otros, lo hacen perfectamente en la película *Ocean's Eleven.* ______________________

4. Austin Powers y James Bond tienen esta profesión. ______________________

5. Muchas personas hacen esto a la piel para expresar su creatividad.

   ____

Nombre: ______________________________ Fecha: ____________________

9-3 Crisis en las escuelas. Un maestro habla de sus experiencias con algunos jóvenes problemáticos de su escuela. Completa las oraciones con estas palabras de ***¡Así lo decimos!***

borracho	delincuentes	pandilla	robaron	traficantes
crimen	guardias de seguridad	revólver	tatuarse	vandalizan

1. Conozco al menos diez estudiantes que están relacionados con una ____________________.
2. Algunos de estos jóvenes son muy peligrosos porque como muchos ____________________, siempre van armados.
3. Casi a todos ellos les gusta ____________________ en la piel para identificarse como miembros del grupo.
4. Todos ellos ____________________ la propiedad de la escuela: rompen las ventanas, pintan graffiti en las paredes y dejan basura en todas partes.
5. Aunque en la escuela está prohibido el consumo de bebidas alcohólicas, ¡ayer un estudiante llegó a la clase de biología totalmente ____________________! Casi no podía caminar derecho e insultaba a todo el mundo.
6. A pesar de que hay detectores de metales en la entrada de la escuela, la semana pasada un profesor encontró un ____________________ en un bolsillo de la chaqueta de un estudiante.
7. Hay profesores que afirman que algunos estudiantes son ____________________ de drogas.
8. Aunque en la escuela hay varios ____________________, no son suficientes para vigilar ni para proteger a las personas que estudian y trabajan allí.
9. La policía ya sabe los nombres de los estudiantes que ____________________ el dinero de la cafetería y las computadoras de la oficina del director.
10. Nosotros los maestros, nuestros estudiantes y los padres debemos luchar por una escuela sin ____________________.

Nombre: ______________________ Fecha: ______________________

9-4 Un agente secreto. El agente Ramírez trabaja como policía en el departamento de narcóticos. Completa el párrafo en el que explica su nuevo caso con estas palabras de *¡Así lo decimos!*

bomba	delito	robo	seguridad	traficantes
delincuentes	pandilla	secuestraron	tatuarme	vandalismo

Voy a investigar las operaciones de un grupo de (1) ______________ muy peligrosos. Tengo que hacerme pasar por (*go undercover as*) miembro de una (2) ______________ local. Debo hacer todo lo posible para que no descubran que soy policía, y es probable que me obliguen a (3) ______________ el brazo como el resto de los miembros del grupo. Como seré un «nuevo miembro» del grupo, seguramente me obligarán a cometer un (4) ______________ como participar en el (5) ______________ de algún banco o en el (6) ______________ de algún edificio o parque, rompiendo cristales y dibujando graffiti. Pero yo trataré de encontrar la información que buscamos antes de que eso ocurra. Como policía encubierto, tal vez averigüe quién es el jefe de los (7) ______________ de drogas de todo el estado. Este caso es muy importante para la (8) ______________ de nuestra comunidad porque estos criminales han amenazado varias veces con poner una (9) ______________ en un lugar público si el alcalde no cambia su política en cuanto a las armas de fuego. Es muy posible que ellos hayan sido los que (10) ______________ al hijo del juez Padrón. Definitivamente tenemos que hacer todo lo posible por eliminar la violencia y las drogas de nuestras calles.

9-5 Los crímenes aumentan. El aumento de la tasa de delitos y crímenes en algunos países hispanoamericanos es alarmante. Escucha la siguiente grabación cuantas veces sea necesario y luego llena los espacios en blanco con la palabra que escuches.

El presidente de El Salvador piensa que se deben imponer sentencias más largas para a las (1) ______________. En El Salvador, entre enero y junio del 2004, hubo 1.257 (2) ______________. En México si eres famoso y no tienes (3) ______________, puedes ser víctima del (4) ______________. La gente que no puede contratar a un (5) ______________ para que los proteja en sus casas debe (6) ______________ para no ser víctima de este delito.

Nombre: ______________________________ Fecha: ______________________

9-6 ¿Qué significa esta palabra? Unos reporteros han salido a la calle y han hecho una encuesta entre varias docenas de niños sobre el significado de las siguientes palabras de la sección *¡Así lo decimos!* Lee la lista de palabras, y después de escuchar las definiciones, selecciona la palabra que corresponde a cada una.

1. ____	a. asesino
2. ____	b. ladrón
3. ____	c. delincuente
4. ____	d. traficante
5. ____	e. contrabandista

9-7 ¡Cuidado! Completa estas frases de una manera lógica, usando el verbo **abusar** seguido por la preposición **de**.

MODELO: Un/a alcohólico/a *abusa de las bebidas alcohólicas.*

1. Un/a estafador/a ______________________________.
2. Una pandilla ______________________________.
3. Un/a político/a que comete fraude electoral ______________________________.
4. Una persona que acosa a las mujeres ______________________________.
5. Un/a drogadicto/a ______________________________.

¡Así lo hacemos! Estructuras

1. The pluperfect subjunctive (TEXTBOOK P. 280)

9-8 Confesiones de un delincuente. Manuel es un chico que confiesa ser delincuente. Escucha la grabación cuantas veces sea necesario y luego indica si las siguientes frases son **Ciertas** o **Falsas.**

1. Manuel es delincuente porque conoció a Joselito.	Cierto	Falso
2. Manuel ha estado en la cárcel varias veces.	Cierto	Falso
3. Sus enemigos son miembros de su pandilla.	Cierto	Falso
4. Sus enemigos de la pandilla no lo ayudaron a esconderse.	Cierto	Falso
5. Aunque sus padres hubieran tratado de prohibírselo, Manuel se habría tatuado de todas maneras.	Cierto	Falso

Nombre: ______________________ Fecha: ______________________

9-9 En la comisaría de la policía. Hoy la policía detuvo a varias personas, pero todos los detenidos niegan las acusaciones. Completa las oraciones con el pluscuamperfecto del subjuntivo.

1. El agente decía que el Sr. Gómez había robado la tienda.

   El testigo negó que el Sr. Gómez ______________________ la tienda.

2. El policía creía que los jóvenes habían estafado a una anciana.

   Los padres de los jóvenes dudaban que sus hijos ______________________ a una anciana.

3. El testigo juraba que la muchacha había vandalizado el edificio.

   El abogado dijo que era imposible que su cliente ______________________ el edificio.

4. La asistente social dijo que los Rodríguez habían abusado de sus hijos.

   A los vecinos les extrañaba que ellos ______________________ de sus hijos.

5. La víctima confirmó que el miembro de la pandilla la había agredido.

   Los policías no estaban seguros de que el joven ______________________ a la víctima.

6. El maestro denunció que un estudiante había traído un revólver a la escuela.

   El estudiante no podía creer que el maestro lo ______________________.

Nombre: ______________________________ Fecha: ______________________

9-10 Un robo. Anoche la casa de la familia Trujillo fue objeto de un robo. Completa el informe sobre el robo con el pluscuamperfecto del subjuntivo de los verbos de la lista.

conseguir	detener	estar	poder	romper
dejar	entrar	olvidarse	robar	ver

Anoche cuando los Trujillo llegaron a casa, se sorprendieron de que un ladrón (1) ____________________ en su casa. No había señales de entrada forzada, así que era probable que el ladrón (2) ____________________ una llave antes del robo porque era imposible que los Trujillo (3) ____________________ de cerrar la puerta al salir. No encontraron ningún vecino que (4) ____________________ a alguien sospechoso por el vecindario antes del robo. A la Sra. Trujillo le dolió mucho que el ladrón le (5) ____________________ todas sus joyas. ¡Ojalá no (6) ____________________ el florero de cristal porque era una antigüedad! El ladrón había encontrado la colección de monedas antiguas que el Sr. Trujillo tenía en un escondite. Era como si el ladrón (7) ____________________ en la casa antes porque sabía dónde estaban todos los objetos de valor. Los policías inspeccionaron la casa por si acaso el delincuente (8) ____________________ huellas, pero no encontraron nada. Sin embargo, dudaban que una persona desconocida (9) ____________________ cometer el crimen, y van a investigar primero a personas que conocen a los Trujillo. A la familia le habría gustado que la policía (10) ____________________ al ladrón esa misma noche.

9-11 Si alguien hubiera hecho algo. Doña Catalina, una antigua vecina de Manuel, habla sobre él. Escucha la grabación cuantas veces sea necesario y luego llena los espacios en blanco con el pluscuamperfecto del subjuntivo de los verbos que escuches.

La vida de Manuel habría sido diferente…

1. si Manuel ____________________ un padre en casa.
2. si la mamá de Manuel le ____________________ atención a su hijo.
3. si los maestros de Manuel le ____________________ consejos.
4. si alguien ____________________ por Manuel cuando era niño.

Nombre: ______________________ Fecha: ______________________

9-12 Un estafador. En el mismo vecindario donde viven los Trujillo, otra familia ha sido víctima de un fraude. Completa el artículo sobre un estafador con el pluscuamperfecto del indicativo o del subjuntivo, según el contexto.

La policía advierte que una familia ha sido estafada por un delincuente y que, probablemente, el individuo no haya salido de la ciudad. Ayer un matrimonio denunció que la semana pasada un hombre desconocido (1. presentarse) ______________________ en su casa y (2. hacerse) ______________________ pasar por carpintero. El «carpintero» les explicó que (3. ver) ______________________ el techo de la casa y le había extrañado que los dueños no (4. observar) ______________________ que el techo estaba en malas condiciones. Les (5. decir) ______________________ que era increíble que ellos no (6. reparar) ______________________ los agujeros del techo y que era probable que la lluvia ya (7. empezar) ______________________ a dañar la estructura de la casa. El hombre los convenció para que lo contrataran para reparar el techo, pero a los dueños de la casa les sorprendió que el carpintero les (8. pedir) ______________________ un depósito del 25 por ciento del total. Sin embargo, se lo dieron porque temían que el techo ya (9. deteriorarse) ______________________ mucho y se alegraron de que alguien (10. darse) ______________________ cuenta del problema. El hombre recibió el depósito, pero se fue antes de hacer el trabajo con el pretexto de comprar materiales. Cuando (11. pasar) ______________________ tres horas y el hombre no (12. volver) ______________________, la pareja empezó a dudar de que (13. ser) ______________________ sincero con ellos y se enfadaron por haberse dejado engañar. Ayer la policía buscaba otras familias en esta zona de la ciudad que (14. hablar) ______________________ con el estafador porque era posible que otras personas (15. tener) ______________________ la misma experiencia.

Nombre: ______________________ Fecha: ______________________

9-13 Las últimas noticias. Estás escuchando las últimas noticias en un boletín de la radio. Después de escuchar cada oración, da. Da tu opinión usando la expresión **ojalá.** Debes escribir el verbo que uses en el pluscuamperfecto del subjuntivo.

MODELO: Anoche la policía informó que un niño de diez años se perdió en las montañas.

Ojalá sus padres hubieran tenido más cuidado.

1. ____

2. ____

3. ____

4. ____

Conéctate

9-14 La adicción. Recuperarse de una adicción es un desafío difícil de enfrentar. Felizmente existen organizaciones que se dedican a ayudar a personas adictas. Ve a un programa de búsqueda en la Internet y busca la página de una de estas organizaciones. Escribe un breve ensayo en el cual describas la organización. En tu descripción puedes hablar de los servicios que ofrecen y de la filosofía en la que se basa la organización para ofrecer ayuda a esas personas.

Nombre: ______________________ Fecha: ______________________

Segunda Parte

¡Así lo decimos! Vocabulario (Textbook p. 287)

9-15 En familia. Completa las siguientes oraciones usando una variación de cada palabra en itálica. Si necesitas ayuda, consulta la sección llamada ***Ampliación*** en el libro de texto.

MODELO: Según los estudios, un 40 por ciento de los estudiantes universitarios *se han emborrachado* durante el último mes. El estudiante <u>*borracho*</u> es un problema serio para todos sus amigos.

1. Algunos opinan que *la prostitución* no debe considerarse un delito porque no le hace daño a nadie. Otros opinan que las ______________________ son víctimas de un delito.
2. Si conduces sin cuidado, tu vida *peligra.* Además, tus acciones ponen en ______________________ la vida de los otros ocupantes del carro.
3. El Tribunal de Miami *juzgó* que el joven había cometido el delito de robar un coche. El ______________________ fue ayer por la tarde.
4. Es verdad que el alcohol *perjudica* los órganos internos, entre ellos, el corazón, el hígado, el estómago y el esófago. Tomar muchas bebidas alcohólicas puede ser muy ______________________.
5. El alcohol es especialmente ______________________ para el feto (*fetus*). Gracias a la publicidad en los últimos años, menos mujeres *arriesgan* la salud de sus bebés tomando bebidas alcohólicas.

Nombre: ______________________ Fecha: ______________________

9-16 Fuera de orden. Primero, ordena las letras de las siguientes palabras de *¡Así lo decimos!* Después, pon en orden las letras numeradas de cada palabra para revelar el nombre de un personaje literario famoso relacionado con la investigación de misterios.

1. ___ ___ ___ ___ ___ ___ ___ ed ochhe
2. ___ ___(8) ___ ___ ___ ___(9) ___ ___ ___ rrrgeisaa
3. ___ ___ ___ ___ ___(12) ___(13) ___ moecter
4. ___(7) ___ ___ ___ ___ ___ ___ ___ ___ atrilaenm
5. ___ ___(10) ___ ___(11) ___ dorep
6. ___ ___ ___ ___(3) ___(4) ___ ___ rilgepo
7. ___ ___ ___(5) ___ ___ ___ ___(6) ___ ___ ___ ___ ___ mosilohocal
8. ___ ___ ___ ___ ___(2) ___ ruasca

___ ___ ___ ___(1) ___ ___ ___ k

1 2 3 4 5 6 7

___ ___ ___ ___ ___ ___

8 9 10 11 12 13

9-17 El terrorismo. En la radio están emitiendo un programa nuevo sobre el terrorismo. Después de escuchar la grabación, rellena los espacios en blanco con una de las palabras de *¡Así lo decimos!* que escuches.

1. Los terroristas ______________________ para conseguir lo que quieren.
2. Los terroristas tienen mucho ______________________.
3. Los ciudadanos no nos damos cuenta de que nuestras vidas están en ______________________.
4. Nuestro gobierno no nos dice nada para no hacer ______________________.
5. El problema del terrorismo no es un problema ______________________.

Nombre: ______________________________ Fecha: ______________________

9-18 Un delincuente menos. La noticia de que el delincuente más buscado de los últimos meses ha sido detenido ha salido en todos los periódicos del país. Completa el siguiente artículo con estas palabras de *¡Así lo decimos!*

actualmente	de hecho	jura	poder
amenazar	interrogar	juzgado	prostitución
cometió	juicio	peligro	risa

El jueves próximo comenzará en la Corte Suprema el (1) ______________________ del presunto asesino del banquero Augusto Franco. Según su abogado, ningún crimen. Tito Marcel, el acusado, es inocente y no (2) ______________________. Después de (3) ______________________ a Marcel por varias horas, la policía y los fiscales se han convencido de su culpabilidad. (4) ______________________, Marcel confesó ser el líder de una red de (5) ______________________ que opera en la ciudad y que explota a chicas menores de edad. El interrogatorio fue bastante frustrante para los investigadores porque Marcel no se lo tomaba en serio y todas las preguntas le daban (6) ______________________. Además, Marcel todavía (7) ______________________ que él no tiene nada que ver con el asesinato de Franco. A pesar de esto, los fiscales afirman que él es el responsable de este y otros crímenes. Además de la acusación de asesinato en primer grado y de traficar con menores de edad, Tito Marcel está acusado de (8) ______________________ por teléfono a otros banqueros, lo cual es también un delito. Aunque no hay testigos ni evidencia directa, el fiscal del distrito confía en que la evidencia circunstancial será suficiente para enviarlo a la cárcel por el resto de su vida. Una vez en la cárcel, Marcel ya no tendrá el (9) ______________________ para intimidar a más personas ni poner la vida de más muchachas en (10) ______________________. (11) ______________________, Marcel se halla detenido en la comisaría mientras se prepara para ser (12) ______________________.

Nombre: ______________________________ Fecha: ______________________

9-19 ¿Sabes cuál es la palabra? Nuestros reporteros callejeros han salido como siempre a preguntarle a la gente su opinión sobre los temas de actualidad. Escucha la siguiente grabación, y durante las pausas elige la palabra de la lista que complete la frase lógicamente.

el alcoholismo	interrogar	la prostitución	la resaca
amenazar	juicio	rehabilitarse	

1. ______________________
2. ______________________
3. ______________________
4. ______________________
5. ______________________

9-20 ¡Cuidado! Completa el párrafo con la expresión adecuada: **actualmente** o **de hecho.**

Según noticias actuales, el Departamento de Salud indica que ha disminuido en las universidades el hábito de tomar bebidas alcohólicas en exceso. Se dice que (1) ______________________ menos del 50 por ciento de los estudiantes abusan de las bebidas alcohólicas más de una vez al mes. (2) ______________________, la incidencia entre las mujeres ha disminuido aun más que entre los hombres y hay muchas universidades que (3) ______________________ hacen campaña contra este mal hábito.

¡Así lo hacemos! Estructuras

2. Uses of *se* with impersonal and passive constructions (TEXTBOOK P. 290)

9-21 Las organizaciones de servicio comunitario. Felipe y Mireya hablan sobre algunas organizaciones de servicio comunitario. Escucha la grabación cuantas veces sea necesario y luego rellena el espacio en blanco con el se impersonal del verbo correspondiente.

cambiar	deber	necesitar	perjudicar
contratar	mejorar	poder	

1. ______________________ donar sangre.
2. ______________________ más ayuda voluntaria.
3. ______________________ el nivel de vida de los jóvenes hispanos.
4. ______________________ ayudar a los niños con quemaduras graves.

9-22 La coalición contra el crimen. Los vecinos de un barrio en crisis se han organizado y van a formar una coalición contra el crimen. Completa la propuesta de esta organización con el se pasivo y el futuro de los verbos entre paréntesis.

Pronto (1. reducir) ______________________ el crimen en nuestro barrio porque

(2. formar) ______________________ una coalición de ciudadanos para combatir el crimen.

(3. tomar) ______________________ medidas para poner fin a los robos en el

vecindario. (4. hacer) ______________________ inspecciones de las casas y

(5. corregir) ______________________ los errores de seguridad.

(6. instalar) ______________________ alarmas en todas las casas y

(7. dar) ______________________ charlas sobre estrategias para la protección contra el

crimen. (8. comprar) ______________________ cámaras de seguridad para los edificios y

(9. contratar) ______________________ a un guardia para vigilar las calles.

(10. estar) ______________________ alerta por si hay personas desconocidas y

(11. llamar) ______________________ a la policía en caso de actividad sospechosa. Estamos

seguros de que, con todos estos cambios, (12. bajar) ______________________ el índice de

criminalidad en el barrio.

9-23 El índice de criminalidad. Antes de que se creara la coalición contra el crimen, Paula compartió su preocupación por el alto índice de criminalidad que aquejaba a su comunidad. Completa las oraciones con el se pasivo y el presente del indicativo de los verbos de la lista.

amenazar cometer oír robar vandalizar ver

1. ______________________ a las personas en el barrio.
2. ______________________ las carteras de la gente en la calle.
3. ______________________ los edificios de nuestra comunidad.
4. ______________________ balazos *(gunshots)* frecuentemente.
5. ______________________ el graffiti por todos lados.
6. ______________________ fraude en las oficinas públicas.

Nombre: ______________________________ Fecha: ______________________

9-24 ¿Qué se hace en estos lugares? Una vez más escucharás una serie de preguntas que les han hecho a los transeúntes nuestros reporteros callejeros. Después de escuchar cada oración, repite las preguntas completas y graba tus respuestas.

1. …

2. …

3. …

4. …

5. …

9-25 Una explosión. Lee el informe de la policía sobre una explosión que tuvo lugar ayer. Completa el informe policial con se y el pretérito del verbo correspondiente de la lista.

apagar	encontrar	quemar	romper
detener	hacer	recibir	saber
empezar	interrogar	revisar	sospechar

Ayer (1) ______________________ estallar una bomba en un edificio municipal. Afortunadamente nadie resultó herido pero (2) ______________________ las ventanas y (3) ______________________ muchos documentos importantes. Cuando (4) ______________________ el fuego, (5) ______________________ la investigación del crimen. No (6) ______________________ mucha evidencia, pero (7) ______________________ que unos terroristas son los autores del atentado porque ayer (8) ______________________ una amenaza de este grupo. (9) ______________________ a los testigos y (10) ______________________ los videos de seguridad, pero no (11) ______________________ cómo los terroristas colocaron la bomba en el edificio. Por la noche (12) ______________________ al líder del grupo sospechoso.

9-26 Una ciudad con muchos problemas. Miranda vive en Nandaime, y ahora nos cuenta por qué ya no quiere vivir allí. Escucha la grabación cuantas veces sea necesario. Después, completa el párrafo con se más la forma correspondiente del verbo que escuches.

Miranda no quiere vivir en Nandaime porque en esa ciudad (1) ______________________ las escuelas. Otro problema es que no (2) ______________________ controlar a las pandillas. Algo que preocupa mucho es que (3) ______________________ alcohol a los menores de veintiún años. Sin embargo, el problema más grave que tiene Nandaime es que (4) ______________________ drogas en las calles con gran facilidad.

3. Indefinite and negative expressions (Textbook pp. 293–294)

9-27 La delincuencia juvenil. Lee esta reflexión de un especialista en delincuencia juvenil y derechos del menor. Completa el párrafo con las expresiones indefinidas y negativas apropiadas de la lista. Se puede usar algunas expresiones más que una vez.

algo	alguno/a(s)	ningún	siempre
alguien	nada	nunca	también
algún	nadie	o… o	

Nuestra sociedad debe hacer (1) ______________________ para reducir el índice de criminalidad entre los niños. Cuando un niño menor de dieciséis años comete un delito, hay que castigar a (2) ______________________, pero no necesariamente a él. A mi modo de ver, si un niño es citado por hacer (3) ______________________ ilegal, los padres (4) ______________________ deben recibir (5) ______________________ castigo porque ellos tienen (6) ______________________ culpa. No tiene (7) ______________________ sentido echarle toda la culpa (*to put all the blame on*) al niño y no hacerles (8) ______________________ a los padres. En estos casos (9) ______________________ hay que considerar el papel de los padres en la educación del niño. El juez debería determinar si el niño pudo cometer el delito porque los padres no hicieron (10) ______________________ para prevenirlo. En (11) ______________________ casos, los delincuentes participan en actividades ilegales porque los padres (12) ______________________ están al tanto (*aware*) de lo que hacen sus hijos. Si no hay (13) ______________________ que cuide a estos chicos, ¿quién les va a enseñar lo que está bien y lo que está mal? Por eso hay que pensar en (14) ______________________ sanciones para castigar a los padres que no cumplan con sus responsabilidades. Este es nuestro ultimátum: (15) ______________________ supervisan a los niños, (16) ______________________ sufren las consecuencias.

Nombre: ______________________ Fecha: ______________________

9-28 Nuestro departamento de policía. Escucharás un anuncio de radio que pertenece a la nueva campaña de publicidad del departamento de policía. Imagínate que no estás de acuerdo con lo que escuchas y contradices lo que el anuncio dice. Después de escuchar la grabación, completa el párrafo con una de las siguientes palabras para contradecir lo que escuchaste.

nadie	ni... ni	no	nunca	tampoco

1. Nuestra policía ______________________ erradica el crimen en nuestra ciudad.
2. Nuestra policía ______________________ ha eliminado los homicidios.
3. Nuestra policía ______________________ captura a los traficantes de drogas ______________________ a los contrabandistas.
4. Nuestra policía ______________________ arresta a los delincuentes.
5. ______________________ quiere ser policía.

9-29 El detector de mentiras. El padre de tu novio/a te hace tomar una prueba para saber si eres honesto/a o no. A continuación escucharás una serie de preguntas que él te hace. Después de escuchar cada pregunta escoge la oración que conteste lógicamente cada una.

1. ____ a. No, no tengo ninguno.
2. ____ b. No, señor, nunca.
3. ____ c. No tengo problemas ni con uno ni con las otras.
4. ____ d. No, no salgo con nadie más.

Nombre: ______________________ Fecha: ______________________

9-30 Un mentor. En muchos grupos de apoyo las personas adictas a sustancias químicas tienen un mentor que las ayuda. Completa la siguiente conversación entre Carolina y su mentor, Lorenzo, con indefinidos y palabras negativas.

LORENZO: ¿Qué tal, Carolina?

CAROLINA: Me va muy bien. Hace tres meses que no tomo (1) ______________________ bebida alcohólica.

LORENZO: ¡Enhorabuena! ¿Has tenido (2) ______________________ situación difícil esta semana?

CAROLINA: No, esta semana no he tenido (3) ______________________ problema. Pero no es (4) ______________________ tan fácil. A veces me siento nerviosa y pienso en tomar (5) ______________________.

LORENZO: Bueno, (6) ______________________ vas a eliminar esa tentación. Lo importante es hacer (7) ______________________ para resistirla. Sabes que (8) ______________________ puedes contar conmigo si necesitas hablar con (9) ______________________. (10) ______________________ puede superar una adicción sin el apoyo de los amigos y la familia.

CAROLINA: Tienes razón. Siempre que tengo ganas de tomar (11) ______________________ bebida alcohólica, (12) ______________________ hablo contigo (13) ______________________ llamo a otro miembro del grupo.

LORENZO: Yo (14) ______________________ usé este método cuando empecé a rehabilitarme y tuve mucho éxito.

CAROLINA: Tú (15) ______________________ has vuelto a tomar desde que asistes a las reuniones del grupo, ¿verdad?

LORENZO: No bebo alcohol desde hace cuatro años. No puedo decir que (16) ______________________ tomaré otro trago porque es una lucha diaria. ¡Pero hasta ahora no he tenido (17) ______________________ crisis!

9-31 Una prueba poligráfica. La policía te ha citado porque necesitan hacerte algunas preguntas respecto a una investigación. Tienes que someterte a una prueba poligráfica. Contesta las preguntas con las expresiones negativas apropiadas.

MODELO: ¿Conoces a alguien relacionado con una pandilla?
No, no conozco a nadie relacionado con una pandilla.

1. ¿Tienes algún antecedente criminal?

   ____

2. ¿Has robado algo en tu vida?

   ____

3. ¿Usas alguna droga ilícita?

   ____

4. ¿Has cometido fraude o has falsificado documentos?

   ____

5. ¿Has ayudado a alguien a cometer un delito?

   ____

9-32 Manuel fue arrestado. Manuel nunca había estado en la cárcel hasta ahora, pero lo arrestaron la semana pasada por robar un banco. En la siguiente grabación, doña Consuelo y doña Esperanza hablan sobre el arresto de Manuel. Primero, lee la lista de palabras negativas o indefinidas a continuación y luego lee las oraciones que siguen. Identifica la palabra que completa lógicamente cada oración. Luego, escucha la grabación para verificar tus respuestas.

alguno	ningún	nunca	siempre	tampoco
jamás	ninguno	o	también	

1. Su madre ____________________ le prestó atención porque trabajaba todo el tiempo.
2. Él ____________________ estaba solo en su casa sin supervisión.
3. ____________________ tuvo una figura paterna en su vida.
4. ____________________ de sus maestros se preocupó por él.
5. No sé si lo van a declarar culpable ____________________ inocente.

Nombre: ________________________ Fecha: ____________________

¡Así lo expresamos!

Imágenes

9-33 Francisco Goitia. En el texto se encuentra la reproducción de la pintura *El viejo en el mudalar* del pintor mexicano Francisco Goitia. Ve a un programa de búsqueda en la Internet y escribe: "pinturas de Francisco Goitia". Observa las pinturas y compáralas en relación con los temas, los colores, el tono, las emociones que transmiten. En un breve ensayo, explica cuáles son los temas recurrentes y qué dicen acerca del pintor. Da al menos dos ejemplos.

____

____

____

____

____

____

Ritmos

9-34 *Esto fue lo que vi.* En la canción *Esto fue lo que vi*, el cantante describe un panorama urbano sombrío. Aun así, las grandes ciudades del mundo también ofrecen muchas cosas positivas para sus ciudadanos. Ve a la página web oficial de una de las grandes ciudades latinoamericanas (por ejemplo, ciudad de México, Caracas, Bogotá) y lee sobre algunos de los programas culturales, cívicos o benéficos que se ofrecen a los ciudadanos. Toma nota de lo que piensas y luego graba tus comentarios como si fueras un comentarista de radio que comenta este programa.

____

____

____

____

____

____

Nombre: ______________________________ Fecha: ____________________

Páginas

9-35 Antes de leer. Encontrarás el siguiente vocabulario en la lectura. Estúdialo y luego completa las oraciones con las palabras o expresiones apropiadas. Recuerda hacer los cambios necesarios según el contexto.

amistad	*friendship*	etapa	*stage*
aquejar	*to ail*	fenómeno	*phenomenon*
dar lugar	*to allow*	ingresos	*income*
destreza	*skill*	integrarse	*to integrate oneself; to join*
distraerse	*to entertain oneself*	madurez	*maturity*
estudioso	*expert*		

1. Hay una gran ____________________ entre mi mejor amigo y yo.
2. Es evidente que ella tiene mucho talento porque tiene muchas ____________________.
3. Mi amigo Juan ____________________ jugando video juegos.
4. Yo decidí ____________________ a la Asociación ASPIRA.
5. La adolescencia fue la ____________________ favorita de mi vida.
6. Ahora que soy adulto tengo más ____________________ que cuando era un adolescente.
7. El pandillaje es un ____________________ que no es fácil de explicar.

9-36 A leer. Lee el artículo con cuidado, y luego indica si las oraciones en la página siguiente son **Ciertas, Falsas** o si **No se dice** en la lectura.

El problema de las pandillas

Las pandillas han sido parte de nuestra sociedad por mucho tiempo. Se sabe que en la ciudad de Nueva York, por ejemplo, ya había pandillas en el Siglo XIX. Pero la popularidad de las pandillas realmente aumentó en el Siglo XX, sobre todo a partir de los años 50 y 60. Hoy en día el mal de las pandillas es un fenómeno que aqueja, no sólo a Estados Unidos sino a muchos países del mundo.

Algunas pandillas han logrado crecer tanto que ya gozan de cierta fama. Entre estas se pueden nombrar a los *Crips* y los *Bloods* de Los Ángeles o recientemente la Mara Salvatrucha, también conocida como MS-13. Mientras que los *Crips* y los *Bloods* se establecieron en Estados Unidos, la Mara Salvatrucha tiene su origen en Centroamérica. En la actualidad la MS-13 se ha expandido a otros países como Canadá, México, Inglaterra, España y Alemania.

Pero, ¿por qué las pandillas han logrado ser un fenómeno tan duradero en nuestra sociedad? Por una parte, las condiciones que dan lugar a la fundación de una pandilla y la participación de jóvenes en ella no han cambiado. Según los estudiosos del tema hay ciertos factores que contribuyen a que un muchacho se integre a una pandilla. Entre ellos, quizás la pobreza sea el más importante. Una de las funciones de la pandilla es generar ingresos.

Nombre: ______________________ Fecha: ______________________

En muchos casos, el pandillero puede ganar más dinero como miembro de la pandilla que en un trabajo que requiere pocas destrezas. Aun así, no todo el mundo que es pobre se integra a una pandilla.

En otros casos los jóvenes se integran a las pandillas debido a la presión que ejercen sus compañeros. No sorprende que muchos de los miembros de una pandilla sean adolescentes o lo hayan sido en el momento de hacerse miembros. La adolescencia es una etapa de la vida marcada por el deseo de ser aceptado por los amigos y de quedar bien con ellos. Esto expone al joven a la tentación de hacerse pandillero para mantener sus amistades. El aburrimiento es otro factor a tener en cuenta. En zonas de alta pobreza, los jóvenes generalmente no cuentan con una infraestructura comunitaria que les ofrezca maneras de divertirse o distraerse. En los barrios pobres, por lo general, no existen parques, piscinas o programas de deportes que les permitirían a los muchachos dedicarse a actividades sanas.

Por último, las personas que siempre han vivido en la pobreza y cuyos padres vivieron en la pobreza, pierden la esperanza de que las cosas puedan mejorar. Integrarse a una pandilla les da un sentido de importancia que no tendrían de otra manera.

Dadas estas condiciones, ¿cómo logran ciertas personas salir de las pandillas? En algunos casos, los adolescentes pandilleros llegan a ser adultos con suficiente madurez como para considerar su participación y sus riesgos de otra manera. Si establecen una familia, compran una casa o logran conseguir un buen trabajo, empiezan a pensar en términos de protegerlos. Obviamente, su participación en la pandilla lo pondría todo en riesgo.

1. Las pandillas son un fenómeno reciente. Cierto Falso No se dice.

2. Algunas pandillas se han expandido a otros países. Cierto Falso No se dice.

3. La pobreza contribuye al pandillaje. Cierto Falso No se dice.

4. A veces un joven puede ganar más dinero en una pandilla que en un trabajo. Cierto Falso No se dice.

5. Los pandilleros normalmente se integran a las pandillas cuando son adultos. Cierto Falso No se dice.

6. Hay personas con mucha madurez que se integran a las pandillas. Cierto Falso No se dice.

Nombre: ______________________________ Fecha: ______________________

Taller

9-37 Antes de escribir. Piensa en el problema de las pandillas y cómo afecta a los jóvenes de tu comunidad, e investiga más sobre este fenómeno. Apunta varios síntomas del problema. ¿Hay algo que se pueda hacer para prevenirlo, reducirlo o eliminarlo? Haz una lista de soluciones.

____

____

____

9-38 A escribir. Escribe un editorial para el periódico universitario para explicar el problema del pandillaje. Usa el se impersonal para enumerar los ejemplos. Luego desarrolla tus sugerencias sobre qué hacer frente a la crisis. Intenta usar expresiones indefinidas y negativas para expresar tus ideas.

____

____

____

____

____

____

____

____

9-39 Después de escribir. Revisa lo que acabas de escribir como si fueras otra persona, y luego escribe la descripción de nuevo haciendo los cambios necesarios.

____

____

____

____

____

____

____

____

Nombre: ______________________________ Fecha: ______________________

El empleo y la economía

Primera parte

¡Así lo decimos! Vocabulario (TEXTBOOK P. 309)

10-1 En familia. Completa las siguientes oraciones usando una variación de cada palabra en itálica. Si necesitas ayuda, consulta la sección llamada *Ampliación* en el libro de texto.

MODELO: Pase usted al *consultorio* donde puede hablar con la directora de personal.

Ella va a <u>*consultar*</u> su calendario para darle una cita para la entrevista.

1. ¡Felicitaciones! La vamos a contratar como ________________________. Su labor será *administrar* el departamento de ventas de la compañía.
2. Los corredores de bolsa pasan varios meses de ________________________ antes de que se les permita vender acciones. Los bien *entrenados* aprenden a manejar el estrés de la bolsa.
3. La joven en cuentas corrientes consiguió *ascender* a supervisora. Después del ________________________, la oficina le dio una fiesta.
4. Hemos recibido más de cien ________________________ para este puesto en análisis de sistemas. Varios ingenieros de otros países lo *solicitaron*.

Nombre: ______________________ Fecha: ______________________

10-2 Noticias financieras. Dolores está leyendo los titulares de la sección de economía y finanzas del periódico local. Completa los titulares con las palabras de *¡Así lo decimos!*

beneficios	ejecutivos	jubilarse	solicitar
bienes raíces	empresario	puestos	sueldo
Comisión	entrevistas	retiro	tiempo completo

- El famoso (1) ______________________ Gabriel Saldaña y los demás (2) ______________________ de la compañía UMBRAL van a reunirse el martes a las 3:30 de la tarde para anunciar sus nuevos productos.
- El economista Pedro Bruguera dijo ayer: «Los jóvenes que comienzan a trabajar generalmente no piensan en su (3) ______________________ porque no piensan en su vejez ni en tener que (4) ______________________ algún día».
- La (5) ______________________ Reguladora de Productos Electrónicos (CRPE) tendrá su convención anual en el Hotel Los Pinos del 10 al 15 de marzo.
- El (6) ______________________ medio (*average*) del país es de $30.000 al año.
- Hay diez nuevos (7) ______________________ disponibles en el Banco Central. Si le interesa a usted (8) ______________________ alguno de los puestos, favor de enviar su currículum vitae a la directora de personal. Las (9) ______________________ para esos puestos comenzarán el mes próximo. Todos los puestos son de (10) ______________________ (de lunes a viernes de 9 de la mañana a 5 de la tarde).
- La industria de (11) ______________________ está pasando por una crisis. ¡Cada día hay menos familias que puedan comprar su propia casa!
- Las empresas Núñez han ganado el prestigioso premio anual CRPE por ofrecerles a sus empleados un sueldo alto y muchos (12) ______________________.

10-3 Busco empleo. Fernando está buscando empleo y nos cuenta cómo le va en la búsqueda. Escucha la grabación cuantas veces sea necesario y luego completa las oraciones con las palabras que escuches de *¡Así lo decimos!*

Fernando está (1) ____________________. Él busca un trabajo de

(2) ____________________. Él ha (3) ____________________ un empleo como

(4) ____________________ y otro como (5) ____________________ de un

supermercado. Él está (6) ____________________ a trabajar en cualquier cosa porque

necesita dinero para pagar sus deudas.

10-4 El mundo profesional. Asocia la palabra de la primera lista con a de la segunda que corresponde lógicamente.

1. ____ jubilarse
2. ____ el gerente
3. ____ la contabilidad
4. ____ las acciones
5. ____ presentarse
6. ____ la consulta
7. ____ el comercio
8. ____ el sueldo
9. ____ el desempleo
10. ____ el empleo

a. tiempo completo
b. la entrevista
c. disponible
d. el salario
e. supervisar
f. el retiro
g. el empresario
h. el/la corredor/a de bolsa
i. el/la asesor/a
j. el/la contador

Nombre: ______________________ Fecha: ______________________

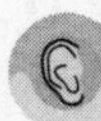

10-5 ¿Sabes cuál es la palabra? Nuestros reporteros callejeros han salido a preguntarle a la gente sobre las profesiones de hoy en día. Escucha la siguiente grabación, y elige la palabra de la lista que complete la oración lógicamente.

el arquitecto	la cajera	corredora de bolsa	el modelo
bienes raíces	contabilidad	el ingeniero	el plomero

1. ______________________
2. ______________________
3. ______________________
4. ______________________
5. ______________________

10-6 ¡Cuidado! Completa el párrafo con la forma correcta de **funcionar, servir** o **trabajar.**

Los empleados que (1) ______________________ en la empresa CompuSur siempre se quejan cuando sus computadoras no (2) ______________________ bien. Por eso, han contratado a un técnico en computadoras para atender este problema. Ricardo es muy bueno porque asiste a tres clases avanzadas de computación y tiene varios años de experiencia arreglando sistemas. Siempre trata de arreglar la computadora, pero cuando se da cuenta de que una no (3) ______________________ y es imposible repararla, les recomienda que compren otra nueva. En su opinión, las instrucciones para usar los programas no siempre (4) ______________________ y es mejor tomar una clase para aprenderlos.

Nombre: ______________________ Fecha: ______________________

¡Así lo hacemos! Estructuras

1. Indirect speech (TEXTBOOK PP. 312–313)

10-7 La entrevista de ayer. Fernando le cuenta a su amiga Marisela sobre la entrevista que tuvo ayer. Escucha la grabación cuantas veces sea necesario y luego indica si las siguientes oraciones son **Ciertas** o **Falsas**.

1. Fernando dice que ayer tuvo una entrevista de trabajo en un supermercado. Cierto Falso
2. Marisela le pregunta con quién habló en la entrevista. Cierto Falso
3. Fernando le responde que cree que todo salió bien. Cierto Falso
4. Marisela quiere saber qué preguntas le hicieron. Cierto Falso
5. Fernando le contesta que el gerente le preguntó cuándo podía empezar a trabajar. Cierto Falso
6. Marisela le pregunta si dijo la verdad durante la entrevista. Cierto Falso
7. Fernando le responde que sí dijo la verdad. Cierto Falso

10-8 Marisela informa. Marisela nos cuenta lo que Isabel le dijo ayer. Escucha la grabación cuantas veces sea necesario y luego rellena los espacios en blanco con los verbos que escuchaste.

Isabel me dijo que (1) ______________________ el empleo y que por esa razón no

(2) ______________________ sus tarjetas de crédito. Yo le pregunté si

(3) ______________________ con sus padres. Ella me contestó que les

(4) ______________________ que necesitaba dinero, pero que ellos no la

(5) ______________________ porque a su padre lo (6) ______________________

hacía tres meses.

Nombre: ________________________ Fecha: ________________

10-9 Una entrevista de trabajo. Dolores tuvo una entrevista ayer y ahora le está contando los detalles a un amigo. Reformula las preguntas que el jefe de la compañía le hizo y exprésalas en estilo indirecto.

MODELO: ¿Cuánto dinero espera usted ganar este año?

En la entrevista el jefe me preguntó cuánto dinero esperaba ganar este año.

1. ¿Cuántos años de experiencia práctica tiene usted?

 ____

2. ¿Dónde siguió usted la carrera universitaria?

 ____

3. ¿Podrá usted trabajar cuarenta horas semanales?

 ____

4. ¿Estará usted disponible para el entrenamiento en quince días?

 ____

5. ¿Qué beneficios le interesan a usted?

 ____

6. ¿Le importa que lo entrevistemos una segunda vez?

 ____

10-10 Una reunión con la supervisora. Nuria, una amiga de Dolores, tuvo una reunión con su supervisora para hablar de su progreso, y ahora su colega quiere saber qué pasó. Completa el diálogo con la forma apropiada de los verbos entre paréntesis.

MARCOS: ¿Qué pasó en la reunión? ¿La supervisora te habló de los proyectos que ya completaste este año?

NURIA: Sí, me dijo que yo (1. desarrollar) ____________________ bien los proyectos que llevé a cabo este año.

MARCOS: ¿Ustedes hablaron de las responsabilidades que tienes ahora?

NURIA: Claro, me preguntó si me (2. gustar) ____________________ mi puesto actual y si (3. haber) ____________________ algo que quisiera cambiar.

MARCOS: Entonces, ¿le mencionaste lo del aumento?

NURIA: Bueno, ella preguntó si (4. estar) ____________________ satisfecha con las condiciones de trabajo y le expliqué que en este momento no (5. ganar) ____________________ lo suficiente y que (6. querer) ____________________ un aumento.

MARCOS: ¿Te lo concedió?

NURIA: ¡Sí! En un mes me aumentarán el sueldo. Le pregunté cuánto dinero me (7. dar) ____________________ y me prometió cinco dólares más por hora. Además, me dijo que me (8. promover) ____________________ el año que viene.

MARCOS: ¡Enhorabuena!

10-11 Ventas. Adán trabaja en el departamento de ventas de un centro distribuidor de equipo industrial. Completa las notas que tomó durante una conversación con una clienta con la forma apropiada de los verbos entre paréntesis.

Ayer hablé con la gerente de una fábrica de automóviles. Me dijo que en los dos últimos años su negocio (1. crecía/había crecido) mucho y que necesitaba más equipo de producción para cumplir con las demandas. Le pregunté cuántos automóviles (2. produjo/había producido) el año pasado y cuántos (3. pensaba/pensaría) fabricar este año. Decidimos que su fábrica necesitará ocho válvulas hidráulicas nuevas. Ella me preguntó si nosotros (4. tendríamos/teníamos) válvulas disponibles, pero en este momento sólo hay cuatro en el almacén. Me preguntó si las otras válvulas (5. estaban/ estarían) listas para la próxima semana y le contesté que sí. Luego me preguntó si (6. hubo/había) alguien en nuestra compañía que pudiera ofrecerle apoyo técnico. Quería saber si uno de nuestros técnicos la (7. puede/podría) ayudar a montar el equipo cuando se lo entreguemos. Le aseguré que nuestra compañía (8. era/fue) conocida por su buen servicio. Le prometí que yo (9. mando/ mandaría) a dos empleados a su fábrica para ayudarla con las válvulas.

10-12 Falsas promesas. Imagínate que tienes un jefe mentiroso. A continuación escucharás una serie de promesas que él te hizo hace algún tiempo y todavía no ha cumplido. Después de cada oración, completa cada una de las siguientes oraciones.

MODELO: Le informo que muy pronto tendrá una nueva oficina.

Usted me informó que muy pronto *tendría* una nueva oficina.

1. Usted me prometió que me ____________________ un ascenso.
2. También me dijo que ____________________ un aumento de sueldo.
3. Me aseguró que ____________________ acciones de la compañía.
4. Me dijo que mi nuevo proyecto ____________________ divertido y emocionante.
5. La última mentira que me dijo es que no ____________________ más de ocho horas al día.

Conéctate

10-13 El cajero automático. Hay cajeros automáticos en todo el mundo, pero no todos son iguales. Los cajeros automáticos de distintos países tienen cosas en común y aspectos diferentes. Ve a la página web de un banco que tenga un sitio en español, y lee sobre el uso del cajero automático en español. Después, basándote en tus propias experiencias, escribe una escena sobre algo que te ha pasado mientras usabas el cajero automático y usa el vocabulario correspondiente.

____

____

____

____

____

____

Segunda parte

¡Así lo decimos! Vocabulario (Textbook p. 319)

10-14 En familia. Completa las siguientes oraciones usando una variación de cada palabra en itálica. Si necesitas ayuda, consulta la sección llamada *Ampliación* en el libro de texto.

MODELO: Hace un mes abrí una cuenta de *ahorros*. Espero ahorrar suficiente dinero para comprar un coche.

1. Según mi talonario, *deposité* el cheque el día 2 de este mes, pero según el banco, el ______________________ nunca ocurrió.
2. El banco me ha *prestado* el dinero para comprar una casa. El tipo de interés del ______________________ será del 8 por ciento.
3. Cuando recibí mi estado de cuenta, no pude creer que me había *sobregirado*. Tuve que pagar cuatro ______________________.
4. ¡Ten cuidado con tus *deudas*! La persona ______________________ nunca tiene paz.
5. ¡*Gastamos* mil dólares mensuales en comida! Los ______________________ de la hipoteca son aun mayores.
6. Si *inviertes* una parte de tu salario ahora que eres joven, podrás jubilarte cuando tengas 60 años. Es una ______________________ que podrás recuperar cuando seas viejo.

Nombre: ______________________ Fecha: ______________________

10-15 El Banco Hispano. Un empleado del Banco Hispano está conversando con un nuevo cliente. Completa la conversación con estas palabras de *¡Así lo decimos!*

ahorrar	cuenta de ahorros	sacar	tarjeta de crédito
cajeros automáticos	fondos	sobregiro	tasa
cuenta corriente	porcentaje		

CLIENTE: Quiero abrir una (1) ______________________. ¿Son gratis los cheques? ¿Requieren ustedes una cantidad mínima?

EMPLEADO: Los cheques son gratis, pero requerimos una cantidad mínima de $500.

CLIENTE: Muy bien. Otra pregunta: ¿Cuál es el cargo si yo (2) ______________________ un cheque?

EMPLEADO: Por cada cheque sin (3) ______________________ cobramos $30. ¿Puedo servirle en algo más? ¿Alguna otra pregunta?

CLIENTE: Sí. También quisiera abrir una (4) ______________________. Tengo un hijo pequeño y estaría interesado en guardar dinero para su educación universitaria.

EMPLEADO: Si quiere (5) ______________________, nuestro banco le ofrece la mejor (6) ______________________ de intereses: el (7) ______________________ es de 3,5.

CLIENTE: Excelente. También quisiera saber si podré obtener una (8) ______________________.

EMPLEADO: ¡Por supuesto! Ofrecemos *Visa* y *MasterCard*. Puede llenar la solicitud ahora mismo si lo desea. Usted también obtendrá una tarjeta que le permitirá (9) ______________________ dinero de miles de (10) ______________________ en todo el mundo. También le servirá para pagar cuando haga compras en las tiendas.

CLIENTE: Muchas gracias por su ayuda.

EMPLEADO: De nada. Ha sido un placer. Espero que regrese pronto.

Nombre: ______________________ Fecha: ______________________

10-16 ¡Tengo un problema! La Srta. Gadián tiene un problema. Ella gasta demasiado dinero. Completa las siguientes oraciones eligiendo una de las palabras de ***¡Así lo decimos!***

1. Yo tengo 43 ____: varias *Visa,* varias *MasterCard,* la *American Express,* la *Discover* y la *Diners Club.*

   a. tarjetas de crédito b. tarjetas de débito c. talonarios

2. Si veo un ____, no puedo controlar el impulso de sacar dinero.

   a. talonario b. presupuesto c. cajero automático

3. ¡Y después tengo que ____ lo!

   a. sobregirar b. gastar c. depositar

4. Yo he gastado todos mis ____. ¡No tengo ni un centavo!

   a. ahorros b. finanzas c. facturas

5. ¡No sé que hacer! Tengo una necesidad insaciable de tener mucho dinero ____ en mi cartera (*purse*).

   a. invertido b. en efectivo c. endeudado

6. ¿Puede usted ____ me los $87.158 que debo (*owe*)?

   a. prestar b. sacar c. invertir

10-17 Perdí mi cartera. Paulina perdió su cartera y ahora tiene problemas. En la siguiente grabación nos cuenta qué le pasa. Escucha la grabación cuantas veces sea necesario y luego completa las oraciones con una de las palabras que escuches.

Alguien le robó la cartera a Paulina y ahora su (1) ______________________ está (2) ______________________. El ladrón usó (3) ______________________ para (4) ______________________ todo el dinero de su cuenta. Paulina piensa que este problema la llevará a (5) ______________________.

Nombre: ______________________ Fecha: ______________________

10-18 ¿Sabes cuál es la palabra? Paulina está pasando por un momento realmente malo. En la siguiente grabación escucharás una serie de frases incompletas. Elige la palabra de la lista que complete cada oración lógicamente.

depositado	gastado	impuestos	prestar
la deuda	gasto	invertir	presupuesto
financiar	la hipoteca		

1. ______________________
2. ______________________
3. ______________________
4. ______________________
5. ______________________

10-19 ¡Cuidado! Completa las oraciones con la forma apropiada de estos verbos.

comer	dar (a luz)	pedir	prestar	tener	tomar	traer

CHARO: Manuel, ¿me (1) ______________________ cinco dólares? Quiero (2) ______________________ un sándwich.

MANUEL: Lo siento, Charo, pero no (3) ______________________ plata. Ayer mi hermana (4) ______________________ a un niño y (5) ______________________ que llevarle flores.

CHARO: ¡Enhorabuena! ¿Me puedes (6) ______________________ su dirección para enviarle una tarjeta?

MANUEL: Sí, aquí la (7) ______________________.

CHARO: Ahora vamos a (8) ______________________ un café para celebrar. Te invito.

Nombre: ______________________ Fecha: ______________________

¡Así lo hacemos! Estructuras

2. The relative pronouns *que, quien,* and *lo que,* and the relative adjective *cuyo/a(s)* (Textbook pp. 324–325)

10-20 Las finanzas. Estás hablando con tu hermana por teléfono, pero hay interferencias. A continuación escucharás una serie de frases que están incompletas. Después de escuchar cada frase, elige una de las siguientes frases para formar una oración lógica.

1. ____ a. que le presté la semana pasada.
2. ____ b. quien hablé me devolvió el dinero.
3. ____ c. quién es la tarjeta de crédito que encontré en la calle.
4. ____ d. que solicité fue aprobada.
5. ____ e. que me recomendaste me ahorró mucho dinero en impuestos.

10-21 Un grave error. En la siguiente grabación, Fernando nos cuenta un problema que tiene con su cuenta corriente. Primero completa el siguiente párrafo con los pronombres relativos **que, quien,** o **lo que** o el adjetivo relativo **cuyo.** Después, escucha la grabación para verificar tus respuestas.

En cuanto abra el banco, tengo que hablar con la cajera (1) ______________ hizo el depósito en mi cuenta. La cajera, (2) ______________ hermano es mi mejor amigo, no es muy eficiente. El otro día deposité un cheque de $1.000 y según el saldo, sólo tengo $100 en mi cuenta. El error (3) ______________ hay en mi cuenta es muy grave. (4) ______________ me tiene más preocupado es que la cuenta va a estar sobregirada. No sé de quien será la culpa, pero alguien tendrá que arreglar este error hoy mismo.

10-22 ¿Cuál es la razón? Vuelve a leer el párrafo de la actividad **10-21,** "Un grave error". Luego escribe el pronombre relativo que escribiste en el espacio en blanco y explica por qué se usa.

MODELO: Rosaura es la cajera con quien hablé en el banco.

quien: *refers to a person, follows a preposition*

1. ______________________________
2. ______________________________
3. ______________________________
4. ______________________________
5. ______________________________

Nombre: ______________________ Fecha: ______________________

10-23 Un problema financiero. Javier pagó con un cheque sin fondos, lo que tuvo consecuencias negativas. Debes escribir una oración completa con la información que se da en las dos oraciones. Usa los detalles entre paréntesis para escribir una cláusula introducida por el pronombre relativo apropiado (**que, lo que, quien, a quien**).

MODELO: Tengo una cuenta corriente en el Banco Cinco. (La cuenta no tiene muchos fondos.)

Tengo una cuenta corriente en el Banco Cinco que no tiene muchos fondos.

1. Hace una semana le hice un cheque a Miguel. (Miguel me había reparado el coche.)

   ____

2. El cheque era por $100. (Cien dólares fue el precio de la reparación.)

   ____

3. En la cuenta sólo había $90. (No había usado la cuenta por varios meses.)

   ____

4. El cajero del banco me llamó cuando vio el error. (Conozco al cajero.)

   ____

5. Después, recibí una llamada de Miguel. (Miguel estaba furioso.)

   ____

6. El banco de Miguel le cobró una multa por depositar el cheque sin fondos suficientes. (El banco de Miguel tiene condiciones muy estrictas.)

   ____

7. Miguel tuvo que pagar $15. (Esto no le gustó nada a Miguel.)

   ____

8. Ahora Miguel no me quiere perdonar. (Yo consideraba a Miguel un buen amigo mío.)

   ____

10-24 Un banquero. El Sr. Quiñones es un banquero que tiene muchas citas hoy. Completa las oraciones con la forma apropiada de **cuyo** o **de quién**, según el contexto.

1. En cuanto abra el banco tengo que hablar con la pareja (cuyas, cuya) cuenta de ahorros tiene un error.
2. A las diez voy a escribirle un recibo al señor (cuyo, de quién) préstamo ya está pagado.
3. Tengo que reunirme con los empleados (cuyas, cuyos) balances de caja no se hicieron la semana pasada.
4. Debo escribir cartas a los clientes (cuyas, cuyos) cuentas corrientes están sobregiradas.
5. No sé (de quién, de quiénes) es la cartera que encontraron aquí ayer, pero esta tarde intentaré encontrar al dueño.
6. Por la tarde tengo una cita con una pareja (de quién, cuya) casa está hipotecada.
7. A las cinco voy a llamar a la Sra. Montero, (cuya, cuyo) talonario de cheques fue robado.
8. Quiero averiguar (de quién, de quiénes) es el dinero que depositamos por equivocación en la cuenta de otro cliente.

10-25 Un plan de beneficios. La directora de personal de la empresa TC envía una circular (*memo*) a todos los empleados. Completa la circular con **que, quien/es, lo que** o **cuyo.**

De: Directora de personal

A: Empleados de TC

Asunto: Beneficios

Ayer asistí a una reunión con el jefe de la compañía, (1) ____________________ nos explicó un nuevo plan de beneficios (2) ____________________ van a implementar en un mes. Todos los empleados (3) ____________________ llevan más de un año con la compañía tendrán un mes de vacaciones al año. Este plan no incluye a las personas con (4) ____________________ la compañía firmó un contrato este año, (5) ____________________ vacaciones serán de dos semanas, como se indica en las condiciones (6) ____________________ están descritas en el contrato. Se establecerá un sistema de comisión para los empleados (7) ____________________ trabajan en el departamento de ventas. Los empleados (8) ____________________ ventas sobrepasen la

Nombre: ______________________ Fecha: ______________________

cuota mensual recibirán una comisión del 5 por ciento de (9) ______________ vendieron. Habrá cambios en el seguro médico. Todos tendrán que elegir un médico con (10) ______________ consultarán en caso de enfermedad. Si tienen un problema (11) ______________ este médico no puede tratar, este recomendará a otro médico (12) ______________ campo de especialización sea más adecuado. Si tienen preguntas sobre (13) ______________ explico aquí, vengan a verme.

3. The relative pronouns *el/la cual* and *los/las cuales* (TEXTBOOK P. 328)

10-26 Mi familia. Paulina describe a algunos miembros de su familia. Escucha la grabación cuantas veces sea necesario y luego identifica de quién está hablando. Escribe la letra que corresponde en el espacio en blanco.

1. ____ Mis primas
2. ____ Mi tía Aminta
3. ____ Mi padre
4. ____ Mi abuelo
5. ____ Mis hermanos

10-27 El Banco Popular. El Banco Popular acaba de emitir su anuncio por la radio que incluye cuatro razones porque se debe usar su banco. Escucha la grabación cuantas veces sea necesario e identifica cuál es el pronombre relativo usado en cada oración y a qué palabras se refiere.

MODELO: Nuestros edificios, los cuales son de color verde, están convenientemente ubicados en toda la ciudad.

los cuales, nuestros edificios

1. ______________________________
2. ______________________________
3. ______________________________
4. ______________________________

Nombre: ______________________ Fecha: ______________________

10-28 Un viaje al extranjero. Maripaz va a hacer un viaje a España y necesita preparar el dinero que va a llevar. Completa las oraciones con **el cual, la cual, los cuales** o **las cuales.**

1. Mañana tengo que cambiar dinero en un banco, ______________ abre a las diez.
2. Debo pedirle al cajero 120 euros, ______________ usaré para el transporte público y las comidas en España.
3. El banco me va a cobrar una cantidad por cambiar el dinero, ______________ es mínima.
4. Voy a pagar las cuentas de mis tarjetas de crédito, sin ______________ no podré hacer compras en Europa.
5. Pienso pedir unos cheques de viaje, con ______________ pagaré el hotel.
6. Quiero una tarjeta para el cajero automático, ______________ usaré en España si necesito sacar más dinero.

10-29 Una nueva cuenta. Completa el folleto (*brochure*) sobre las cuentas corrientes que ofrece el banco BancPlus. Usa **el cual, la cual, los cuales** o **las cuales.**

Cuentas corrientes de BancPlus

Cuenta corriente Plus

Esta es una cuenta en

(1) ______________ puede depositar automáticamente su cheque de sueldo.

Esta cuenta se puede conectar electrónicamente con su cuenta de ahorros con

(2) ______________ puede cubrir sus sobregiros.

Esta cuenta ofrece la comodidad de hacer

cheques, con (3) ______________ puede pagar sus gastos mensuales.

Cuenta corriente Maxi

Esta cuenta es como la cuenta de ahorros Maxi. Son cuentas en

(4) ______________ usted recibe un interés.

Esta cuenta no necesita estar conectada con su cuenta de ahorros porque tiene una garantía contra los sobregiros. Esta garantía, con

(5) ______________ puede cubrir sus sobregiros, es gratis.

Esta cuenta ofrece la comodidad de hacer un cheque electrónico, con

(6) ______________ puede pagar su hipoteca.

La cuenta corriente Maxi requiere un depósito mínimo de $1.000, por

(7) ______________ le ofrecemos un interés de un 5 por ciento.

Nombre: ______________________________ Fecha: ______________________

10-30 Consejos financieros. Un asesor le da consejos financieros a un cliente. Combina la información y escribe oraciones completas con **el cual, la cual, los cuales** o **las cuales.**

MODELO: Usted debe ahorrar dinero en una cuenta 401K. Esta cuenta le permitirá ahorrar un poco cada mes.

Usted debe ahorrar dinero en una cuenta 401K, la cual le permitirá ahorrar un poco cada mes.

1. Usted debe cerrar la cuenta en el banco universitario. Ese banco tiene unos índices de interés muy bajos.

____

____

2. Es mejor depositar el dinero en una cuenta de ahorros. Una cuenta de ahorros puede darle hasta el 6 por ciento de lo que tiene ahorrado.

____

____

3. Usted puede invertir una suma modesta en la Bolsa. La suma probablemente se multiplicará dentro de unos meses.

____

____

4. También puede invertir en bonos del Estado. Estos son un poco menos rentables, pero tienen menos riesgos.

____

____

5. No pague sus compras con su tarjeta de crédito. La tarjeta de crédito cobra mucho interés.

____

____

6. Haga un presupuesto para sus gastos. El presupuesto lo ayudará a manejar sus finanzas.

____

____

7. Cuando compre una casa, pida un préstamo a largo plazo. El préstamo lo obliga a pagar muy poco al mes.

____

____

Nombre: ______________________ Fecha: ______________

10-31 Ahora es mi turno. Ahora te toca a ti hablar de tus finanzas. A continuación escucharás una lista de palabras, las cuales debes usar para formar una oración original y lógica. En la oración debes usar los pronombres relativos **el/la cual** y **los/las cuales.**

MODELO: el depósito

El depósito, el cual llevé al banco ayer, no aparece en mi saldo.

1. ______________________________

2. ______________________________

3. ______________________________

4. ______________________________

¡Así lo expresamos!

Imágenes

10-32 El águila. El águila es un símbolo poderoso que han usado muchas culturas en diferentes épocas. A pesar de esto, su significado varía según las naciones o grupos que lo adoptan. El águila que representa a Estados Unidos tiene un sentido diferente para los norteamericanos que el águila imperial de los zares de Rusia tiene para los rusos. Investiga el origen del águila mexicana en la Internet. Después, escribe un breve ensayo en el que compares la simbología del águila mexicana con el logotipo de la *United Farm Workers.* ¿Qué conexiones ves entre el uso de los dos símbolos? ¿Ves alguna similitud con la representación del águila de Estados Unidos?

Nombre: ______________________________ Fecha: ____________________

Ritmos

10-33 Los costos. En la canción *El costo de la vida,* Juan Luis Guerra habla sobre el alto costo de ciertos productos. Pero los productos suelen tener diferentes precios según dónde se vendan. Por ejemplo, la gasolina es más barata en países productores como México o Venezuela que en Estados Unidos. A continuación se encuentran algunos productos mencionados en la canción. Escoge un país hispanoamericano e investiga lo que cuestan allí estos productos. Luego investiga lo que cuestan en Estados Unidos. Después escribe un breve ensayo para comparar los precios. ¿Por qué piensas que son iguales o diferentes? ¿Piensas que el salario promedio en los dos países es igual o diferente?

Tipo de carro: ____________________

Precio en el país hispano: ____________________

Precio en Estados Unidos: ____________________

Gasolina por galón

Precio en el país hispano: ____________________

Precio en Estados Unidos: ____________________

Café por libra

Precio en el país hispano: ____________________

Precio en Estados Unidos: ____________________

____

____

____

____

____

____

____

Nombre: ______________________________ Fecha: ______________________

Páginas

10-34 Antes de leer. Encontrarás el siguiente vocabulario en la lectura. Estúdialo y luego responde a las preguntas.

aduana	*customs*	**papeleo**	*paperwork*
almacenaje	*warehousing, storage*	**requisito**	*requirement*
empaque	*packing*	**sucursal**	*subsidiary, branch*
mercancía	*merchandise*	**trámite**	*procedure*

1. ¿Cuáles son algunas industrias en las que se destaquen los latinos?

____

____

2. En tu opinión, ¿a qué se debe que la población latina se vea generalmente relacionada con ciertas profesiones y áreas de desarrollo y no con otras?

____

____

3. ¿Crees que la industria latina está creciendo y abriéndose a otros campos? ¿Por qué?

____

____

10-35 A leer. Lee el artículo a continuación y luego contesta las preguntas en la página siguiente con oraciones completas, basándote en la información de la lectura.

Se diversifican las empresas latinas en Estados Unidos

Tradicionalmente, los negocios latinos en Estados Unidos se han asociado con la comida, como es el caso de los restaurantes, sobre todo los mexicanos. Hoy en día, ese panorama empresarial ha cambiado mucho. Los hispanos ahora están representados en todos los sectores de la economía norteamericana, inclusive en áreas que antes no se asociaban con la presencia hispana.

Una de estas empresas es ACI Cargo. Esta compañía es una expedidora de fletes (*freight forwarder*) que se especializa en ofrecer servicios a los exportadores e importadores para llevar sus productos desde los centros de producción hasta los centros de consumo. Además, esta empresa ofrece servicios de transporte, de almacenaje y empaques de mercancía. ACI Cargo ayuda a sus clientes con los trámites y papeleo que se requieren para poder pasar por aduanas en Estados Unidos y otros países. Este servicio es muy importante, no solamente para individuos, sino para otras empresas. Esto es así porque las leyes y los requisitos para importar y exportar muchas veces son complicados y requieren un conocimiento especializado para poder cumplir con ellos.

ACI Cargo fue fundada en 1971 en Barranquilla, Colombia, por el empresario Raúl González. Al principio, la compañía solamente importaba y exportaba entre Estados Unidos y Colombia. Con el tiempo, la empresa fue prosperando y expandiéndose. En el año 2001, el Sr. González emigró a Estados Unidos y creó ACI Cargo, Inc. en Miami, Florida. Ahora ACI Cargo es una empresa norteamericana, con una sucursal en la ciudad de Los Ángeles.

La creación de ACI Cargo, Inc. no significó la desaparición de la empresa original, porque la compañía mantiene la oficina en Barranquilla y, recientemente, estableció una sucursal en Shanghai, China. ACI Cargo es una empresa latina en Estados Unidos que tiene un alcance internacional.

1. ¿Con qué se ha asociado el negocio hispano en Estados Unidos tradicionalmente?

   ____

2. ¿En qué se especializa una compañía expedidora de fletes?

   ____

3. ¿Por qué es el servicio de una expedidora de fletes importante para los clientes?

   ____

4. ¿Dónde se fundó ACI Cargo?

   ____

5. ¿Por qué es ACI Cargo una empresa norteamericana?

   ____

6. ¿En qué países hay oficinas de ACI Cargo?

   ____

Taller

10-36 Antes de escribir. Piensa en un problema que hayas tenido con una tarjeta de crédito, un préstamo, una cuenta corriente o un cajero automático, y anota algunos detalles sobre lo que ocurrió.

____

____

____

____

____

Nombre: ______________________________ Fecha: ______________________

10-37 A escribir. Ahora escribe una composición breve en la que expliques detalladamente el problema y su resolución.

____

____

____

____

____

____

10-38 Después de escribir. Revisa lo que acabas de escribir como si fueras otra persona, y luego escribe la descripción de nuevo haciendo los cambios necesarios.

____

____

____

____

____

____

Nombre: ______________________ Fecha: ______________

El tiempo libre

Primera parte

¡Así lo decimos! Vocabulario (TEXTBOOK P. 341)

11-1 En familia. Completa las siguientes oraciones usando una variación de cada palabra en itálica. Si necesitas ayuda, consulta la sección llamada ***Ampliación*** en el libro de texto.

MODELO: Jeanette Campbell fue la primera *nadadora* argentina que ganó una medalla en los Juegos Olímpicos. <u>Nadó</u> los cien metros en las Olimpiadas de 1936.

1. Cuando el hombre salió a ______________________, se dio cuenta de que no había traído la heladera para meter los *peces*.
2. Los ______________________ empezaron a *correr* cuando oyeron el crac de la pistola.
3. En la universidad siempre iba a ______________________ a vela los fines de semana. Algún día me gustaría viajar en una *nave* de verdad.
4. La esquiadora *se fracturó* el tobillo en la última carrera. ______________________ era bastante grave.
5. Los atletas llegaron al vestuario muy *sudados* pero dijeron que era ______________________ de la victoria.

Nombre: ______________________ Fecha: ______________________

11-2 Un campamento de verano. Eres director/a de un campamento de verano para jóvenes y vas a una escuela a hablar sobre tu programa. Ayuda a los niños a encontrar actividades que les gusten. Completa el párrafo con estas palabras de ***¡Así lo decimos!***

bucear	ciclismo de montaña	escalar	navegar
carrera	equitación	jinete	remar

- Si te gusta explorar y te interesan los ecosistemas submarinos, apúntate para aprender a (1) ______________________.
- Si te interesa montar en bicicleta, intenta el (2) ______________________.
- ¿Sabes montar a caballo? Puedes mejorar tus habilidades en nuestro curso de (3) ______________________. ¡Te convertirás en un verdadero (4) ______________________!
- Si te gusta correr, tenemos una (5) ______________________ de cinco kilómetros el sábado.
- Hay una sesión para aprender a (6) ______________________ en velero, pero sólo puedes participar si sabes nadar.
- Si te gustan las actividades más emocionantes, puedes unirte al grupo que va a (7) ______________________ montañas los miércoles.
- También tendrás la oportunidad de (8) ______________________ en uno de los lagos más bellos del estado.
- Recuerda, sólo tienes tiempo para mandar la solicitud hasta el 17 de mayo. ¡Anímate!

11-3 Nuestras vacaciones. Marisela y su esposo acaban de regresar de sus vacaciones. En la siguiente grabación Marisela habla de su viaje. Escucha la grabación cuantas veces sea necesario y luego completa las oraciones con una de las palabras de *¡Así lo decimos!*

Marisela y su esposo fueron a la Isla Margarita de vacaciones. Ellos lo pasaron muy bien. Como a ellos les encanta (1) ______________________, el primer día decidieron ir a (2) ______________________. El segundo día escogieron una actividad más tranquila. Ellos (3) ______________________ en velero. Llegaron a un lugar muy tranquilo en medio del mar y como a su esposo le encanta (4) ______________________, se quedaron ahí por dos horas. Cuando decidieron volver a la playa, ellos tuvieron que (5) ______________________ hasta llegar a la costa. Cuando finalmente llegaron, los pobres estaban (6) ______________________. Estaban tan cansados que durmieron el resto del día. A pesar de esta pequeña aventura, las vacaciones de Marisela y su esposo fueron maravillosas.

11-4 Unas vacaciones divertidas. Jaime le ha escrito una carta a su amiga Lupe contándole lo que hizo durante las vacaciones de verano. Completa la carta con estas palabras de *¡Así lo decimos!*

acampar	escalar	navegamos a vela
aficionado	fracturé	pescamos
camping	lago	velero

Querida Lupe:

Lo pasé muy bien cuando fui de (1) ______________________ en el verano. Participé en muchas actividades divertidas. Siempre quise (2) ______________________, pero nunca me atreví por temor a los animales salvajes. Esta vez fuimos a acampar por cuatro días. Además de acampar, practicamos muchos deportes. El domingo, nosotros (3) ______________________ por la mañana, y usé mi nueva caña de pescar por primera vez. El lunes decidimos (4) ______________________ las montañas que rodean el (5) ______________________ en el que acampamos. Aunque soy un (6) ______________________ y no tengo mucha experiencia, me encantó hacerlo. El martes

(7) ______________________ en el lago. El (8) ______________________ de mi amiga MariCarmen es muy cómodo y moderno. Todo nos fue muy bien, hasta que me (9) ______________________ el tobillo al bajar del velero. Mi viaje fue más corto de lo esperado, pero ¡fue una experiencia inolvidable!

Hasta pronto,

Jaime

11-5 ¿Sabes cuál es la palabra? Estas personas nos hablan de lo que les gusta hacer durante su tiempo libre. Escucha la siguiente grabación y durante la pausa, elige la palabra de la lista que complete cada frase lógicamente.

el arco y la flecha	cañas de pescar	el paracaidismo
bucear	levantar pesas	patinar sobre hielo
un campamento	el montañismo	sudar

1. ______________________
2. ______________________
3. ______________________
4. ______________________
5. ______________________

11-6 ¡Cuidado! Completa el diálogo con la forma apropiada de las siguientes expresiones.

divertirse	pasarlo (bien/mal)

EDUARDO: ¿Cómo (1) ______________________ en tus vacaciones?

DULCE: (2) ______________________ mucho. Fui a Puerto Rico y buceé todos los días. ¿Y tú famila? ¿Cómo (3) ______________________ en tus vacaciones?

EDUARDO: Muy bien, gracias. Mi esposa y yo (4) ______________________ mucho. El próximo mes, salgo para San Juan para un viaje con mis hijos. Tal vez bucee también.

DULCE: ¿Más vacaciones? ¡Qué suerte! (5) ¡______________________!

Nombre: ______________________ Fecha: ______________________

¡Así lo hacemos! Estructuras

1. Sequence of tenses with the subjunctive (TEXTBOOK PP. 344–345)

11-7 Unas vacaciones horribles. Graciela fue de vacaciones recientemente. Lamentablemente no lo pasó muy bien porque al llegar a Costa Esmeralda, ella y su esposo tuvieron un problema. En esta grabación ella nos cuenta su experiencia. Después de escucharla, rellena los espacios en blanco con el presente o el imperfecto del subjuntivo según corresponda.

No encontramos ningún hotel que (1) ______________________ una habitación disponible. Tuvimos que dormir en un parque la primera noche. Yo tenía miedo de que la tormenta se (2) ______________________ en huracán. Como soy muy organizada, antes de salir de vacaciones siempre insisto en que (3) ______________________ nuestras reservas. Cuando (4) ______________________ de vacaciones la próxima vez, yo haré todas las reservas y las confirmaré antes de salir. Jamás confiaré en que mi esposo (5) ______________________ las reservas. ¡Nunca más en la vida volveré a dormir en un parque!

11-8 ¿Cuál es la razón? Graciela habla un poco más de sus vacaciones horribles. Ahora escucha las frases y explica por qué el verbo está en el imperfecto del subjuntivo.

MODELO: Yo no quería que él planeara nuestras vacaciones.

quería que: imperfect- requires imperfect subjunctive (***planeara***)

1. ______________________
2. ______________________
3. ______________________
4. ______________________
5. ______________________

Nombre: ______________________________ Fecha: ______________________

11-9 Un maratón. Mauro tiene que escribir un artículo sobre el maratón que tuvo lugar este fin de semana. Completa las oraciones seleccionando uno de los verbos entre paréntesis, de acuerdo con el verbo de la primera cláusula.

1. Arantxa Markaida ganó la carrera.

   Los espectadores se alegraron de que (gane/ganara).

2. Alida Lobo obtuvo el segundo puesto.

   Me extrañó que ella (pierda/perdiera) (*to lose*).

3. Álvaro Méndez se torció el tobillo.

   Fue una lástima que se lo (tuerza/torciera).

4. Los hermanos Sánchez participaron en el maratón.

   Nos habría sorprendido que no (participen/participaran).

5. Todos los atletas llegaron a la meta (*finish line*).

   Dudé que (lleguen/llegaran).

6. Los patrocinadores dieron un premio de mil dólares para el ganador del primer puesto.

   Me sorprendió que los organizadores (den/dieran) un premio.

7. El año que viene se hará el maratón otra vez.

   Los aficionados han sugerido que se (haga/hiciera) el año que viene.

8. El próximo año el maratón tendrá lugar en Puerto Rico.

   Los patrocinadores quieren que (tenga/tuviera) lugar en Puerto Rico.

9. Las reglas de la competencia serán más estrictas.

   Me gustaría que las reglas de la competencia (sean/fueran) más estrictas.

10. La próxima vez participarán más personas.

    Es bueno que (participen/participaran) más personas la próxima vez.

Nombre: ______________________ Fecha: ______________________

11-10 Entrenamiento. El equipo de fútbol de la universidad empezó el entrenamiento ayer para prepararse para el campeonato inter-universitario. Cambia las oraciones al pasado para explicar lo que pasó. La palabra o frase al comienzo de la frase te indicará si necesitas usar el pretérito o el imperfecto.

MODELO: El entrenador siempre quiere que los miembros del equipo hagan ejercicio.

Siempre *el entrenador quería que los miembros del equipo hicieran ejercicio.*

1. El entrenador siempre manda que los futbolistas levanten pesas.

   Siempre ______________________

2. Al capitán del equipo le molesta que los otros jugadores no hayan practicado durante el invierno.

   Ayer ______________________

3. No hay nadie que esté en mejor condición física que el portero (*goalie*).

   Durante todo el año ______________________

4. Es una lástima que uno de los jugadores se haya fracturado la pierna.

   En la práctica de ayer ______________________

5. Los aficionados dudan que el equipo gane el campeonato este año.

   Antes de estas prácticas ______________________

6. Los jugadores prefieren que el entrenador no les haga correr tantas millas.

   En todas las prácticas ______________________

11-11 El paracaidismo. Laura es instructora de paracaidismo. Completa lo que le dice a un grupo de principiantes (*beginners*) con la forma apropiada del subjuntivo.

¡Buenos días! Me alegro de que ustedes (1. apuntarse) ______________ para este curso de paracaidismo. Es bueno que (2. haber) ______________ tanto interés en el deporte. Espero que todos ya (3. leer) ______________ la información en el folleto que les dimos cuando se inscribieron en el curso. El paracaidismo puede ser peligroso, y es importante que todos (4. entender) ______________ que hay riesgos. Por eso hemos pedido que (5. firmar) ______________ un contrato para eliminar nuestra responsabilidad en caso de accidente. El folleto especifica el equipo que necesitarán para la actividad. Preferiría que todos (6. comprar) ______________ un paracaídas lo antes posible, porque es probable que nosotros (7. ensayar) ______________ el uso del equipo dentro de unos días. Me imagino que ustedes esperaban que hoy (8. empezar) ____________________ a tirarnos de la avioneta, pero es mejor hacer nuestro entrenamiento paso a paso.

11-12 Algunos comentarios. Tu amigo te está hablando de los últimos acontecimientos. Lee bien las frases a continuación. Después escucharás una serie de frases. Elige el comentario que responda lógicamente a la frase que escuchaste.

1. ____ ¡Es increíble que hayas tenido tanta suerte!
2. ____ Sería maravilloso que algún día llegaras a ser un gran jinete.
3. ____ Sería bueno que fueras al doctor.
4. ____ Te aconsejo que les mandes una queja (*complaint*) a los organizadores de la competencia. Las personas que preparan las canchas son muy irresponsables.
5. ____ Es una lástima que haya hecho tanto viento.

11-13 El buceo. Paco acaba de aprender a bucear. Completa las oraciones con la forma apropiada del subjuntivo del verbo entre paréntesis.

El mes pasado empecé a tomar lecciones de buceo. Fue importante que (1. tomar) ____________________ el curso de entrenamiento primero porque quería que los instructores me (2. enseñar) ____________________ a utilizar el equipo. Además, en muchos lugares se requiere que los buzos (*divers*) (3. tener) ____________________ un certificado antes de empezar a practicar. Ayer el instructor sugirió que yo (4. meterse) ____________________ en el agua con el equipo de buceo por primera vez. ¡Nunca he tenido una experiencia como esta! Esperaba que el buceo me (5. gustar) ____________________, y me sorprendió que el fondo del mar (6. ser) ____________________ tan impresionante. Dudaba que los animales marinos (7. quedarse) ____________________ en la zona donde yo estaba, pero muchos de los peces permanecían allí tranquilos. Intenté no hacer movimientos rápidos para que no (8. asustarse) ____________________. Fue una pena que el instructor me (9. hacer) ____________________ volver arriba tan pronto, pero él sólo quería que (10. estar) ____________________ unos minutos en el agua. Espero poder permanecer más tiempo bajo el agua la próxima vez.

Nombre: ______________________ Fecha: ______________________

Conéctate

11-14 Los deportes arriesgados. Los deportes "extremos" también se practican en los países de habla hispana. Existen clubes dedicados a practicar casi todos los deportes mencionados en el vocabulario. Ve a un programa de búsqueda en la Internet y busca la página de algún club u organización que se dedique a uno de esos deportes. Luego, busca la página web de un grupo similar en tu área. Escribe un breve ensayo en el cual hables sobre las similitudes y las diferencias entre los dos grupos. Enfócate en temas como lo que hace que estos deportes peligrosos sean especiales, las competencias que se realizan y las conexiones que existen entre personas de diversos países que practican el mismo deporte.

____

____

____

____

____

____

____

Segunda parte

¡Así lo decimos! Vocabulario (TEXTBOOK P. 353)

11-15 En familia. Completa las siguientes oraciones usando una variación de cada palabra en itálica. Si necesitas ayuda, consulta la sección llamada ***Ampliación*** en el libro de texto.

MODELO: La Copa América de Vela es una *competencia* en la que compiten los yates de vela más veloces del mundo.

1. Las monedas antiguas están en una *colección* especial del Banco de Comercio. El banco las recibió de varias personas que las ______________________ por años.
2. La señora vestida de negro *apostó* mil dólares al número seis. Con esa ______________________ ganó otros cinco mil.
3. En el torneo de ajedrez, el campeón defendió su título en menos de veinte ______________________; todos afirmaron que había *jugado* muy bien.

Nombre: ______________________________ Fecha: ______________________

4. Sospechamos que el jugador de las veintiuna es *tramposo*. Se dice que regularmente

______________________.

5. ¿Asististe a ______________________ en Nueva York donde *se exhibieron* las tarjetas de béisbol?

6. En mi familia todos tenemos *afición* por las cartas. Todos somos ______________________ al póquer.

11-16 Las Vegas. A los padres de Gabriela les encanta ir a Las Vegas. En la siguiente grabación ella habla de sus padres. Escucha la grabación cuantas veces sea necesario y luego completa las oraciones con una de las palabras de la sección ***¡Así lo decimos!***

A los padres de Gabriela les fascinan (1) ______________________. Ellos coleccionan (2) ______________________, naipes y máquinas de juegos. A ellos también les encanta (3) ______________________. Por eso, una vez al año ellos van a Las Vegas y apuestan mucho dinero. Su papá es muy (4) ______________________. Tiene (5) ______________________ muy buenas. Su mamá no es tan buena. Ella sólo apuesta en (6) ______________________. Esta actividad la mantiene entretenida por horas. Cuando regresan, están muy cansados porque siempre que van a Las Vegas (7) ______________________ mucho.

Nombre: ______________________________ Fecha: ______________________

11-17 Una agenda. Clara ha apuntado en su agenda todas las actividades que tiene planeadas para el sábado, pero se le han borrado algunas cosas. Ayúdala. Completa su agenda con las palabras apropiadas de *¡Así lo decimos!*

ajedrez	las canicas	estampillas	máquinas tragamonedas	parranda	sorteo
apostar	cartas	exhibir	el ocio	ping-pong	torneo

sábado, 18 de abril
9:00 *En el (1) ____________ de (2) ____________ hoy se harán las jugadas definitivas.*
11:00 *En la oficina de correos se van a (3) ____________ colecciones de (4) ____________ antiguas.*
13:00 *Voy a jugar al póquer con Amalia. Tengo que llevar las (5) ____________.*
15:00 *Debo mirar los resultados del (6) ____________.*
17:00 *Voy a jugar al (7) ____________ con Federico en su casa.*
21:00 *María, Ana y yo salimos de (8) ____________. ¡Vamos a trasnochar!*

Nombre: ______________________ Fecha: ______________________

11-18 En el casino. Félix trabaja en un casino desde hace unos meses. Le escribe a un amigo para contarle cómo le va. Completa el párrafo con estas palabras de ***¡Así lo decimos!*** Recuerda hacer los cambios pertinentes según el contexto.

afición	carta	jugada	salir de parranda
apuesta	diestro/a	máquina tragamonedas	trasnochar

Me fascina mi trabajo en el casino porque varía mucho de un día a otro. A veces trabajo en la mesa de póquer y me toca repartir las (1) ______________ a los clientes. De vez en cuando trabajo en la caja y cambio las fichas (*chips*) que los clientes usan para hacer sus (2) ______________. Sin embargo, la mayoría de las personas que vienen al casino no apuestan en juegos de mesa, sino que pasan horas en las (3) ______________. Mi puesto favorito es el de guardia. La mayoría de nuestros clientes vienen al casino cuando (4) ______________ como parte de una noche divertida. Para algunos, el juego es sólo una (5) ______________, pero para otros es una adicción. Mi responsabilidad como guardia es observar detenidamente las (6) ______________ de los clientes y asegurarme de que sean legales. Es difícil, porque algunos clientes son muy (7) ______________ y hacen trampa. ¡Cambian las cartas sin que se note! Es un trabajo muy emocionante, pero una desventaja es que hay que trabajar muchas horas seguidas. El casino está abierto hasta las seis de la madrugada, y muchas veces tengo que (8) ______________.

11-19 ¿Sabes cuál es la palabra? Gabriela nos describe ahora las actividades favoritas de ella y de otros miembros de su familia. Escucha la siguiente grabación y durante la pausa, elige la palabra de la lista que complete la oración lógicamente.

aficionada	coleccionar	ocio	trasnochar
apostar	competir	sello	torneo

1. ______________
2. ______________
3. ______________
4. ______________
5. ______________

11-20 ¡Cuidado! Completa el diálogo con la forma apropiada de estas expresiones.

atreverse	cine	película	retar

MANOLO: Luisa, hay (1) ______________________ esta noche en (2) ______________________ Rialto. Es de Almodóvar, el cineasta español y dicen que es muy escandalosa. Te (3) ______________________ a verla conmigo.

LUISA: ¡Cómo no! Me acuerdo que después de ver (4) ______________________ *Volver* de Almodóvar, decidiste anotarte en su club de aficionados y le escribiste una carta a Penélope Cruz contándole que estabas enamorado de ella.

MANOLO: Bueno, es verdad que (5) ______________________ me encantó, pero esta vez (6) ______________________ a ser más objetivo. Seguramente Almodóvar ganará otro Óscar.

LUISA: Está bien. Salgamos para (7) ______________________ a las ocho.

¡Así lo hacemos! Estructuras

2. Uses of definite and indefinite articles (TEXTBOOK PP. 356–357)

11-21 Un coleccionista de estampillas. Arturo es muy aficionado a las estampillas y tiene una gran colección. A continuación nos va a contar lo que hacen él y sus amigos filatélicos (*stamp collectors*). Completa el párrafo con el artículo definido apropiado. ¡OJO! Si no se necesita un artículo, pon una "X" en el espacio.

Todas (1) ______________________ semanas hay una reunión de mi club de (2) ______________________ coleccionistas de (3) ______________________ estampillas. Nos reunimos en (4) ______________________ centro estudiantil de (5) ______________________ universidad (6) ______________________ jueves a (7) ______________________ once de (8) ______________________ mañana. Hay cinco miembros en (9) ______________________ grupo. Yo tengo estampillas de (10) ______________________ Salvador, (11) ______________________ Chile y (12) ______________________ Venezuela. Este jueves vamos a hablar en la reunión sobre (13) ______________________ valor de (14) ______________________ estampillas.

Nombre: ______________________ Fecha: ______________________

11-22 El torneo de tenis. Acaban de anunciar en la radio que va a haber un torneo de tenis, pero Gloria no ha tenido tiempo de apuntar toda la información. Ayúdala. Escucha la grabación cuantas veces sea necesario y luego elige la respuesta correspondiente según lo que escuchaste.

1. El torneo será:

   a. el domingo. b. los domingos.

2. El torneo será:

   a. a la una. b. a las tres.

3. El próximo torneo será en:

   a. el verano. b. la primavera.

4. El próximo torneo será:

   a. el 15 de mayo. b. el 25 de mayo.

5. Los jugadores viven en:

   a. La Habana. b. el Perú.

11-23 Preguntas sobre el torneo. Gloria acaba de regresar del torneo de tenis, al cual Susana no pudo ir. En la siguiente grabación escucharás las preguntas que le hace Susana a su amiga. Escucha la grabación cuantas veces sea necesario y luego elige el artículo indefinido apropiado.

1. a. uno b. un
2. a. una b. un
3. a. unos b. un
4. a. una b. unas
5. a. una b. un

Nombre: ______________________________ Fecha: ______________________

11-24 Planes. Susana y Gloria están haciendo planes para este domingo. Completa el diálogo con los artículos definidos e indefinidos apropiados.

SUSANA: Hola, Gloria. ¿Qué quieres hacer (1) ____________________ domingo?

GLORIA: ¿Te apetece ir a (2) ____________________ competencia de ping-pong?

SUSANA: No, no me gusta (3) ____________________ ping-pong.

GLORIA: ¿Qué tal si vamos al estadio? Acaba de empezar (4) ____________________ temporada de fútbol y me gustaría ver (5) ____________________ partido del domingo, porque va a jugar (6) ____________________ nuevo portero de nuestro equipo.

SUSANA: Si quieres ir al estadio debes ponerte (7) ____________________ impermeable porque va a llover mucho por (8) ____________________ tarde. Sería mejor pensar en (9) ____________________ actividad para hacer en casa. ¿Quieres jugar a (10) ____________________ cartas?

GLORIA: A mí me fascina (11) ____________________ póquer porque es (12) ____________________ juego emocionante.

SUSANA: De acuerdo.

11-25 Un torneo de ajedrez. La Federación de Ajedrez celebra un campeonato este fin de semana. Completa las frases con el artículo definido o indefinido, según se necesite. Si el artículo no es necesario, pon una "X" en el espacio. Luego, completa las frases con la información correcta para formar oraciones lógicas, escribiendo las letras en los espacios correspondientes.

1. ____ ____ torneo de ajedrez será
2. ____ Vendrán ____ participantes
3. ____ Habrá ____ jugador de
4. ____ Habrá también ____ jugadora del
5. ____ ____ gran premio será de

a. la República Dominicana.
b. club femenino de Puerto Rico.
c. un evento fascinante.
d. mil dólares.
e. de todo el mundo.

Nombre: ______________________ Fecha: ______________________

11-26 El campeón de ajedrez. Pilar y su esposo Ignacio se presentan a sus nuevos vecinos. Primero, completa el siguiente párrafo con el artículo definido o indefinido. Si no se requiere ninguno, pon una "X" en el espacio en blanco. Después, escucha la grabación para verificar tus respuestas.

PILAR: Soy (1) ______________ profesora de (2) ______________ español en (3) ______________ universidad y mi esposo es (4) ______________ campeón nacional de ajedrez. Él aprendió a jugar cuando era niño y vivía en (5) ______________ Paz, Bolivia.

IGNACIO: Es verdad, soy (6) ______________ jugador excelente. Practico muchas horas todos (7) ______________ días. Por eso soy (8) ______________ campeón nacional.

3. Uses of the infinitive and the –ing (*-ndo*) form of the verb (TEXTBOOK P. 360)

11-27 Los videojuegos. Rita tiene muchos problemas con su hijo. A él lo único que le interesa son los videojuegos. Escoge la forma adecuada del verbo entre paréntesis según el contexto, para completar lo que cuenta Rita.

A mi hijo Jorge le fascinan los videojuegos. Al comienzo yo siempre estaba (1. buscar/buscando) juegos nuevos para él porque pensaba que lo ayudarían a concentrarse. A Jorge el trabajo en el colegio le parecía (2. aburriendo/aburrido). Pero en los últimos meses he estado (3. ver/viendo) que mi hijo pasa demasiado tiempo (4. jugar/jugando). He pasado las últimas semanas (5. pensando/pensado) en otras posibilidades para (6. ayudando/ayudar) a mi hijo a dejar los videojuegos. He (7. pensado/pensando) en (8. conseguido/conseguir) un terapista para él. También debo (9. reducir/reduciendo) sus horarios de videojuegos y buscar otras alternativas para que no se aburra.

11-28 El toreo. Nerea ha ido por primera vez a una corrida de toros y comparte su experiencia contigo. Completa las oraciones con el gerundio o el infinitivo de los verbos, según el contexto.

A muchas personas la idea de (1. ver/viendo) una corrida de toros les parece absurda porque opinan que es cruel (2. matar/matando) a un animal. A mí tampoco me gusta (3. participar/participando) en pasatiempos violentos. Sin embargo, después de (4. ir/yendo) a una corrida de toros por primera vez, salí de la plaza (5. pensar/pensando) que el toreo era un espectáculo fascinante. Hay momentos tensos cuando el toro sale (6. correr/corriendo) hacia el torero, pero es increíble ver cómo el torero domina al toro. Los espectadores se quedan fascinados (7. observar/observando) la gran habilidad con que el torero maneja el capote. Siempre me ha parecido que (8. torear/toreando) era una actividad peligrosa, pero no sabía que requería tanta gracia y tanto arte.

Nombre: ______________________ Fecha: ______________________

11-29 Mis opiniones. Tu novio te habla de sus aficiones y tú le das tu opinión al respecto. En la grabación siguiente escucharás una serie de oraciones. Completa las oraciones lógicamente con el infinitivo de uno de los siguientes verbos.

cocinar	escalar	nadar	pescar	ser
conocer	jugar	patinar	saltar	

1. A mí no me gusta ______________________. Es aburridísimo.
2. Me parece que ______________________ de un avión es una locura.
3. ______________________ es uno de los mejores ejercicios que puedes hacer.
4. A mis abuelos les gusta más ______________________ a los naipes.
5. ______________________ sobre hielo ha sido el sueño de toda mi vida.

11-30 Tus gustos. A continuación escucharás a un amigo y a su compañero de cuarto hablar de los gustos de cada uno. Escucha las siguientes preguntas y respuestas y elige la forma del verbo de la lista que debes usar para completar cada uno. Escribe las palabras en los espacios correspondientes.

aburridos / aburriendo / aburrida	entretenido / entreteniendo / entretenida
aterrador / aterradora / aterrorizando	jugado / jugando / jugar
correr / corrido / corriendo	

1. Me parecen ______________________.
2. Siempre ando ______________________ de un lugar a otro.
3. Esa actividad es ______________________.
4. Me gusta ______________________ a los naipes. Es ______________________.

Nombre: ______________________ Fecha: ______________________

11-31 El juego. Mariana le pregunta a Esteban qué le gusta hacer en el casino. Completa la conversación con infinitivos o gerundios, según el contexto.

MARIANA: Esteban, ¿juegas mucho en el casino?

ESTEBAN: Sí, me paso todos los sábados (1) ______________________ en el casino.

MARIANA: ¿Apuestas mucho dinero cuando vas al casino?

ESTEBAN: No, porque (2) ______________________ mucho me pone nervioso.

MARIANA: ¿Te gusta jugar al póquer?

ESTEBAN: Sí, (3) ______________________ al póquer es uno de mis pasatiempos favoritos.

MARIANA: ¿Fumas cuando estás en el casino?

ESTEBAN: No, está prohibido (4) ______________________ en el casino donde yo juego.

MARIANA: ¿Pierdes mucho dinero en el casino?

ESTEBAN: Nunca salgo del casino (5) ______________________ porque no apuesto mucho dinero.

11-32 El juego de palabras. A continuación escucharás una serie de palabras entre las que hay adjetivos, infinitivos y gerundios. Escucha la lista cuantas veces sea necesario y luego escribe una oración original usando cada una de las palabras que escuches.

MODELO: apostar

Debes pagar las cuentas antes de apostar tu dinero.

1. ____

2. ____

3. ____

4. ____

¡Así lo expresamos!

Imágenes

11-33 El ritmo. A través de los siglos tanto la pintura como la música se han servido de influencia mutua. Existen cuadros que han sido inspiración de canciones, así como hay pintores que han creado obras inspiradas en temas musicales. Ve a un programa de búsqueda en la Internet y busca cuadros hechos por artistas hispanos que reflejen una influencia musical. Escoge uno de esos cuadros y escribe una breve descripción del mismo. ¿Cómo se compara el cuadro que encontraste con el de Jaime Antonio González Colson del texto?

____

____

____

____

____

____

____

____

Ritmos

11-34 Los fines de semana. En la canción de los hermanos Rosario se habla sobre las actividades de los fines de semana en República Dominicana. Hay organizadores de fiestas en ese país que anuncian en la Internet sus fiestas de los fines de semana. Ve a un programa de búsqueda e investiga anuncios de fiestas en República Dominicana. Escribe un breve ensayo para describir la fiesta anunciada y lo que se podrá hacer ahí. ¿Qué semejanzas y qué diferencias hay entre el anuncio y la canción?

____

____

____

____

____

____

Nombre: ______________________________ Fecha: ______________________

Páginas

11-35 Antes de leer. Encontrarás el siguiente vocabulario en la lectura. Estúdialo y luego completa las oraciones de la actividad con las palabras o expresiones apropiadas. No te olvides hacer los cambios necesarios según el contexto.

a la larga	*in the long run*	**poliuretano**	*polyurethane*
ciencia cierta	*positively*	**queja**	*complaint*
comercializar	*to market*	**regañar**	*to scold*
fibra de vidrio	*fiberglass*	**tabla**	*board*
maniobra	*maneuver*		

1. Para hacer windsurf necesitas una buena ____________________.
2. Yo sé a ____________________ que no me gusta cazar.
3. Cuando mis amigos no pescan ningún pez, yo oigo sus ____________________.
4. Cuando mi hijo hace trampa yo lo ____________________.
5. El paracaidista hizo una ____________________ antes de abrir el paracaídas

   (*parachute*).

Nombre: ______________________________ Fecha: ______________________

11-36 A leer. Lee el artículo a continuación y luego contesta las preguntas con oraciones completas.

El monopatinaje

No se sabe a ciencia cierta el origen del monopatín o patineta (*skateboard*). Lo que sí se sabe es que los monopatines se empezaron a comercializar en masa en los años 60. Aun así, el monopatinaje no se popularizó hasta los años 70. Esto se debió, en parte, al desarrollo de mejores monopatines hechos de materiales nuevos. Se empezaron a hacer ruedas de poliuretano y tablas de fibra de vidrio o aluminio. Además, también fue en los años 70 que los monopatinadores crearon las primeras maniobras acrobáticas con sus propios nombres. Una de las primeras de estas fue la "ollie". Este truco se usa para hacer despegar la tabla.

El desarrollo de este nuevo deporte continuó durante los años 80 a pesar de que los participantes no tenían un estadio o cancha especializados para el monopatinaje. Es por eso que, durante su comienzo, se practicaba en la calle o cerca de edificios; esto les permitía a los monopatinadores ensayar sus maniobras. A la larga, las quejas de los dueños de los edificios hicieron que los monopatinadores perdieran lugares donde patinar tranquilamente. Felizmente, los años 90 vieron la construcción de muchos parques para el monopatinaje donde los patinadores podrían patinar sin preocuparse de ser regañados. También, se hicieron populares las competencias entre los monopatinadores, lo cual contribuyó a hacer más popular el deporte.

A pesar de la disponibilidad de parques, los monopatinadores siguen interesados en patinar en calles y aceras. Uno de los lugares más populares para los monopatinadores de todo el mundo es Barcelona. Las razones para este fenómeno son muchas. Primero, monopatinadores famosos como Tony Hawk han hecho videos donde se los puede ver patinando en diferentes sitios de la ciudad. En contraste con otras ciudades donde hay muchas restricciones para el monopatinaje, en Barcelona los monopatinadores gozan de cierta libertad para patinar a gusto. Además, la ciudad de Barcelona es una de las más bellas de Europa y está llena de cultura.

Si te interesa ir a Barcelona a practicar monopatinaje, deberías considerar algunos de los lugares mencionados en las revistas de monopatinaje. Entre estos se incluyen las escaleras del Museo de Arte Contemporáneo de Barcelona.

1. ¿Cuándo se creó el primer monopatín?

____

2. ¿Cuándo se hizo popular el monopatinaje?

____

3. ¿Qué es un "ollie"?

____

4. ¿Por qué se practicaba el monopatinaje en la calle?

____

Nombre: ______________________________ Fecha: ______________________

5. ¿Por qué no podían practicar tranquilamente su deporte los monopatinadores?

____

6. ¿Qué adelanto se produjo en el deporte en los años 90?

____

7. ¿Por qué es Barcelona un buen lugar para practicar el monopatinaje?

____

8. ¿Cuál es un buen lugar en Barcelona para practicar el monopatinaje?

____

Taller

11-37 Antes de escribir. Piensa en un pasatiempo extraordinario en el que participaste alguna vez. Apunta algunos recuerdos sobre la experiencia.

____

____

____

____

____

11-38 A escribir. Narra la experiencia que tuviste. Explica por qué lo hiciste, cómo esperabas que fuera y cómo te sentiste al hacerlo. ¿Te gustaría participar en la actividad otra vez? Usa correctamente los tiempos del subjuntivo al escribir.

____

____

____

____

____

____

____

Nombre: ________________________________ Fecha: ________________________

11-39 Después de escribir. Revisa lo que acabas de escribir como si fueras otra persona, y luego escribe la descripción de nuevo haciendo los cambios necesarios.

____

____

____

____

____

____

____

Nombre: ______________________ Fecha: ______________________

Temas que no pasan de moda

Primera parte

¡Así lo decimos! Vocabulario (TEXTBOOK P. 373)

12-1 En familia. Completa las siguientes oraciones usando una variación de cada palabra en itálica. Si necesitas ayuda, consulta la sección llamada ***Ampliación*** en el libro de texto.

MODELO: El Polo Norte fue *explorado* varias veces durante el siglo pasado. La *exploración* costó no sólo dinero sino también la vida de algunos de los exploradores.

1. Se tuvo que *rescatar* al joven del auto después del accidente. Los bomberos completaron ______________________ en menos de una hora.
2. *Rétate* a hacer lo mejor posible en tus estudios. Es un ______________________ que te beneficiará en el futuro.
3. *Adaptarse* a tener clases sin maestros humanos no será tan fácil como se piensa. Sin embargo, con los avances de la tecnología, esta ______________________ será más fácil en el futuro.
4. Los que no quieren ______________________ esperan que algún día se encuentre una cura para *la vejez*.

5. A muchos les preocupa que ________________ de petróleo no sea posible dentro de cincuenta años. Para entonces ya se *habrá extraído* la mayoría del petróleo que existe bajo la tierra.

12-2 Una expedición submarina. Un grupo de científicos puertorriqueños va a explorar la región submarina segunda en el mundo por su profundidad, al norte de la isla. Completa la noticia del periódico sobre la futura expedición con estas palabras de *¡Así lo decimos!*

adaptarse	explorar	extraer	funciones	rescatar	reto

La próxima semana, cuatro científicos puertorriqueños estarán a bordo de una pequeña estación submarina y su (1) ________________ será llevar a cabo una expedición en el fondo del mar. Su principal propósito será (2) ________________ esta región casi desconocida de nuestro planeta, así como recolectar muestras de nuevas especies de plantas y animales para estudiarlas y poder (3) ________________ otras especies en peligro de extinción. La estación submarina es muy pequeña y tiene muchos aparatos electrónicos que desempeñarán (4) ________________ específicas. Por ejemplo, la estación tiene un par de brazos mecánicos operados por control remoto, con los cuales esperan (5) ________________ muestras de ese misterioso ecosistema. La tripulación se compone de un biólogo marino, un ingeniero mecánico y una microbióloga. Según el biólogo Franco Rengel, será difícil para ellos (6) ________________ a vivir en un espacio tan pequeño sin poder ver la luz del sol, pero el submarino está óptimamente equipado para que la misión sea todo un éxito.

Nombre: ______________________________ Fecha: ______________________

12-3 Noticias de ciencia y tecnología. En la página sobre ciencia y tecnología del periódico hay noticias muy interesantes sobre los últimos avances. Completa la página del periódico con estas palabras de *¡Así lo decimos!*

adaptarse	explorar	funcionamiento	rescatar
el desafío	extraer	la propuesta	terapia genética
ensamblar	frenar	proteger	

Noticias de ciencia y tecnología

- Según la ingeniera Ana María Rodríguez, (1) ____________________ actual en la ingeniería de petróleo es encontrar formas de (2) ____________________ petróleo sin afectar negativamente el medio ambiente.
- Los científicos de la NASA quieren (3) ____________________ la posibilidad de vida en Marte, y por eso están analizando si en el subsuelo del planeta hay hielo que se evapora.
- Los grupos defensores del medio ambiente, como Greenpeace, aseguran que es absolutamente necesario (4) ____________________ el calentamiento del planeta para evitar una catástrofe mundial.
- El modelo *GrandSport* de la Maserati ha ganado varios premios internacionales por el mejor diseño y el mejor (5) ____________________.
- Una serie de experimentos de (6) ____________________ podrían permitir a los futuros padres escoger el sexo y algunas características físicas de sus hijos.
- Las compañías que producen carros se preguntan si los norteamericanos podrán (7) ____________________ a manejar carros más pequeños, para (8) ____________________ el medio ambiente mientras ahorran dinero.
- El ingeniero Oleg Krononenko de la estación espacial internacional (ISS) tuvo que (9)____________________ las partes del inodoro que trajeron los miembros del transbordador *Discovery,* para solucionar el problema que tenían.

- El grupo ambiental AIRE está planeando una expedición al Amazonas para tratar de (10) ____________________ al Dr. Pierce, el famoso biólogo y activista ambiental que se halla perdido en la selva.

12-4 Los huracanes. Entre agosto y noviembre del año 2007, los huracanes Dean, Félix y Noel afectaron terriblemente a los países del Caribe, América Central y México. Escucha la grabación sobre estos acontecimientos cuantas veces sea necesario y luego completa las oraciones con las palabras de ***¡Así lo decimos!*** que escuches.

1. Muchos centros turísticos dejaron de ____________________.
2. Después de una temporada de huracanes relativamente tranquila en 2006, muchos habitantes quedaron ____________________ al ver la fuerza de estos huracanes.
3. Los huracanes causaron la muerte de cientos de personas en varios de estos países ____________________.
4. Algunas personas pudieron ser ____________________, pero otras murieron.
5. Los caribeños deben ____________________ a estos cambios de clima debido a su ubicación geográfica.

12-5 ¿Sabes cuál es la palabra? Nuestros reporteros callejeros han salido a preguntarle a la gente qué piensa de los avances tecnológicos, y cómo se ven afectados. Escucha la siguiente grabación y, durante cada pausa, elige la palabra de la lista que complete la frase lógicamente.

adaptado	la célula	una propuesta	rescate
un autómata	un desafío	el quirófano	la vejez

1. ____________________
2. ____________________
3. ____________________
4. ____________________
5. ____________________

Nombre: ______________________________ Fecha: ______________________

12-6 ¡Cuidado! Combinen estos lugares, personas y cosas para crear descripciones superlativas. Si no están de acuerdo, den otra opción.

MODELOS: San Francisco: ciudad / hermosa / mundo

San Francisco es la ciudad más hermosa del mundo.

o

No es verdad. Nueva York es la más hermosa del mundo.

1. *Soy leyenda* con el actor Will Smith
2. Picasso
3. la asistencia de autómatas en la cirugía
4. Yosemite
5. la nuestra
6. *Alfa Centauro* de Isaac Asimov
7. encontrar una cura para el SIDA
8. la de Detroit

a. el avance científico / crucial / los últimos años
b. la fábrica / grande / todas
c. la novela / intrigante / ciencia ficción
d. la clase / interesante / universidad o escuela
e. el campo de investigación / importante / medicina
f. el artista / famoso / Siglo XX
g. la película / emocionante / década
h. el parque nacional / hermoso / país

1. ______________________________
2. ______________________________
3. ______________________________
4. ______________________________
5. ______________________________
6. ______________________________
7. ______________________________
8. ______________________________

Nombre: ______________________ Fecha: ______________________

¡Así lo hacemos! Estructuras

1. *Se* for unplanned events (TEXTBOOK P. 377)

12-7 Todo salió mal. Raquel tuvo un día desastroso ayer. Después de escuchar lo que dice, indica si las siguientes frases son **Ciertas, Falsas** o si **No se dice** en la grabación.

1. A Raquel se le cayó el café en el carro. Cierto Falso No se dice.
2. A Raquel se le rompió sólo una pierna. Cierto Falso No se dice.
3. Después del accidente Raquel se olvidó dónde vivía. Cierto Falso No se dice.
4. A Raquel se le ocurrió que podría quedar discapacitada. Cierto Falso No se dice.
5. A la mamá de Raquel no se le perdió la cartera. Cierto Falso No se dice.

Nombre: ______________________________ Fecha: ______________________________

12-8 Los aparatos electrónicos. Luz no puede hacer su trabajo porque los aparatos de la oficina no funcionan. Completa su conversación con la supervisora con los pronombres directos e indirectos apropiados.

SRA. ORDÓÑEZ: Luz, ¿por qué no has sacado las fotocopias que te pedí? ¿(1) ______________________________ (2) ______________________________ olvidó hacerlo?

LUZ: No pude sacar las copias porque (3) ______________________________ (4) ______________________________ rompió la fotocopiadora esta mañana.

SRA. ORDÓÑEZ: ¿Hablaste con nuestro nuevo cliente sobre su pedido?

LUZ: Bueno, nosotros estábamos hablando por teléfono cuando (5) ______________________________ (6) ______________________________ cortó la conexión.

SRA. ORDÓÑEZ: ¿Por qué no usas tu teléfono celular?

LUZ: No lo tengo; (7) ______________________________ (8) ______________________________ quedó en casa.

SRA. ORDÓÑEZ: ¿Y no (9) ______________________________ (10) ______________________________ ocurrió escribirle un correo electrónico?

LUZ: No puedo, porque (11) ______________________________ (12) ______________________________ perdió la contraseña para acceder al programa.

SRA. ORDÓÑEZ: Escríbele una carta, entonces.

LUZ: La impresora del ordenador está rota. Los secretarios intentaban moverla esta mañana cuando (13) ______________________________ (14) ______________________________ cayó.

SRA. ORDÓÑEZ: ¡Qué desastre! Debemos hablar con nuestro técnico para que nos repare los aparatos.

LUZ: Es que el técnico no ha venido a la oficina hoy. (15) ______________________________ (16) ______________________________ enfermó el hijo y se quedó en casa con él.

SRA. ORDÓÑEZ: Parece que hoy no podremos trabajar. ¡Qué mala suerte!

Nombre: ________________________________ Fecha: ______________________

12-9 ¿Alguna vez? Raquel se siente mejor hoy y está hablando con una amiga sobre cosas que les han pasado. Escucha la serie de preguntas y completa las siguientes oraciones, escribiendo el verbo que escuches con el se accidental. El verbo debe estar en pretérito.

MODELO: ¿Alguna vez se te ha ocurrido una idea genial?

Sí, el año pasado *se me ocurrió* ayudarle a cocinar a mi mamá y desde entonces, ella me paga por hacerlo.

1. Sí, cuando yo tenía 10 años ______________________ Pepito.
2. Sí, una vez ______________________ ir al aeropuerto para recoger a mis padres.
3. Sí, el año pasado ______________________ un anillo de diamantes que me habían regalado mis padres.
4. Sí, una vez, ______________________ el traje de baño en casa cuando iba a la playa.

12-10 La tecnología moderna. Guillermo piensa en la tecnología que necesita en su vida. Completa las oraciones con los pronombres apropiados y el presente del indicativo o subjuntivo de los verbos según corresponda.

1. Mi esposa y yo necesitamos cerraduras (*locks*) que sólo requieran una contraseña porque (se nos pierden / se nos pierdan) frecuentemente las llaves de la casa.
2. Quiero un autómata para que me prepare la cena porque a mí siempre (se me quema / se me queme) la comida.
3. Voy a comprarle una agenda electrónica a mi hijo mayor para que no (se le olvida / se le olvide) lo que tiene que hacer para sus clases.
4. Les compraré un teléfono celular a mis hijas con tal de que no (se les ocurre / se les ocurra) usarlo más de cinco minutos al día.
5. Debemos comprar un ordenador nuevo antes de que (se nos estropea / se nos estropee) el que tenemos.
6. Me gustaría tener un robot que siguiera a mis hijos y reparara todo lo que rompen — ¡(se les cae / se les caiga) todo!

Nombre: ______________________ Fecha: ______________________

12-11 Una fábrica robotizada. El señor Núñez explica por qué va a reemplazar a sus empleados con un sistema robotizado. Completa el párrafo con los verbos y los pronombres apropiados de la lista.

se te cayeron	se te perdió	se rompió
se me ocurrió	se me quemaron	se nos terminó

Colegas, siento decirles que ahora que ha empezado el nuevo milenio

(1) ______________________ robotizar la fábrica. A nosotros ya

(2) ______________________ la época de la mano de obra humana. Para competir con las grandes compañías, debemos usar los métodos de producción más eficaces, y los autómatas no tienen fallas como los seres humanos. Hace unos meses ustedes no limpiaron el equipo después de usarlo y (3) ______________________ una máquina. David, tú eres un poco torpe. La semana pasada (4) ______________________ más de diez productos. Matilde, ayer no pudimos entrar en el almacén porque a ti (5) ______________________ la llave. ¡Y tienen vicios peligrosos! Hace unos días a mí (6) ______________________ unos documentos importantes porque alguien dejó un cigarrillo en mi escritorio. Lo siento mucho, pero es mejor que pruebe con los autómatas para ver si así habrá menos problemas.

12-12 En mis propias palabras. Raquel y tú están jugando a tu juego favorito: ¡el juego de las palabras! A continuación escucharás una serie de verbos. Escucha la lista cuantas veces sea necesario y luego escribe una oración original usando y escribiendo la forma apropiada de cada uno de los verbos con el se accidental.

MODELO: dañarse

Se me dañó la computadora; por eso no pude hacer mi tarea.

1. ____
2. ____
3. ____
4. ____

Nombre: ______________________ Fecha: ______________

Conéctate

12-13 El futuro. Hacer predicciones sobre el futuro suele ser interesante pero siempre conlleva un cierto nivel de riesgo. A pesar de tomar todos los factores posibles en cuenta, uno todavía se puede equivocar. Muchas predicciones que se han hecho en el pasado no han resultado. Por ejemplo, en 1938 el *New York Times* declaró que la familia americana promedio (*average*) no tenía tiempo para la televisión; en 1943 Thomas Watson, el director de IBM, afirmó que el mercado global para la computadora no sobrepasaría la compra de cinco computadoras. Ve a un programa de búsqueda en la Internet y busca predicciones similares que resultaron no ser acertadas. Luego, busca una predicción actual que pienses que también resultará errónea. Escribe un breve ensayo en el cual describas ambas predicciones y lo que opinas al respecto.

Nombre: ______________________________ Fecha: ______________________

Segunda parte

¡Así lo decimos! Vocabulario (TEXTBOOK P. 383)

12-14 En familia. Completa las siguientes oraciones con una variación de cada palabra en itálica. Si necesitas ayuda, consulta la sección llamada ***Ampliación*** en el libro de texto.

MODELO: Los científicos esperan una subvención (*grant*) del gobierno para *expandir* su investigación sobre los usos de las células madre. *La expansión* del programa empezará tan pronto como tengan suficientes fondos.

1. Hay que ponerle un ______________________ del corazón al paciente y *monitorizarlo* durante veinticuatro horas.
2. Me gustaría tener uno de los carros ______________________. Sería fantástico *volar* todos los días al trabajo.
3. No *especules* sobre cuándo tendremos una cura para el cáncer. Toda predicción es pura ______________________.
4. El futurólogo hace *conjeturas* basadas en la tecnología actual. Es divertido ______________________ sobre el conocimiento técnico que vamos a tener dentro de cincuenta años.

12-15 Proyectos para el nuevo milenio. El doctor Rojas es un astrofísico que está trabajando en muchos proyectos para el nuevo milenio. Completa las oraciones con estas palabras de ***¡Así lo decimos!***

cohete	conjetura	nave espacial	órbita	renombrado	superficie

El doctor Rojas, el famoso y (1) ______________________ científico, tiene una propuesta (*proposal*) para diseñar un (2) ______________________ más económico que los que se usan ahora para los viajes al espacio. El Dr. Rojas está estudiando la posibilidad de hacer llegar una (3) ______________________ a Marte, que aterrice (*lands*) en la

(4) ______________________ del planeta. El doctor Rojas quiere averiguar si existe agua en Marte. Su (5) ______________________ es que existen zonas con hielo en los polos del planeta. Él espera que su nave espacial llegue a la (6) ______________________ de Marte antes del año 2015.

12-16 El futuro según la ciencia. Completa las siguientes oraciones con palabras de *¡Así lo decimos!* ¡OJO! Hay que hacer el cambio apropiado al verbo.

cometa	especular	predicción	profecía	sistema solar	trayectoria

1. Hacer una ______________________ es un intento de pronosticar el futuro, pero sin datos científicos.
2. Con ayuda de la ciencia, uno puede hacer una ______________________ sobre algunas cosas que pueden pasar en el futuro.
3. Por ejemplo, sabemos que la órbita del ______________________ Halley hace que se acerque a la Tierra cada 75 ó 76 años.
4. La ______________________ de Halley hará que la próxima vez que regrese será en el año 2061.
5. Antes, cuando las personas no sabían nada sobre astronomía, se ______________________ que Halley era un mal augurio (*bad omen*).
6. Ahora sabemos que existen muchos objetos como Halley en nuestro ______________________.

12-17 Los platillos voladores (UFOs). Omar nos cuenta una noticia que escuchó ayer. Escucha la grabación cuantas veces sea necesario y después completa las oraciones con las palabras que escuchaste.

1. Ayer hubo un incidente que causó mucha ______________________.
2. Unas personas aseguran que vieron ______________________ un platillo volador en el cielo.
3. Estas personas aseguran que era un objeto volador no identificado (UFO) y que tenía una ______________________ en línea recta hacia la Tierra.
4. Los científicos entrevistados aseguran que no se puede ______________________ que haya vida fuera de nuestro ______________________.

12-18 ¿Sabes cuál es la palabra? A Omar le interesa mucho todo lo relacionado con los viajes espaciales. Escucha la siguiente grabación y durante las pausas elige las palabras de la lista que complete cada frase lógicamente.

especular	nave espacial	predicción
expandir	órbita	la superficie
monitor	el planeta	volador

1. ______________________
2. ______________________
3. ______________________
4. ______________________
5. ______________________

12-19 ¡Cuidado! Completa las oraciones con **desde** o **puesto que** según el contexto.

Muchos astrónomos investigan técnicas para predecir cuándo será el próximo choque de un meteorito con la Tierra. Se sabe que ha habido muchos, (1) ______________________ hay cráteres (2) ______________________ el extremo norte hasta el extremo sur de la Tierra. En 2007, uno chocó en una región remota de Perú y formó un cráter que tenía (3) ______________________ quince metros de ancho hasta diez metros de profundidad. (4) ______________________ el choque, cientos de habitantes de la región se han quejado de náuseas y fuertes dolores de cabeza. Aunque al principio se temía que gases nocivos salieran del meteorito, pronto se hizo evidente que eran gases de la Tierra, (5) ______________________ el meteorito había chocado con una vena de arsénico. Los científicos que estudian el choque ahora usan respiradores y tanques de oxígeno, (6) ______________________ todavía hay gases nocivos en el área.

Nombre: ______________________________ Fecha: ______________________

¡Así lo hacemos! Estructuras

2. The passive voice (TEXTBOOK P. 386)

12-20 La conquista del cosmos. Muchos avances tecnológicos que hoy nos permiten saber más sobre el universo fueron logrados por individuos y grupos de científicos. Escribe oraciones completas con la voz pasiva.

MODELO: primer cometa artificial / lanzar / los alemanes

El primer cometa artificial fue lanzado por los alemanes.

1. telescopio / inventar / Galileo Galilei

____

2. agujeros negros / descubrir / Stephen Hawking

____

3. energía solar / utilizar / primera vez / en 1878

____

4. primer satélite artificial, Sputnik, / construir / en Korolev

____

5. teoría de la relatividad / proponer / Albert Einstein

____

6. galaxias NGC 4261 y M100 / fotografiar / el telescopio Hubble

____

7. meteorito proveniente / Marte / analizar / en un laboratorio norteamericano

____

8. existencia de otros planetas / fuera / nuestro sistema solar / verificar / científicos de Harvard y de la universidad estatal de San Francisco

____

____

Nombre: ______________________ Fecha: ______________________

12-21 Los autómatas. Un científico predice lo que harán los robots del futuro. Escucha la grabación cuantas veces sea necesario, y luego cambia las oraciones de la voz activa a la pasiva.

MODELO: Los autómatas guiarán las naves espaciales.

Las naves espaciales *serán guiadas* por los autómatas.

1. Los trabajos domésticos ______________________ por los autómatas.
2. Las bombas ______________________ por los autómatas.
3. La sangre de los pacientes ______________________ por los autómatas.
4. Las víctimas ______________________ por los autómatas.
5. Las máquinas ______________________ por los autómatas.

12-22 Tu película. Tienes una idea para una película de ciencia ficción y quieres mandársela a un director famoso de Hollywood. Completa el resumen de lo que sucede en tu película con la voz pasiva en el pasado de los verbos de la lista.

alertar	derribar	donar	monitorizar	tomar

En la película de ciencia ficción *Meteorito,* un meteoro que se acercaba a la Tierra (1) ______________________ por unos científicos del observatorio universitario. Las autoridades de las ciudades en peligro (2) ______________________ y algunas precauciones (3) ______________________; por eso nadie resultó herido. Sin embargo, muchos edificios y casas (4) ______________________ por el meteorito. Millones de dólares (5) ______________________ por el gobierno para reconstruir estos pueblos.

12-23 ¿Sabía usted? En la radio están anunciando la nueva *Enciclopedia del Siglo XX*. Escucha la grabación cuantas veces sea necesario y luego cambia las frases que escuchaste de la voz activa a la pasiva. Tendrás que escribir el verbo en el presente o el pretérito del indicativo, según el contexto.

MODELOS: ¿Sabía usted que el teléfono móvil se usó por primera vez en 1983?

Desde 1983 *se usa* el teléfono móvil.

o

¿Sabía usted que en 1983 fabricaron el teléfono móvil?

En 1983 *se fabricó* el teléfono móvil.

Nombre: ______________________________ Fecha: ________________

1. En 1901 ______________________ la primera lavadora eléctrica.

2. En 1903 ______________________ el primer avión con motor.

3. Desde 1909 ______________________ café instantáneo.

4. Desde 1923 ______________________ comida congelada.

5. En 1940 ______________________ los primeros bolígrafos.

12-24 Inventos del Siglo XX. Tu hermana ha decidido pedir una copia de la *Enciclopedia del Siglo XX*. Está tan contenta que te llama para contarte algunas de las cosas que ha aprendido. Escucha la grabación cuantas veces sea necesario y luego cambia las oraciones de la voz activa a la pasiva.

MODELO: Los astronautas exploraron el planeta Marte en el año 2004.

El planeta Marte *fue explorado* por los astronautas.

1. El fax ______________________ por Arthur Korn.

2. El primer avión ______________________ por los hermanos Wright.

3. El primer tractor ______________________ por Henry Ford.

4. El bolígrafo ______________________ por Ladislao Josef Biro y el químico Georg Biro.

5. El primer satélite artificial, Sputnik 1, ______________________ por la exUnión Soviética en 1957.

12-25 Invenciones y descubrimientos del Siglo XXI. Todos conocemos los inventos y adelantos que se realizaron en el Siglo XX, pero ahora te toca imaginar y pensar en qué nuevos descubrimientos e invenciones se van a producir a lo largo del Siglo XXI. Escribe dos oraciones completas usando la voz pasiva en el futuro y otras dos usando el se pasivo en el futuro.

MODELOS: *En el Siglo XXI la vacuna definitiva para curar el SIDA será descubierta.*

o

En el Siglo XXI se descubrirá la vacuna definitiva para curar el SIDA.

1. ____

2. ____

3. ____

4. ____

Nombre: ______________________ Fecha: ______________________

3. Diminutives and augmentatives (TEXTBOOK P. 389)

12-26 Los objetos del futuro. Piensa en cómo serán los objetos del futuro. Completa las oraciones con los diminutivos y aumentativos de las palabras subrayadas, según el contexto.

1. Los coches probablemente serán muy pequeños, porque usarán menos gasolina que los ______________________ que eran populares en el pasado.
2. Los teléfonos serán más compactos. El éxito de la tecnología celular hará que la gente prefiera los ______________________ que puedan llevar en el bolsillo en lugar de los ______________________ que usamos ahora.
3. Las computadoras seguirán evolucionando. Las ______________________ que tenemos en nuestras oficinas y casas serán reemplazadas por unas portátiles.
4. Los televisores serán más grandes que nunca. Todos querrán cambiar sus ______________________ por los ______________________ de pantalla gigante.
5. Las casas serán más pequeñas. Con la superpoblación del mundo no habrá sitio para estas ______________________ que tenemos ahora, y todos viviremos en ______________________.

12-27 Una conversación entre dos científicos. Escucharás un diálogo muy divertido entre dos astrónomos. Después de escuchar, rellena los espacios en blanco con la forma regular de las palabras que están en diminutivo y aumentativo.

MODELO: ¿Hablaste con el astronomillo?

¿Hablaste con el *astrónomo*?

DRA. PAULÍN: Dr. Ramos, ¡Mire este (1) ______________________ por el telescopio! Luce como un (2) ______________________ gigantesco.

DR. RAMOS: Lo veo, Dra. Paulín, pero no es tan grande. Me parece más bien una (3) ______________________ de nieve. Tiene una (4) ______________________ blanca y salen (5) ______________________ verdes.

Nombre: ______________________________ Fecha: ______________________

DRA. PAULÍN: Dr. Ramos, con todo respeto, creo que está equivocado. Lo que yo veo es un (6) ______________________. Tiene cráteres enormes y (7) ______________________ altas. Parece que va a caer sobre la Tierra.

DR. RAMOS: Bueno, lo dudo. Todavía está a unas (8) ______________________ de distancia de la Tierra. Vamos a ver si lo podemos desviar con unos (9) ______________________.

DRA. PAULÍN: Pero, Dr. Ramos, ¡ya está llegando ahorita...!

12-28 La vida extraterrestre. Algo que nos preocupa a todos y sobre todo a los científicos, es si hay vida o no en otros planetas. Completa el siguiente artículo con el diminutivo o aumentativo de las palabras de la lista, según el contexto.

fósil	meteoros	planeta	problema	trozo

¿Hay vida en otras partes del universo? Muchos científicos se dedicarán al estudio de este gran (1) ______________________ en el nuevo milenio. Todavía no tenemos evidencia firme, pero hay algunas señales que apuntan a la posibilidad de vida extraterrestre. Existen meteoros enormes en el espacio, pero al entrar en la atmósfera terrestre, su tamaño se reduce y se convierten en (2) ______________________. Algunos de los que han caído en la Tierra se han analizado y se han encontrado dentro de ellos unos pequeños (3) ______________________ que parecen provenir de bacterias. Se estudiará un satélite de Júpiter, porque se cree que hay agua por debajo de los enormes (4) ______________________ de hielo que cubren la superficie. Se sabe que hay otros sistemas de planetas en el universo, y tal vez algunos de estos cuerpos tengan las condiciones necesarias para sostener formas de vida. Hasta ahora sólo se han podido detectar (5) ______________________ enormes, más grandes que Júpiter, pero se puede suponer que también hay planetas más pequeños. Estos descubrimientos no comprueban la presencia de vida extraterrestre, pero demuestran que merece la pena buscarla.

Nombre: ______________________________ Fecha: ______________________

12-29 El juego de los diminutivos y aumentativos. En este juego debes cambiar las palabras que faltan por sus diminutivos o aumentativos. Escucha la grabación cuantas veces sea necesario y luego rellena los espacios en blanco con el diminutivo o aumentativo de la palabra según el contexto de la oración.

MODELO: Necesito que vengas ahora mismo.

Necesito que vengas *ahorita* mismo.

1. Necesito ir esta tarde al puerto para hablar con el ____________________ grandote que trabaja ahí.
2. El incendio no fue grave; afortunadamente fue ____________________.
3. Mi esposo trabaja con ____________________.
4. Me encantaría tener una ____________________ donde vivir; algo así como una mansión.
5. Estoy muy preocupada porque tengo un ____________________.

¡Así lo expresamos!

Imágenes

12-30 El arte y la ciencia. El arte y la ciencia han tenido siempre una estrecha relación. Uno sólo tiene que pensar en Leonardo daVinci y sus dibujos de aparatos fantásticos para ver cómo ambos se han influido entre sí. Hoy en día, los científicos están elaborando conceptos tan abstractos que muchas veces recurren al arte para poder explicárselos mejor al público. Ve a un programa de búsqueda en la Internet y escribe las palabras "ciencia" y "arte". Escoge una de las imágenes que veas y compárala con el cuadro de Remedios Varo del texto. ¿Qué relación entre el arte y la ciencia ves reflejada en ambas obras? Escribe un ensayo breve para explicar tus ideas.

Nombre: ______________________ Fecha: ______________________

Ritmos

12-31 Veinte preguntas. ¿Has jugado al juego de las veinte preguntas alguna vez? Es un juego divertido que, a la vez, nos puede ayudar a razonar mejor. Ve a un programa de búsqueda en la Internet, escribe "20 preguntas" y juega. Después que hayas jugado, el programa te dará resultados que indican si respondiste correctamente a las preguntas o no. ¿Qué preguntas no entendiste? ¿Por qué?

Nombre: ______________________ Fecha: ______________________

Páginas

12-32 Antes de leer. ¿Qué sabes tú sobre la exploración espacial? ¿Qué sabes sobre el planeta Marte? Lee las siguientes preguntas y contéstalas según tu conocimiento del tema.

1. ¿Quién fue el primer hombre que caminó en la luna?

   ____

2. ¿Cuál es el nombre del primer trasbordador espacial de poder nuclear?

   ____

3. ¿Por qué se llama a Marte el planeta rojo?

   ____

4. ¿Qué planeta es el más cercano al sol?

   ____

5. ¿Cuál es el planeta más grande del sistema solar?

   ____

Si acertaste en todas las respuestas, has logrado el rango de experto/a intergaláctico/a. Si sólo tuviste entre cuatro y tres respuestas acertadas, eres un/a cadete espacial. Si contestaste bien entre dos respuestas y una eres un/a novato/a interplanetario/a, y… si no contestaste ninguna pregunta bien, ¡eres un/a terrícola (*earthling*) permanente!

Nombre: ______________________________ Fecha: ______________________

12-33 A leer. Lee el siguiente artículo y luego completa las frases con información basada en la lectura.

Viaje a Marte

Entre los retos que enfrentaremos en este siglo estará la exploración de nuestro sistema solar. Hasta el momento, hemos explorado el espacio fuera de nuestro planeta de tres maneras. Por una parte, nuestros científicos han usado telescopios como el Hubble para estudiar planetas y galaxias distantes. Por otra parte, hemos enviado exploradores tanto humanos como robóticos a otros planetas de nuestro sistema solar.

Uno de estos casos es el planeta Marte. Desde el comienzo de los años 60 se han enviado exploradores robóticos para investigar la superficie del planeta rojo. Una de las misiones que tuvo más éxito fue el resultado del proyecto Viking de la agencia nacional espacial norteamericana (NASA). La primera de las dos naves Viking aterrizó en Marte el 20 de julio de 1976, y la segunda llegó el 3 de septiembre de 1976. Estas dos naves lograron transmitir impresionantes fotos del paisaje marciano además de un sinnúmero de (*countless amount of*) observaciones científicas.

Esta tradición de exploración robótica continúa hoy en día. El 25 de mayo de 2008 la nave Phoenix aterrizó en el polo de Marte. Como sus antepasados del Viking, Phoenix ha enviado fotos espectaculares del paisaje marciano además de llevar a cabo experimentos científicos.

Pero estas misiones robóticas no sólo sirven para entender mejor nuestro planeta vecino, sino que también nos ayudan a prepararnos para enviar astronautas a Marte. De hecho, NASA se ha propuesto la meta de enviar astronautas al planeta y de establecer allí una base antes del año 2030. Los preparativos para esa misión ya están en marcha y uno de ellos es el mismo proyecto Phoenix.

1. Entre los retos del Siglo XXI estará ______________________.
2. Hemos enviado exploradores tanto ______________________.
3. Una de las misiones que tuvo más éxito fue el ______________________.
4. La tradición de exploración robótica continúa con la nave ______________________.
5. Las misiones robóticas sirven para ______________________.

Nombre: ______________________________ Fecha: ______________________

Taller

12-34 Antes de escribir. Piensa en algunas de las predicciones que has oído sobre lo que pasará en el Siglo XXI. ¿Cuáles te parecen probables? Apunta los cambios que crees que tendrán lugar en algún aspecto de la vida (por ejemplo: en la medicina, la ciencia, la educación, la política o en las relaciones familiares) en el Siglo XXI.

____

____

____

____

12-35 A escribir. Escribe una composición breve en la que expliques cómo será el aspecto de la vida sobre el que has escrito en el Siglo XXI. Usa el **se** impersonal para expresar qué pasará en el futuro.

____

____

____

____

____

____

12-36 Después de escribir. Revisa lo que acabas de escribir como si fueras otra persona, y luego escribe la descripción de nuevo haciendo los cambios necesarios.

____

____

____

____

____

____

Verb Charts

Regular Verbs: Simple Tenses

Infinitive Present Participle Past Participle	Indicative					Subjunctive		Imperative
	Present	Imperfect	Preterit	Future	Conditional	Present	Imperfect	Commands
hablar hablando hablado	hablo hablas habla hablamos habláis hablan	hablaba hablabas hablaba hablábamos hablabais hablaban	hablé hablaste habló hablamos hablasteis hablaron	hablaré hablarás hablará hablaremos hablaréis hablarán	hablaría hablarías hablaría hablaríamos hablaríais hablarían	hable hables hable hablemos habléis hablen	hablara hablaras hablara habláramos hablarais hablaran	habla (tú), no hables hable (usted) hablemos hablad (vosotros), no habléis hablen (Uds.)
comer comiendo comido	como comes come comemos coméis comen	comía comías comía comíamos comíais comían	comí comiste comió comimos comisteis comieron	comeré comerás comerá comeremos comeréis comerán	comería comerías comería comeríamos comeríais comerían	coma comas coma comamos comáis coman	comiera comieras comiera comiéramos comierais comieran	come (tú), no comas coma (usted) comamos comed (vosotros), no comáis coman (Uds.)
vivir viviendo vivido	vivo vives vive vivimos vivís viven	vivía vivías vivía vivíamos vivíais vivían	viví viviste vivió vivimos vivisteis vivieron	viviré vivirás vivirá viviremos viviréis vivirán	viviría vivirías viviría viviríamos viviríais vivirían	viva vivas viva vivamos viváis vivan	viviera vivieras viviera viviéramos vivierais vivieran	vive (tú), no vivas viva (usted) vivamos vivid (vosotros), no viváis vivan (Uds.)

Regular Verbs: Perfect Tenses

Indicative										Subjunctive			
Present Perfect		Past Perfect		Preterit Perfect		Future Perfect		Conditional Perfect		Present Perfect		Past Perfect	
he has ha hemos habéis han	hablado comido vivido	había habías había habíamos habíais habían	hablado comido vivido	hube hubiste hubo hubimos hubisteis hubieron	hablado comido vivido	habré habrás habrá habremos habréis habrán	hablado comido vivido	habría habrías habría habríamos habríais habrían	hablado comido vivido	haya hayas haya hayamos hayáis hayan	hablado comido vivido	hubiera hubieras hubiera hubiéramos hubierais hubieran	hablado comido vivido

Irregular Verbs

Infinitive Present Participle Past Participle	Indicative					Subjunctive		Imperative
	Present	Imperfect	Preterit	Future	Conditional	Present	Imperfect	Commands
andar andando andado	ando andas anda andamos andáis andan	andaba andabas andaba andábamos andabais andaban	anduve anduviste anduvo anduvimos anduvisteis anduvieron	andaré andarás andará andaremos andaréis andarán	andaría andarías andaría andaríamos andaríais andarían	ande andes ande andemos andéis anden	anduviera anduvieras anduviera anduviéramos anduvierais anduvieran	anda (tú), no andes ande (usted) andemos andad (vosotros), no andéis anden (Uds.)
caer cayendo caído	caigo caes cae caemos caéis caen	caía caías caía caíamos caíais caían	caí caíste cayó caímos caísteis cayeron	caeré caerás caerá caeremos caeréis caerán	caería caerías caería caeríamos caeríais caerían	caiga caigas caiga caigamos caigáis caigan	cayera cayeras cayera cayéramos cayerais cayeran	cae (tú), no caigas caiga (usted) caigamos caed (vosotros), no caigáis caigan (Uds.)

Irregular Verbs (continued)

Infinitive Present Participle Past Participle	Indicative					Subjunctive		Imperative
	Present	Imperfect	Preterit	Future	Conditional	Present	Imperfect	Commands
dar dando dado	doy das da damos dais dan	daba dabas daba dábamos dabais daban	di diste dio dimos disteis dieron	daré darás dará daremos daréis darán	daría darías daría daríamos daríais darían	dé des dé demos deis den	diera dieras diera diéramos dierais dieran	da (tú), no des dé (usted) demos dad (vosotros), no deis den (Uds.)
decir diciendo dicho	digo dices dice decimos decís dicen	decía decías decía decíamos decíais decían	dije dijiste dijo dijimos dijisteis dijeron	diré dirás dirá diremos diréis dirán	diría dirías diría diríamos diríais dirían	diga digas diga digamos digáis digan	dijera dijeras dijera dijéramos dijerais dijeran	di (tú), no digas diga (usted) digamos decid (vosotros), no digáis digan (Uds.)
estar estando estado	estoy estás está estamos estáis están	estaba estabas estaba estábamos estabais estaban	estuve estuviste estuvo estuvimos estuvisteis estuvieron	estaré estarás estará estaremos estaréis estarán	estaría estarías estaría estaríamos estaríais estarían	esté estés esté estemos estéis estén	estuviera estuvieras estuviera estuviéramos estuvierais estuvieran	está (tú), no estés esté (usted) estemos estad (vosotros), no estéis están (Uds.)
haber habiendo habido	he has ha hemos habéis han	había habías había habíamos habíais habían	hube hubiste hubo hubimos hubisteis hubieron	habré habrás habrá habremos habréis habrán	habría habrías habría habríamos habríais habrían	haya hayas haya hayamos hayáis hayan	hubiera hubieras hubiera hubiéramos hubierais hubieran	
hacer haciendo hecho	hago haces hace hacemos hacéis hacen	hacía hacías hacía hacíamos hacíais hacían	hice hiciste hizo hicimos hicisteis hicieron	haré harás hará haremos haréis harán	haría harías haría haríamos haríais harían	haga hagas haga hagamos hagáis hagan	hiciera hicieras hiciera hiciéramos hicierais hicieran	haz (tú), no hagas haga (usted) hagamos haced (vosotros), no hagáis hagan (Uds.)

Irregular Verbs (continued)

Infinitive Present Participle Past Participle	Indicative					Subjunctive		Imperative
	Present	Imperfect	Preterit	Future	Conditional	Present	Imperfect	Commands
ir yendo ido	voy vas va vamos vais van	iba ibas iba íbamos ibais iban	fui fuiste fue fuimos fuisteis fueron	iré irás irá iremos iréis irán	iría irías iría iríamos iríais irían	vaya vayas vaya vayamos vayáis vayan	fuera fueras fuera fuéramos fuerais fueran	ve (tú), no vayas vaya (usted) vamos, no vayamos id (vosotros), no vayáis vayan (Uds.)
oír oyendo oído	oigo oyes oye oímos oís oyen	oía oías oía oíamos oíais oían	oí oíste oyó oímos oístes oyeron	oiré oirás oirá oiremos oiréis oirán	oiría oirías oiría oiríamos oiríais oirían	oiga oigas oiga oigamos oigáis oigan	oyera oyeras oyera oyéramos oyerais oyeran	oye (tú), no oigas oiga (usted) oigamos oid (vosotros), no oigáis oigan (Uds.)
poder pudiendo podido	puedo puedes puede podemos podéis pueden	podía podías podía podíamos podíais podían	pude pudiste pudo pudimos pudisteis pudieron	podré podrás podrá podremos podréis podrán	podría podrías podría podríamos podríais podrían	pueda puedas pueda podamos podáis puedan	pudiera pudieras pudiera pudiéramos pudierais pudieran	
poner poniendo puesto	pongo pones pone ponemos ponéis ponen	ponía ponías ponía poníamos poníais ponían	puse pusiste puso pusimos pusisteis pusieron	pondré pondrás pondrá pondremos pondréis pondrán	pondría pondrías pondría pondríamos pondríais pondrían	ponga pongas ponga pongamos pongáis pongan	pusiera pusieras pusiera pusiéramos pusierais pusieran	pon (tú), no pongas ponga (usted) pongamos poned (vosotros), no pongáis pongan (Uds.)

Irregular Verbs (continued)

Infinitive Present Participle Past Participle	Indicative					Subjunctive		Imperative
	Present	Imperfect	Preterit	Future	Conditional	Present	Imperfect	Commands
querer queriendo querido	quiero quieres quiere queremos queréis quieren	quería querías quería queríamos queríais querían	quise quisiste quiso quisimos quisisteis quisieron	querré querrás querrá querremos querréis querrán	querría querrías querría querríamos querríais querrían	quiera quieras quiera queramos queráis quieran	quisiera quisieras quisiera quisiéramos quisierais quisieran	quiere (tú), no quieras quiera (usted) queramos quered (vosotros), no queráis quieran (Uds.)
saber sabiendo sabido	sé sabes sabe sabemos sabéis saben	sabía sabías sabía sabíamos sabíais sabían	supe supiste supo supimos supisteis supieron	sabré sabrás sabrá sabremos sabréis sabrán	sabría sabrías sabría sabríamos sabríais sabrían	sepa sepas sepa sepamos sepáis sepan	supiera supieras supiera supiéramos supierais supieran	sabe (tú), no sepas sepa (usted) sepamos sabed (vosotros), no sepáis sepan (Uds.)
salir saliendo salido	salgo sales sale salimos salís salen	salía salías salía salíamos salíais salían	salí saliste salió salimos salisteis salieron	saldré saldrás saldrá saldremos saldréis saldrán	saldría saldrías saldría saldríamos saldríais saldrían	salga salgas salga salgamos salgáis salgan	saliera salieras saliera saliéramos salierais salieran	sal (tú), no salgas salga (usted) salgamos salid (vosotros), no salgáis salgan (Uds.)
ser siendo sido	soy eres es somos sois son	era eras era éramos erais eran	fui fuiste fue fuimos fuisteis fueron	seré serás será seremos seréis serán	sería serías sería seríamos seríais serían	sea seas sea seamos seáis sean	fuera fueras fuera fuéramos fuerais fueran	sé (tú), no seas sea (usted) seamos sed (vosotros), no seáis sean (Uds.)

Irregular Verbs (continued)

Infinitive Present Participle Past Participle	Indicative					Subjunctive		Imperative
	Present	Imperfect	Preterit	Future	Conditional	Present	Imperfect	Commands
tener teniendo tenido	tengo tienes tiene tenemos tenéis tienen	tenía tenías tenía teníamos teníais tenían	tuve tuviste tuvo tuvimos tuvisteis tuvieron	tendré tendrás tendrá tendremos tendréis tendrán	tendría tendrías tendría tendríamos tendríais tendrían	tenga tengas tenga tengamos tengáis tengan	tuviera tuvieras tuviera tuviéramos tuvierais tuvieran	ten (tú), no tengas tenga (usted) tengamos tened (vosotros), no tengáis tengan (Uds.)
traer trayendo traído	traigo traes trae traemos traéis traen	traía traías traía traíamos traíais traían	traje trajiste trajo trajimos trajisteis trajeron	traeré traerás traerá traeremos traeréis traerán	traería traerías traería traeríamos traeríais traerían	traiga traigas traiga traigamos traigáis traigan	trajera trajeras trajera trajéramos trajerais trajeran	trae (tú), no traigas traiga (usted) traigamos traed (vosotros), no traigáis traigan (Uds.)
venir viniendo venido	vengo vienes viene venimos venís vienen	venía venías venía veníamos veníais venían	vine viniste vino vinimos vinisteis vinieron	vendré vendrás vendrá vendremos vendréis vendrán	vendría vendrías vendría vendríamos vendríais vendrían	venga vengas venga vengamos vengáis vengan	viniera vinieras viniera viniéramos vinierais vinieran	ven (tú), no vengas venga (usted) vengamos venid (vosotros), no vengáis vengan (Uds.)
ver viendo visto	veo ves ve vemos veis ven	veía veías veía veíamos veíais veían	vi viste vio vimos visteis vieron	veré verás verá veremos veréis verán	vería verías vería veríamos veríais verían	vea veas vea veamos veáis vean	viera vieras viera viéramos vierais vieran	ve (tú), no veas vea (usted) veamos ved (vosotros), no veáis vean (Uds.)

Stem-Changing and Orthographic-Changing Verbs

Infinitive Present Participle Past Participle	Indicative					Subjunctive		Imperative
	Present	Imperfect	Preterit	Future	Conditional	Present	Imperfect	Commands
almorzar (z, c) almorzando almorzado	almuerzo almuerzas almuerza almorzamos almorzáis almuerzan	almorzaba almorzabas almorzaba almorzábamos almorzabais almorzaban	almorcé almorzaste almorzó almorzamos almorzasteis almorzaron	almorzaré almorzarás almorzará almorzaremos almorzaréis almorzarán	almorzaría almorzarías almorzaría almorzaríamos almorzaríais almorzarían	almuerce almuerces almuerce almorcemos almorcéis almuercen	almorzara almorzaras almorzaras almorzáramos almorzarais almorzaran	almuerza (tú) no almuerces almuerce (usted) almorcemos almorzad (vosotros) no almorcéis almuercen (Uds.)
buscar (c, qu) buscando buscado	busco buscas busca buscamos buscáis buscan	buscaba buscabas buscaba buscábamos buscabais buscaban	busqué buscaste buscó buscamos buscasteis buscaron	buscaré buscarás buscará buscaremos buscaréis buscarán	buscaría buscarías buscaría buscaríamos buscaríais buscarían	busque busques busque busquemos busquéis busquen	buscara buscaras buscara buscáramos buscarais buscaran	busca (tú) no busques busque (usted) busquemos buscad (vosotros) no busquéis busquen (Uds.)
corregir (g, j) corrigiendo corregido	corrijo corriges corrige corregimos corregís corrigen	corregía corregías corregía corregíamos corregíais corregían	corregí corregiste corrigió corregimos corregisteis corrigieron	corregiré corregirás corregirá corregiremos corregiréis corregirán	corregiría corregirías corregiría corregiríamos corregiríais corregirían	corrija corrijas corrija corrijamos corrijáis corrijan	corrigiera corrigieras corrigiera corrigiéramos corrigierais corrigieran	corrige (tú) no corrijas corrija (usted) corrijamos corregid (vosotros) no corrijáis corrijan (Uds.)
dormir (ue, u) durmiendo dormido	duermo duermes duerme dormimos dormís duermen	dormía dormías dormía dormíamos dormíais dormían	dormí dormiste durmió dormimos dormisteis durmieron	dormiré dormirás dormirá dormiremos dormiréis dormirán	dormiría dormirías dormiría dormiríamos dormiríais dormirían	duerma duermas duerma durmamos durmáis duerman	durmiera durmieras durmiera durmiéramos durmierais durmieran	duerme (tú), no duermas duerma (usted) durmamos dormid (vosotros), no dormáis duerman (Uds.)

Stem-Changing and Orthographic-Changing Verbs (continued)

Infinitive Present Participle Past Participle	Indicative					Subjunctive		Imperative
	Present	Imperfect	Preterit	Future	Conditional	Present	Imperfect	Commands
incluir (y) incluyendo incluido	incluyo incluyes incluye incluimos incluís incluyen	incluía incluías incluía incluíamos incluíais incluían	incluí incluiste incluyó incluimos incluisteis incluyeron	incluiré incluirás incluirá incluiremos incluiréis incluirán	incluiría incluirías incluiría incluiríamos incluiríais incluirían	incluya incluyas incluya incluyamos incluyáis incluyan	incluyera incluyeras incluyera incluyéramos incluyerais incluyeran	incluye (tú), no incluyas incluya (usted) incluyamos incluid (vosotros), no incluyáis incluyan (Uds.)
llegar (g, gu) llegando llegado	llego llegas llega llegamos llegáis llegan	llegaba llegabas llegaba llegábamos llegabais llegaban	llegué llegaste llegó llegamos llegasteis llegaron	llegaré llegarás llegará llegaremos llegaréis llegarán	llegaría llegarías llegaría llegaríamos llegaríais llegarían	llegue llegues llegue lleguemos lleguéis lleguen	llegara llegaras llegara llegáramos llegareis llegaran	llega (tú) no llegues llegue (usted) lleguemos llegad (vosotros) no lleguéis lleguen (Uds.)
pedir (i, i) pidiendo pedido	pido pides pide pedimos pedís piden	pedía pedías pedía pedíamos pedíais pedían	pedí pediste pidió pedimos pedisteis pidieron	pediré pedirás pedirá pediremos pediréis pedirán	pediría pedirías pediría pediríamos pediríais pedirían	pida pidas pida pidamos pidáis pidan	pidiera pidieras pidiera pidiéramos pidierais pidieran	pide (tú), no pidas pida (usted) pidamos pedid (vosotros), no pidáis pidan (Uds.)
pensar (ie) pensando pensado	pienso piensas piensa pensamos pensáis piensan	pensaba pensabas pensaba pensábamos pensabais pensaban	pensé pensaste pensó pensamos pensasteis pensaron	pensaré pensarás pensará pensaremos pensaréis pensarán	pensaría pensarías pensaría pensaríamos pensaríais pensarían	piense pienses piense pensemos penséis piensen	pensara pensaras pensara pensáramos pensarais pensaran	piensa (tú), no pienses piense (usted) pensemos pensad (vosotros), no penséis piensen (Uds.)

Stem-Changing and Orthographic-Changing Verbs (continued)

Infinitive Present Participle Past Participle	Indicative					Subjunctive		Imperative
	Present	Imperfect	Preterit	Future	Conditional	Present	Imperfect	Commands
producir (zc) produciendo producido	produzco produces produce producimos producís producen	producía producías producía producíamos producíais producían	produje produjiste produjo produjimos produjisteis produjeron	produciré producirás producirá produciremos produciréis producirán	produciría producirías produciría produciríamos produciríais producirían	produzca produzcas produzca produzcamos produzcáis produzcan	produjera produjeras produjera produjéramos produjerais produjeran	produce (tú), no produzcas produzca (usted) produzcamos pruducid (vosotros), no produzcáis produzcan (Uds.)
reír (i, i) riendo reído	río ríes ríe reímos reís ríen	reía reías reía reíamos reíais reían	reí reíste rio reímos reísteis rieron	reiré reirás reirá reiremos reiréis reirán	reiría reirías reiría reiríamos reiríais reirían	ría rías ría riamos riáis rían	riera rieras riera riéramos rierais rieran	ríe (tú), no rías ría (usted) riamos reíd (vosotros), no riáis rían (Uds.)
seguir (i, i) (ga) siguiendo seguido	sigo sigues sigue seguimos seguís siguen	seguía seguías seguía seguíamos seguíais seguían	seguí seguiste siguió seguimos seguisteis siguieron	seguiré seguirás seguirá seguiremos seguiréis seguirán	seguiría seguirías seguiría seguiríamos seguiríais seguirían	siga sigas siga sigamos sigáis sigan	siguiera siguieras siguiera siguiéramos siguierais siguieran	sigue (tú), no sigas siga (usted) sigamos seguid (vosotros), no sigáis sigan (Uds.)
sentir (ie, i) sintiendo sentido	siento sientes siente sentimos sentís sienten	sentía sentías sentía sentíamos sentíais sentían	sentí sentiste sintió sentimos sentisteis sintieron	sentiré sentirás sentirá sentiremos sentiréis sentirán	sentiría sentirías sentiría sentiríamos sentiríais sentirían	sienta sientas sienta sintamos sintáis sientan	sintiera sintieras sintiera sintiéramos sintierais sintieran	siente (tú), no sientas sienta (usted) sintamos sentid (vosotros), no sintáis sientan (Uds.)
volver (ue) volviendo vuelto	vuelvo vuelves vuelve volvemos volvéis vuelven	volvía volvías volvía volvíamos volvíais volvían	volví volviste volvió volvimos volvisteis volvieron	volveré volverás volverá volveremos volveréis volverán	volvería volverías volvería volveríamos volveríais volverían	vuelva vuelvas vuelva volvamos volváis vuelvan	volviera volvieras volviera volviéramos volvierais volvieran	vuelve (tú), no vuelvas vuelva (usted) volvamos volved (vosotros), no volváis vuelvan (Uds.)

NOTAS

NOTAS

NOTAS

NOTAS

NOTAS

NOTAS